Fritz Selbmann

Acht Jahre und ein Tag

„Domäne" Neu Gaarz
6. Okt. 2000

gewidmet
von Dr. Simsen

Fritz Selbmann

Acht Jahre und ein Tag

Bilder aus den Gründerjahren der DDR

NEUES LEBEN

Mit einer Vorbemerkung von Fritz Selbmann
Mit einem Nachwort von Erich Selbmann

ISBN 3-355-01499-0

Schutzumschlag: Woge Design, Berlin
Fotos: Archiv des Autors
Layout und Satz: Verlag Neues Leben GmbH
Druck und Binden: Wiener Verlag GmbH

Vorbemerkung

Ich schreibe *meine* Geschichte

Natürlich hat kein Mensch eine Geschichte nur für sich allein. Stets ist seine Geschichte verbunden und verwoben mit der Geschichte seiner Zeit und der Gesellschaft, in der er lebt und an deren Veränderung er mehr oder weniger bewußt mitwirkt.

Die Zeit meiner Geschichte ist das erste Jahrzehnt nach dem Ende des großen Krieges, und der Raum, der territoriale und gesellschaftliche Raum, in dem sie spielt, ist jener Teil Deutschlands, der Sowjetische Besatzungszone und später Deutsche Demokratische Republik benannt ist.

Hier nun beginnt schon die erste Einschränkung. Meine Geschichte ist eingeschränkt - im weiten Sinne - auf die wirtschaftlichen und damit allerdings wichtigsten und die gesellschaftliche Ordnung und Struktur bestimmenden Veränderungen in diesem Raum und in dieser Zeit.

Und noch eine Einschränkung: Ich will und kann nicht die umfassende Geschichte der wirtschaftlichen Entwicklung in diesem östlichen von Deutschland verbliebenen Teilgebiet schreiben. Ich bin kein Allroundhistoriker, der es für seine Aufgabe halten müßte, die totale Darstellung des vergangenen Geschehens mit der herrschenden Ideologie seiner Zeit und der Gesellschaft in Einklang zu bringen.

Ich werde mich beschränken auf eine gewissermaßen punktuelle Behandlung jener geschichtlichen Ereignisse, an deren

Gestaltung ich unmittelbar oder mittelbar beteiligt war, jener Fakten der Veränderung der Welt in diesem Raum und in dieser Zeit, an denen ich irgendwie Anteil hatte oder von denen ich vom Hörensagen zuverlässige Kenntnis erhielt.

Eine weitverbreitete Maxime der Geschichtsschreibung ist, daß sie objektiv sei oder zu sein habe. Ich weiß nicht genau, was das ist, und ich glaube deshalb nicht recht daran. Meine eigene Stellung zur Geschichte und ihrer Darstellung jedenfalls ist ganz subjektiv. Ich habe über die Welt, in der ich lebte und deren Veränderungen ich beobachtete und manchmal mitbewirkte, sowie über die Darstellung dieser Zeit immer meine eigene Meinung gehabt, die ich auch oft, manchmal vielleicht zu oft und zu unbedingt, geäußert habe.

Bleibt noch einiges vorauszubemerken über die Form der Darstellung der Geschichte. Natürlich stehen auch in der Historienschreiberei Form und Inhalt in einem dialektischen Zusammenhang. Geschichtsschreibung hat etwas mit Literatur zu tun. Geschichte will erzählt sein; nicht erzählte Geschichte ist überhaupt keine Geschichte. Was also für die Literatur gilt, das gilt auch für das Inhalt-Form-Verhältnis in der Geschichtsschreibung. Der Inhalt, der Stoff, das Thema bestimmen die Form. Und umgekehrt! Carlyles heroisierender, realitätsferner Sprachstil ist unverkennbar von seinem Heldenbild bestimmt, und bei ihm muß Friedrich II. von Preußen anders herauskommen als bei Franz Mehring. Thomas Mann war bekanntlich der Meinung, daß nur etwas, das vollständig vergangen ist, Gegenstand der erzählenden Literatur, vor allem des Romans, sein könne. Es ist das große „Es war", das dieser bedeutende Romancier als Stoff für sein episches Schaffen forderte, und die einzige Sprachform, die er der erzählenden Literatur als realitätsadäquat zuerkannte, ist die Form des Imperfektes; und das hatte natürlich auch Wirkungen auf die Thematik des großen Realisten. Allen Stoffen seiner großen Romane, der „Buddenbrocks", des „Zauberbergs", des „Doktor Faustus" und sogar des lebendigen, weil satirisch verfremdeten „Felix Krull“, haftet etwas von der Patina oder doch der dünnen Puderschicht an, die alles Vergangene, alles Gewesene - was einmal Wesen war und nun dem Verwesen anheimgefallen ist - bedeckt.

Thomas Mann hat bis in die Mitte unseres Jahrhunderts geschrieben, und keines der achthundert Worte, die er nach seiner eigenen Angabe jeden Tag geschrieben hat, war überflüssig: Er schrieb alle seine großen Romane zu einer Zeit, als seine Romantheorie schon überaltert und praktisch nicht mehr machbar war.

Es war inzwischen im Roman der Gegenwart - vom Gegenwartsroman zu schweigen - vieles anders geworden, und die Erzählform des Präsens ist heute längst als Stilmittel legitimiert und zur gewöhnlichen Sprachpraxis geworden. In der Geschichtsschreibung - auch ein Zweig erzählender Literatur - tut man sich in dieser Hinsicht schwerer. Hier herrscht noch fast uneingeschränkt der mysteriöse „dunkel raunende Imperfekt“ (nach Thomas Mann) als das fast ausschließliche Sprachinstrument. Das hängt sicher auch damit zusammen, daß die Vergangenheit eben noch immer als das große, unendlich weite, unerschöpfliche und im Grunde unveränderbare Meer aufgefaßt wird, in das im unendlichen Strom der Zeit unendlich viele Gegenwarten eingeflossen sind, die nicht wieder zum Leben - und darum auch mit gegenwartsnahen Sprachregeln nicht - zu erwecken sind.

Für die Geschichte - die erzählte Vergangenheit - hat das seine Wirkungen. Ihren berufenen Hütern gilt heute noch die Geschichte in der Regel als festes Summarium von ausgewählten Vergangenheitsteilen, zu Stein gewordene, vergangene Gemeinschaftsrealität. Ausnahmen bestätigen die Regel - so die dialektisch glänzende, lebenssprühende, stilistisch faszinierende Geschichte des „18. Brumaire des Louis Bonaparte“.

Geschichte ist aber kein abgeschlossenes, in sich abgerundetes Betrachtungsobjekt; Geschichte ist ein Prozeß, ein stets lebendiger, sich ständig erneuernder Vorgang in seiner eigentümlichen dialektischen Bedeutung. Diesen dialektischen Prozeß darzustellen ist schwieriger als die korrekte, lineare Abhandlung eines sich nicht mehr bewegenden und ändernden, eines totgewordenen Bezugssystems. Die richtige und adäquat erscheinende und darum auch als adäquat empfundene Darstellung der Relation zwischen Sein und Werden im Leben der Menschheit zu finden, darüber mußte ich lange nachdenken. Wenn es wahr ist, daß Geschichte nicht etwas ist, das geschieht, sondern das gemacht wird, dann müßte auch die Geschichtserzählung dieses Geschichtemachen nachdenkbar, nachempfindbar, nachfühlbar machen. Dies müßte vor allem von einem Erzähler erwartet werden, von dem zu vermuten ist, daß er an dem seinerzeitigen Prozeß des Geschichtemachens einen realen Anteil hatte.

Ich erzähle meine Geschichte, und ich erzähle sie im nochmaligen Geschichtemachen mit meinen eigenen Worten. Und die finde ich nirgends zeit- und wahrheitsgemäßer als in meinen Reden, Aufsätzen, Artikeln und Randbemerkungen aus jener Zeit, da diese Geschichte original und zum erstenmal gemacht wurde. So entsteht also diese Geschichtserzählung, indem ich am gegebenen Ort aus damals gehaltenen Reden und geschriebenen Artikeln zitiere und diese originalen Textstellen einfüge in den Erzähltext des ja immerhin in der Gegenwart lebenden Autors.

Ich halte das für vorteilhaft für den Gebrauch eines Lesers, der Geschichte nicht gerade als Fossilienbebilderung bewundern, sondern als lebendigen Prozeß miterleben und daraus allein den möglichen und ihm zugänglichen Gewinn ziehen will.

Sei es nun der Vorbemerkungen genug, und wagen wir somit den Sprung ins Riesenrad.

Fritz Selbmann
Berlin, 1974

1. Bild

1945

Leipzig nach der Befreiung

Als die Stadt Leipzig von den Amerikanern besetzt - erobert kann man nicht sagen - wurde, es war am 18. April 1945, saß ich noch im Konzentrationslager Flossenbürg in der Oberpfalz in einer Baracke mit Bettkästen voller stinkender Kadaver von toten und sterbenden Häftlingen, hatte noch den langen Todesmarsch nach Dachau und in die von der SS angekündigte Alpenfestung vor mir und wartete mit dem ganzen Lager sehnsüchtig auf „unsere Amerikaner", die auch südlich des Mains nach Osten vorrückten, aber immer wieder Haltepausen einlegten.

So kam es also, daß ich nach dem 20. April doch noch auf den Evakuierungsmarsch gehen mußte. Drei Marschblöcke mit je fünftausend Häftlingen wurden von den Amerikanern geschnappt. Nur mein Block, der vierte, hatte das Pech, von den Amerikanern nicht abgefangen zu werden. Wir kamen, allerdings nur die Hälfte von denen, die abmarschiert waren, nach Dachau und von dort aus weiter auf den Marsch in das legendäre Nazirefugium in den Alpen.

Auf diesem wahnwitzigen Fluchtmarsch wählte ich endlich die Freiheit und machte den Sprung in den Wald. Es war in der Nähe des Starnberger Sees tief unten in Südbayern, und von hier aus begann der lange Marsch nach Leipzig. Denn das eine war mir bei allen Wechselfällen von Kriegsende und Chaos klar: ich mußte nach Leipzig zurück, es war meine Stadt, und es gab keine Stadt im ganzen Deutschen Reich, zu der mich etwas mehr hingezogen hätte als nach der alten sächsisch-deutschen Handelsstadt.

Ich bin kein geborener Leipziger, ich war ein Zugewanderter. Ich war vor der Nazizeit Sekretär der KPD für das Land Sachsen gewesen mit dem Sitz in Leipzig, hatte zweieinhalb Jahre in Leipzig im Untersuchungsgefängnis gesessen - was ja auch bindet -, alle meine Freunde, die mich während der Haftzeit etwas versorgten und umsorgten, lebten dort, kamen aus Leipzig oder über Leipzig. Im Konzentrationslager waren alle Leipziger meine besten Freunde, und was in Leipzig während der Nazizeit geschah, ging mich mehr an als alles andere in anderen Städten. Es war also ganz klar und stand außer jedem Zweifel, daß ich mich - nachdem ich frei war - auf den langen Heimweg vom Süden Bayerns nach Leipzig begab, um dort mit meiner neuen Tätigkeit, zu der mich alles hindrängte, zu beginnen.

Die letzte Zwischenpause auf diesem langen Marsch legte ich in Gotha ein und erfuhr dort auch zuerst Detailliertes über die Lage und die Zustände in Leipzig. Ich erfuhr einiges über die Zerstörung der Stadt durch die amerikanischen Bombenangriffe, ich hörte Ungenaues und Ungereimtes über die Besatzungspolitik der Amerikaner, darunter, was mich besonders interessierte, daß Heinrich Fleißner, Sozialdemokrat der rechtesten Richtung und mein letzter Leipziger Konterpartner im Februar 1933, von den Amerikanern wieder als Polizeipräsident eingesetzt war.

Es waren zwei Dinge, die ich während der kurzen Rast in Gotha besonders bedachte und die mir so wichtig waren, daß ich sie mir als die ersten und wichtigsten Arbeiten vornahm, die ich zu leisten hätte, sobald ich in Leipzig ankommen würde. Das eine Ziel, das ich mir vornahm und das mich so heftig drängte, von Gotha wegzukommen und Leipzig zu erreichen, war die Beseitigung der Trümmer, unter denen Leipzig lag. Da ich nur eine vage theoretische oder vielmehr nur statistische Vorstellung von diesen Trümmermassen hatte, setzte ich mir leichtsinnigerweise das Ziel, nach meiner Rückkehr die Organisierung der Trümmerbeseitigung in die Hand zu nehmen und sie im Laufe eines Jahres oder etwas mehr zu bewältigen. Das andere Ziel war, den Vertrauensmann des Bürgertums im Leipziger Polizeipräsidium, den waschechten Opportunisten und meinen speziellen „Freund", Heinrich Fleißner, so schnell wie möglich von seinem Posten zu verjagen.

So kam ich also nach Leipzig, und vieles, beinahe alles war anders, als ich es mir gedacht hatte. Von meinen zwei vorgenommenen Zielen erwies sich das erste, die Trümmerbeseitigung in Leipzig im Verlauf eines oder etwas mehr als eines Jahres, als gänzlich utopisch und undurchführbar. Mit der zweiten Aufgabe, der Beseitigung des alten und jetzigen Polizeireformisten Fleißner, ging es verhältnismäßig schnell und glatt vor sich. Hier half mir die neue Besatzungsmacht aus dem Land des Sozialismus schon in der ersten Nacht ihres Daseins.

Die Beräumung der Stadt von den Trümmern des Krieges war eine um einige Potenzen schwerere Aufgabe. Meine Vorstellungen vom Umfang der Zerstörungen in Leipzig waren, wie bereits gesagt, theoretischer und statistischer Natur ohne sinnliche Anschauung. Über den ganzen Umfang der Zerstörung der Stadt geben folgende Ziffern, die natürlich auch erst im nachhinein allmählich zusammengetragen wurden, ein etwas anschaulicheres Bild.

„4,6 Millionen Kubikmeter Trümmer bedeckten Leipzigs Straßen und Plätze. Von den 224 720 Wohnungen waren 33 870 total zerstört, 13 400 schwer beschädigt und 80 000 beschädigt. Von 109 Schulen waren 25 völlig vernichtet und 44 schwer in Mitleidenschaft gezogen, von den 11 Berufsschulen noch 2 benutzbar, sämtliche Theater Leipzigs und viele weitere Kulturstätten ein Opfer der Bombenangriffe geworden, 46,5 Prozent des Leipziger Industriepotentials hatte der Krieg vernichtet. Doch auch da, wo die Produktionsanlagen noch brauchbar waren, konnte nur in den seltensten Fällen gearbeitet werden, da Roh- und Brennstoffe weitgehend fehlten.

Ganze Stadtteile konnten nicht mit Strom und Gas versorgt werden. Auch die Wasserversorgung war ernsthaft bedroht, das Hauptwasserwerk Canitz erheblich beschädigt und die Wasserzufuhr vom Wasserwerk Naunhof durch große Schäden im Rohrnetz unterbunden. Dauernde Unterernährung hatte die Volksgesundheit ernsthaft untergraben – bei Kriegsende betrug die tägliche Brotzuteilung für Erwachsene noch 171,4 Gramm, für Jugendliche 200 Gramm und für Kinder 100 Gramm. Die Säuglingssterblichkeit erreichte die für fortgeschrittene Industrieländer astronomische Ziffer von 13,9 Prozent. In der Stadt herrschte akute Seuchengefahr, wöchentlich wurden 63 Neuerkrankungen an Typhus, 148 Fälle von Ruhr und 151 Neuinfektionen an Diphtherie registriert. Dabei war an eine geregelte medizinische Betreuung der Bevölkerung kaum zu denken. Abgesehen vom akuten Mangel an Verbandsmaterial und Medikamenten, waren im Krieg zahlreiche Krankenhäuser zerstört worden. Die für die stationäre Behandlung vorhandene Kapazität war von 3743 Betten auf 1620 im Jahre 1945 gesunken.“[1]

Ich kam am 21. Mai 1945 gegen neun Uhr abends nach Leipzig. Die Straßen waren leer, es herrschte die von den Amerikanern verhängte Ausgangssperre, alle Hauptstraßen waren mit Trümmern bedeckt, und es sah ganz so aus, als ob, zumindest im Zentrum der Stadt, sich noch niemand darum bemüht hatte, etwas von den Bombentrümmern hinwegzuräumen und die Innenstadt wieder zum Leben zu erwecken.

Ich fand mich in der Stadt zu nächtlicher Stunde nur schwer und manchmal irregehend zurecht, da viele Straßenzüge unter Schutt ganz anders aussahen als damals, da sie noch aus Behausungen für friedliche Menschen bestanden.

Am ehesten fand ich mich zurecht in Volkmarsdorf, meinem eigenen ehemaligen Stadtbezirk. Dort war in der Meißnerstraße unser einstiges Parteilokal, die Gastwirtschaft „Zum goldenen Löwen“. Das also war mein Anlauf zu jener nächtlich-düsteren Stunde. Ich kam an die verschlossene Tür des im Dunkel liegenden Hauses, klopfte, hörte schlurfende Schritte und stand im nächsten Augenblick unserem alten Parteiwirt Otto Jonack gegenüber, der mit ängstlichem und argwöhnischem, von einem dünnen Kerzenlicht angeleuchtetem Gesicht vor mir stand und erst ganz langsam in seinem Gedächtnis Erinnerungsbilder fand, auf die ich paßte. Dann zog er mich hinein, schloß sofort wie-der ab, und danach saßen wir zusammen in der Küche. Otto Jonack, sehr alt geworden, erzählte mir mit leiser, manchmal versagender Stimme, stockend und beinahe wie widerwillig von den wichtigsten Ereignissen in Leipzig während der letzten Na-zimonate, und ich erfuhr hier zum erstenmal von dem schrecklichen Ereignis des Endes der Leipziger Widerstandsgruppen und von der Hinrichtung Georg Schumanns, Georg Schwarz' und der anderen, die anzutreffen ich so sehr gehofft hatte.

Otto Jonack berichtete mir auch so ausführlich, wie er es konnte, von den Zuständen in der Stadt unter amerikanischer Besetzung. Ich sollte darüber am nächsten Tag mehr erfahren, als ich mich gegen neun Uhr vormittags in einem mir angegebenen Lokal in der Weißenfelser Straße im Leipziger Westen zur Parteiarbeit meldete.

In Leipzig war die Kommunistische Partei von den Amerikanern nie erlaubt gewesen, und auch andere, ursprünglich legale Klassenorgane der Arbeiterschaft und des antifaschistischen Widerstandes waren schon bald nach ihrem ersten Auftreten verboten und unterdrückt worden.

Natürlich suchte die illegale Kommunistische Partei nach einer irgendwie gearteten legalen Betätigung. Eine der Organisationen, die sich hierzu eignete oder die hierzu gemacht werden konnte, war das „Wiedergutmachungswerk". Diese Institution unterhielt eine kleine Geschäftsstelle, es arbeiteten dort einige Leute verschiedener politischer Richtungen, und die Aufgabe des Wiedergutmachungswerkes bestand darin, Kräften des antifaschistischen Widerstandes, die aus Gefängnissen oder Lagern kamen, erste Hilfe zu gewähren, sie mit Kleidung oder zusätzlichen Lebensmitteln zu versorgen.

Eine ähnliche Einrichtung war das "Buchenwaldkomitee", eine Hilfestelle für Häftlinge, die aus dem Konzentrationslager Buchenwald kamen. Die Amerikaner hatten zwar jede politische Tätigkeit und jede Art von Organisation untersagt, aber sie konnten nicht, ohne ihr Gesicht zu verlieren, solche karitativen Einrichtungen unterdrücken, die der Hilfe für entlassene Zuchthausinsassen und KZ-Häftlinge dienten. Schließlich hatte noch im April ihr oberster Soldat General Eisenhower das Lager Buchenwald besucht, und die amerikanischen Meinungsmacher hatten daraus einen bombastischen Propagandacoup gemacht. Also mußten die Amerikaner notgedrungen und widerwillig solche Institutionen wie das Buchenwaldkomitee und andere tolerieren, obwohl ihnen natürlich nicht entgehen konnte, daß in und mit diesen Einrichtungen die Kommunisten ein etwas riskantes Spiel zwischen wohltätiger Legalität und politischer Illegalität trieben.

Ich stieg sofort und von vornherein, des Risikos und der gebotenen Möglichkeiten bewußt, auf Widerruf in dieses halblegale und tolerierte Netz von Institutionen, halb Karitas, halb Untergrund ein, da ich an einer illegalen Tätigkeit völlig im Verborgenen nicht im mindesten interessiert war. Ich bemühte mich vielmehr, aus der widerwillig geduldeten Wohltätigkeit ein System von immer weiter in die Legalität vorstoßenden Organen zu machen.

Dieses politische Organsystem, auf das die Entwicklung schließlich hinsteuerte, war der „Antifaschistische Block", der bereits vor meiner Ankunft als eine lose Vereinigung von Antifaschisten aller politischen Richtungen bestand. Der Antifaschistische Block hatte seinen Ursprung in den Resten des „Nationalkomitees Freies Deutschland", das bei der Besetzung der Stadt durch die Amerikaner wertvolle Hilfsdienste, unter anderem durch den Aufruf an die Bevölkerung zur kampflosen Übergabe der Stadt an die Amerikaner, geleistet hatte.

Das Nationalkomitee Freies Deutschland hatte bereits im Jahre 1944 bestanden und die aktiv wirkende Kampfgruppe der illegalen Kommunistischen Partei gebildet. Das NKFD war von der Gestapo aufgedeckt und die führenden Kräfte waren verhaftet worden. Insgesamt hatten in Leipzig etwa hundert Verhaftungen stattgefunden. Dreizehn der Führer des NKFD mit Georg Schumann an der Spitze waren Anfang 1945 zum Tode verurteilt und hingerichtet worden.

Aber das NKFD war nicht in seiner Gesamtheit aufgedeckt und aufgerieben worden. Aus den verbliebenen Restteilen und unter Hinzunahme neuer Kräfte aus der ebenfalls aufgedeckten Neubauer-Poser-Gruppe fanden sich nach dem Debakel schnell wieder Genossen zusammen und konstituierten sich neu als „Nationalkomitee Gruppe Leipzig“. Am 18. April besetzten die amerikanischen Truppen die Stadt und gaben später immerhin noch eine außerordentlich positive Einschätzung der Hilfe und Unterstützung des NKFD bei der kampflosen Übergabe der Stadt. Aber die freundliche Haltung der Amerikaner gegenüber dem NKFD hielt nicht lange vor. Bereits am 26. April wurden die führenden Kräfte des Nationalkomitees zu einer Dienststelle der amerikanischen Militärregierung zitiert, wo ihnen offen das Mißfallen der Besatzungsbehörde über die politische Rolle und Aktivität des NKFD dargelegt wurde. Typisch ist eine in dieser Besprechung gefallene Äußerung eines amerikanischen Majors, daß es ihm persönlich lieber gewesen wäre, wenn die Amerikaner die Stadt im Kampf hätten nehmen müssen, da sie dann die inzwischen zu Tage getretenen Scherereien mit den verkappten Kommunisten nicht zu bestehen hätten.

Den Führern des NKFD wurde in dieser Besprechung der Befehl erteilt, die Tätigkeit des NKFD sofort einzustellen, und praktisch war damit das Nationalkomitee vom 28. April an verboten.

Nun wurde also das Nationalkomitee umstrukturiert in den „Antifaschistischen Block“, der eigentlich immer nur eine nicht allzu streng abgegrenzte Vereinigung von Antifaschisten aller

Schattierungen war, in dem Kommunisten, Sozialdemokraten und bürgerliche demokratische Kräfte zusammenarbeiteten.

Der Block war also ein Organ des antifaschistischen Widerstandes noch aus der Zeit vor der amerikanischen Besetzung der Stadt. Ich versuchte im Auftrage der illegal recht lebendigen Kommunistischen Partei, die Tätigkeit der legal bestehenden karitativen Institutionen mit der des Antifaschistischen Blocks zu verbinden und so aus dem Block eine zusammenfassende politische Kraft zu machen. Dies gelang auch weitgehend, so daß der Antifaschistische Block sogar zur Einrichtung eines Büros im Telefunkenhaus in der Harkortstraße 3 schreiten konnte, dessen Existenz von den Amerikanern widerwillig, aber doch ohne es wesentlich zu behindern, toleriert wurde.

Der Antifaschistische Block war bis zum Ende der amerikanischen Besetzung zu einer wirklichen Massenbasis für die politische Arbeit der KPD geworden, wobei schon in diesem Stadium der Arbeit die Grundsätze des Aufrufs des ZK der KPD vom 11. Juni wirksam wurden. Am deutlichsten drückte sich dies in einem Beschluß der Unterbezirksleitung der KPD vom 14. Juni 1945 aus, in dem die Richtung der politischen Aktivität des Antifaschistischen Blocks festgelegt wurde. Die Breite der Bewegung des Antifaschistischen Blocks geht auch hervor aus einer statistischen Übersicht über die Kräfte, die beim Besatzungswechsel aktiv im Antifaschistischen Block arbeiteten. Unmittelbar nach dem Wechsel der Besatzung führte der Antifaschistische Block am 7. Juli 1945 eine Konferenz durch, an der 1368 Delegierte teilnahmen. Von diesen Delegierten waren 407 Vertreter der KPD, 451 Vertreter der SPD, 27 Vertreter der erst in der Bildung begriffenen bürgerlich-demokratischen Partei und 483 Parteilose. Ein noch mehr aussagendes Bild von der politischen Führung des Antifaschistischen Blocks gibt die Tatsache, daß dem auf rund 70 Mitglieder angestiegenen Führungsorgan, dem Zentralausschuß des Antifaschistischen Blocks, 21 Arbeiter, 4 Angestellte, 6 Beamte, 5 Wirtschaftler, 6 Künstler, 4 Wissenschaftler, 5 Ärzte, 3 Schriftsteller, 8 Juristen, 3 Pfarrer, 4 Lehrer, 1 Ingenieur und 2 Architekten angehörten.

Die Aktivität des Antifaschistischen Blocks war naturgemäß auf die immer stärkere Durchsetzung demokratischer Grundsätze in der Verwaltung der Stadt und in den einzelnen Stadtteilen gerichtet. Die amerikanische Militärregierung hatte natürlich andere Ziele. Sie orientierte sich auf die sich als „Bürgerblock" bezeichnenden reaktionären Kräfte der Stadt. Bereits am 30. April hatten mit ihnen Verhandlungen der Besatzungsbehörde stattgefunden, bei denen es sich um die Einsetzung eines den Amerikanern genehmen Bürgermeisters handelte. Als Vertreter des Bürgerblocks wurde zum Bürgermeister der Stadt der Rechtsanwalt Dr. Vierling berufen, der bis zum Jahre 1933 deutschnationaler Stadtverordneter und Stahlhelmer gewesen war. Zum Polizeipräsidenten beriefen die amerikanischen Besatzer Heinrich Fleißner, den letzten sozialdemokratischen Polizeipräsidenten noch während der ersten Monate des Jahres 1933. Vierling und Fleißner erfüllten völlig die in sie gesetzten Erwartungen der Amerikaner. Bereits am 16. Juni veröffentlichte Heinrich Fleißner in dem amtlichen Organ des Rates der Stadt einen Artikel über die Säuberung der Polizei von nazistischen Elementen. In diesem Artikel „Leipziger Polizei" im Amtlichen Nachrichtenblatt vom 16. Juni 1945 behauptete Fleißner:

„Mancher Beamte vermochte dem Druck nicht zu widerstehen, wurde schwach und wechselte über. Im allgemeinen aber blieben sich die Beamten treu, auch wenn sie äußerlich Nationalsozialisten hatten werden müssen. Die gute Schule, die sie in der Zeit von 1919 bis 1933 durchlaufen hatten, wirkte nach und übte ihren Einfluß auch auf die dunklen Jahre von 1933 bis 1945 aus."[2]

Dieser Ehrenrettung für die faschistische Polizei entsprach auch die praktische Politik Fleißners. Obwohl zu diesem Zeitpunkt noch 40 Prozent der Beamten der Schutzpolizei und 80 Prozent der Angehörigen der Kriminalpolizei ehemalige Mitglieder der NSDAP waren, erklärte er bereits am 16. Juni die Säuberung der Polizei für abgeschlossen.

Auch Dr. Vierling tat alles, um möglichst viele ehemalige Mitglieder der NSDAP in den Dienststellen der Städtischen Verwaltung zu halten.

Um der vom Bürgerblock und von den sich wieder zusammengefundenen rechten Sozialdemokraten getragenen, den Wünschen der amerikanischen Besatzer entsprechenden Politik der Stadtverwaltung eine scheindemokratische Legitimation zu verschaffen, strebten rechte Führer der SPD die Bildung eines antifaschistischen Beirates der Stadtverwaltung an. Da jedoch auch die amerikanische Militärregierung wußte, daß einer solchen demokratischen Kulisse jede wirkliche Basis in der Bevölkerung der Stadt fehlte, zögerte sie die Bestätigung dieses Beirates so lange hinaus, bis dieser nicht mehr wirken konnte und seine Gründung daher keinen Sinn mehr hatte.

Inzwischen waren nämlich die Unzufriedenheit der Bevölkerung mit der amerikanischen Besatzungspolitik und der der reaktionären Stadtverwaltung sowie das Mißtrauen in die gelegentlich verlautbarten Absichten rechter SPD-Führer so sehr angewachsen, daß der Antifaschistische Block, der ja im wesentlichen die politische Linie der KPD repräsentierte, zu größeren Aktivitäten übergehen konnte. Am 10. Juni schrieb ich im Auftrage der Kommunistischen Partei einen namentlich unterzeichneten Brief an General Eisenhower, den Oberbefehlshaber der amerikanischen Armee und der Alliierten Streitkräfte im Westen Deutschlands. Der Inhalt dieses offenen Briefes ist verschiedentlich publiziert worden, so daß hier dessen Wiedergabe sich erübrigt. Es seien nur die wichtigsten Punkte dieses Briefes hervorgehoben.

Ich wies auf den offenbaren Widerspruch zwischen den in den Dokumenten der Antihitlerkoalition eingegangenen Verpflichtungen und der Praxis der amerikanischen Besatzung hin und schrieb:

„Die aktiven Antifaschisten sind auch heute noch in jeder Hinsicht benachteiligt gegenüber den aktiven und verkappten Nationalsozialisten, die ... die Schuld und Verantwortung für alle Verbrechen des Hitlerregimes tragen."

Gleichzeitig unterbreitete ich General Eisenhower die folgenden Forderungen:

„1. Radikale Säuberung der Verwaltung und der Wirtschaftsführung von allen offenen und verkappten Nazis.
2. Restlose Heranziehung aller Nazis zum Wiederaufbau der Stadt unter Kontrolle von bewährten Antifaschisten.
3. Einschaltung der Leipziger Widerstandsbewegung in den kommunalen Neuaufbau.
4. Beschlagnahme aller über den kurzfristigen Bedarf hinausgehenden Lebensmittelvorräte in den Händen von Nazis und deren Verteilung unter der Kontrolle von bewährten Antifaschisten.
5. Ausschaltung der Nazis aus der Lebensmittelverteilung und Übertragung derselben an die wieder zu errichtenden Verbrauchergenossenschaften.
6. Wiedergutmachung aller durch das Naziregime verursachten Schäden an den Opfern des nazistischen Terrors.
7. Lockerung des Organisationsverbotes für Antifaschisten und Legalisierung eines örtlichen Ausschusses zur Zusammenfassung der antifaschistischen Kräfte.
8. Zulassung der Bildung demokratischer Gewerkschaften und ihrer Arbeit.
9. Zulassung eines Presseorgans für Antifaschisten."

In diesem offenen Brief an den amerikanischen Oberbefehlshaber ist noch ein Punkt besonders interessant. Ich schrieb in diesem Brief:

„Eine heute von den Organen der Besatzungsmächte immer wiederholte Grundauffassung ist die, daß das ganze deutsche

Volk ohne Ausnahme mitschuldig sei an den Verbrechen der Naziclique. Gegen diese Auffassung protestiere ich. Die Hunderttausende Leipziger Wähler und Wählerinnen, die noch am 5. März 1933 für mich und damit für den Kampf gegen Hitler ihre Stimme erhoben haben, sind nicht mitschuldig an dieser Kulturschande. Nicht mitschuldig sind die vielen Zehntausende Leipziger Antifaschisten, die ihre Freiheit, ihr Leben und die Freiheit ihrer Angehörigen, ihre wirtschaftliche Existenz, ihre Ruhe, ihre Gesundheit und ihr Wohlergehen 12 Jahre lang geopfert haben, um die verbrecherische Herrschaft Hitlers und seiner Bande zu stürzen. Sie sind nicht nur nicht mitschuldig, sondern sie haben zu einem wesentlichen Teil dazu beigetragen, daß das Hitlerregime unter den Schlägen der Alliierten Armeen so schnell und gründlich zusammenbrach."[3]

Es war, so glaube ich, der erste Fall in der Nachkriegsgeschichte Deutschlands, daß ein deutscher Politiker in offener Ansprache gegen die These von der Kollektivschuld des ganzen deutschen Volkes an den Verbrechen des Nazismus Protest anmeldete. Sicher ist in späteren Erklärungen ähnliches noch gesagt worden. Hier aber geschah es unter Anwendung der offenen Rede, und es geschah zu einer Zeit, als die westlichen Besatzungsmächte gerade erst begannen, ihr Besatzungsregime im Westen Deutschlands zu konstituieren und zu festigen, und ich glaube daher, daß diesem offenen Protest in einem Brief an den Alliierten Oberbefehlshaber besondere Bedeutung zukommt.

Der Brief an General Eisenhower wurde nicht nur nach Frankfurt (Main) abgeschickt, sondern vorher auf dem uns zur Verfügung stehenden Vervielfältigungsapparat reproduziert und in Tausenden von Exemplaren in allen Vierteln der Stadt Leipzig verteilt. Es ist erklärlich, daß diese Verteilung des Briefes wie auch dessen Inhalt eine alarmierende Wirkung in den oberen Stabsorganen der amerikanischen Besatzungsmacht ausgelöst hat. Ich war deshalb gar nicht verwundert, daß wenige Tage nach der Verteilung des Briefes ein junger amerikanischer Offizier in der eleganten Uniform eines kultivierten und einflußreichen Mannes aus einem höheren Armeestab bei mir in meinem Untermieterzimmer in der Halleschen Straße erschien, um mit mir ein Gespräch über die amerikanische Besatzungspolitik und die Meinung der einfachen Leute in der Stadt über diese Politik zu führen. Es blieb nicht bei einer einfachen Befragung, sondern es entwickelte sich im Laufe dieses Besuches ein sehr ausführliches und von dem politischen Sachverstand des Besuchers zeugendes politisches Gespräch.

Natürlich hatte ich nicht erwartet und konnte auch nicht erwarten, daß mein Brief an General Eisenhower sofort Wirkungen zeigen würde und daß entsprechend meinen Vorschlägen unmittelbar Änderungen der Besatzungspolitik eintreten würden. Immerhin mußte der offene Brief doch einiges Nachdenken bei der Leipziger Militärregierung bewirkt haben. Als eine dieser Wirkungen ist der Beschluß der amerikanischen Besatzungsbehörde vom 22. Juni anzusehen, mit dem die Durchführung einer Gemeindevertreterversammlung unter Einschluß der Kommunisten angeordnet wurde. Diese Gemeindeversammlung sollte am 26. Juni stattfinden. Gegenstand besonderer Verhandlungen mußte der Modus der Zusammensetzung dieser Vertreterversammlung sein, worüber eine Verständigung zwischen den zur Beteiligung vorgesehenen Gruppen notwendig war. Es fanden also nun Verhandlungen über die politische Zusammensetzung dieser „Duma“ statt, die zwar auf Veranlassung und unter Aufsicht der Besatzungsbehörde vor sich gingen, die sich aber verschiedener Zwischenglieder bedienen mußten. Es war eine etwas groteske Situation: Die Versammlung mußte, wenn sie ihren Zweck erfüllen sollte, dem politischen Kräftezustand dieser Stadt einigermaßen entsprechen, und so mußte also, auch wenn sie noch sosehr den Charakter einer scheindemokratischen Täuschungsaktion tragen würde, ein Modus zwischen den Repräsentanten der politischen Kräfte der Stadt ausgehandelt werden, wobei sich die Amerikaner im wesentlichen der rechten sozialdemokratischen Führer vom Schlage Heinrich Fleißners und Erich Schillings als Verhandlungspartner bedienten. Es gab zwar offiziell keine kommunistische Partei, aber man mußte doch mit der Führung der illegalen Kommunistischen Partei verhandeln, wenn überhaupt das geplante Manöver irgendwie realisiert werden sollte. Die rechten SPD-Führer mußten also, da sie mit dem Bürgerblock ohnedies von vornherein einig waren, mit der Führung der KPD verhandeln, um die Zahl der Sitze der einzelnen Gruppen in dieser Vertreterversammlung festzulegen.

Die rechten SPD-Führer hatten sich die Zusammensetzung der Vertreterversammlung so ausgedacht, daß sie ihren Wünschen und denen der Amerikaner entspreche. Nach ihren Vorschlägen, die sie den Vertretern der KPD in einer Beratung unterbreiteten, sollten 36 Mitglieder der Gemeindevertreterversammlung angehören, wovon 12 Vertreter dem Bürgerblock zugestanden und die anderen 24 Vertreter auf SPD und KPD verteilt werden sollten. Dabei sollte die SPD 17 und die KPD 7 Vertreter erhalten. Angeblich entspräche diese Zusammensetzung dem letzten legalen Wahlergebnis vom November 1932.

Gegen diese Sitzverteilung mußten wir uns natürlich wenden, und auf meinen Antrag hin beschloß die Führung der KPD, zu fordern, außer den 12 Blockbürgern 12 Vertreter der SPD und 12 Vertreter der KPD in diesen „Gemeinderat“ zu berufen. Bei den Verhandlungen darüber erhoben zwar die rechten Führer der SPD ein wütendes Geschrei, aber es war uns und auch den unehrlichen Maklern von vornherein klar, daß die andere Seite sich unserer Forderung beugen mußte. Die KPD erklärte, daß sie an der Vertreterversammlung überhaupt nicht teilnehmen würde, wenn ihren ultimativen Forderungen nicht entsprochen würde. Wir konnten so vorgehen, weil wir wußten, daß die Militärregierung kein Interesse an einer, wenn auch nur zum Schein, demokratischen Versammlung ohne Teilnahme der Kommunisten haben würde.

In der Tat schluckten die Amerikaner unser Ultimatum. Die Gemeindevertreterversammlung bestand also aus 12 Vertretern des Bürgerblocks, 12 Sozialdemokraten und 12 Kommunisten.

In dieser Zusammensetzung wurde sie für den 26. Juni in das Neue Rathaus der Stadt Leipzig einberufen.

Es war wiederum eine beinahe lächerlich anmutende Situation. Die drei Vertretergruppen rückten geschlossen in den Sitzungssaal ein, wo drei lange Tische bereitstanden. Die drei Gruppen unterschieden sich schon rein äußerlich: Die Leute vom Bürgerblock hatten ihren gut erhaltenen Gehrock oder irgendein anderes Staatsgewand angetan, die Sozialdemokraten kamen in immerhin noch gut geschneiderten Sonntagsanzügen, während wir Kommunisten, die wir ja alle während der letzten zwölf Jahre keine Gelegenheit gehabt hatten, neue Anzüge anzuschaffen, in meist schlecht sitzenden und etwas zu weit geratenen Kleidungsstücken, teilweise aus Vaters Nachlaß, auftraten.

Bei dieser Gelegenheit sei eine größere Zahl der mir im Gedächtnis gebliebenen Namen der Vertreter der KPD in dieser Versammlung eingefügt. Zur kommunistischen Gruppe gehörten die namhaftesten Genossen aus der Bewegung Nationalkomitee Freies Deutschland Leipzig, die der Verhaftungswelle am Ende des Jahres 1944 entgangen waren und die die Arbeit des Nationalkomitees fortgeführt hatten. Es gehörten ferner dazu Genossen vom Buchenwaldkomitee, die ebenfalls seit Mitte April politisch tätig waren. Ich nenne folgende Namen:

Paul Kloß war einer der rührigsten und aktivsten Genossen in der Arbeit des NKFD unter der amerikanischen Besatzung und war in erster Linie beteiligt an allen Maßnahmen zur Gewinnung von öffentlichem Einfluß der KPD im politischen Geschehen der Stadt. Er war später auch einer der führenden Organisatoren der antifaschistisch-demokratischen Stadtverwaltung. Aus der Illegalität waren gekommen die Genossen Roßberg, Plesse, Holtzhauer, Grabner und andere. Der Genosse Roßberg – wie auch die übrigen Genannten war er aktiv gewesen im Nationalkomitee und bei der kampflosen Übergabe der Stadt an die Amerikaner – wurde nach dem Besatzungswechsel der erste Stellvertreter des Oberbürgermeisters der Stadt. Der Genosse Karl Plesse war nach dem Wechsel der Besatzung der erste Polizeipräsident von Leipzig, und der Genosse Helmut Holtzhauer wurde Stadtrat für Kultur; er war später viele Jahre der Leiter der Nationalen Forschungsstätte der klassischen deutschen Literatur in Weimar und Präsident der Goethe-Gesellschaft. Der kommunistischen Gruppe gehörten als Mitglieder des Buchenwaldkomitees an die Genossen Harri Kuhn, Rudi Jahn und Ludwig Rusch. Vom letzteren ist zu berichten, daß er nach der Besetzung der Stadt durch sowjetische Truppen der Leiter der Kriminalpolizei in Leipzig wurde und ein gutes Stück Arbeit bei der „Entnazifizierung" leistete. Rudi Jahn war ein alter Bekannter von mir. Er war mit mir in den Jahren 1928/29 Student an der Internationalen Leninschule in Moskau gewesen und hatte dann als Sekretär für Agitation und Propaganda in der Bezirksleitung Sachsen gearbeitet. Sein späterer Entwicklungsweg führte ihn in die Funktion des Ministerpräsidenten des Landes Brandenburg und in andere hohe Staatsfunktionen. Der Verlauf der Gemeindevertreterversammlung war von den Herren der amerikanischen Militärregierung und des interimistischen Magistrats offensichtlich so geplant, daß der amtierende Bürgermeister Dr. Vierling eine einstudierte und mit den Amerikanern abgesprochene Rede halten würde, um dann das Gremium für konstituiert zu erklären und die edlen Gemeindevertreter nach Hause zu schicken.

Die Vorstellung begann in dieser Weise, aber das Programm war ohne die Kommunisten gemacht, und sie waren es daher auch, die den geplanten Ablauf störten und ihr eigenes Programm durchsetzten. Es war festgelegt worden, daß ich im Auftrag der kommunistischen Gruppe eine grundsätzliche politische Erklärung abgeben sollte, in der, in möglichst scharfer Form, der ganze Schwindel der scheindemokratischen Parlamentsfarce aufgedeckt und die Besatzungspolitik der Amerikaner bloßgestellt werden sollte.

Die Verhandlung wurde, wie erwartet, von Dr. Vierling mit einer Fünf-Minuten-Rede eröffnet, und als er eben im Begriff war, die Versammlung zu schließen, meldete ich mich zu Wort. Meine Wortmeldung wurde anfänglich absichtlich übersehen, aber als zwölf kommunistische Vertreter lautstark protestierten, blieb dem Bürgermeister nichts weiter übrig, als mir das Wort zu erteilen. Ich ergriff es und gab es nicht wieder her, hielt vielmehr eine einstündige Rede, in der alles das gesagt wurde, war zur amerikanischen Besatzungspolitik und zur Arbeit der Stadtverwaltung zu sagen war. Die Vertreter der beiden anderen Fraktionen saßen während meiner Rede mit blassen ängstlichen Gesichtern und erschrockenen Augen an ihren Tischen und wagten nicht einen einzigen Zwischenruf. Auch die an dem langen Magistratstisch quer durch den Saal sitzenden Mitarbeiter der Stadtverwaltung waren, wie es schien, sprachlos vor Schreck, vielleicht auch vor Entrüstung. Der amerikanische Militärgouverneur, Major Eton, saß auf einem erhöhten Platz neben dem Bürgermeister und nahm sich aus wie ein englischer Vizekönig in alten Kolonialzeiten. Sein Dolmetscher saß hinter ihm und übersetzte ihm meine Rede Satz für Satz, und es war verständlich, daß er während der ganzen Rede mißvergnügt auf seinem Sessel saß und nur hin und wieder Anwandlungen von Zorn und Empörung in seinem Gesicht erkennen ließ.

Ich jedenfalls beendete meine einstündige Rede ohne Störung und Unterbrechung, und als ich mich hinsetzte und der ganz unkonventionelle Beifall meiner KPD-Freunde vorbei war, meldete sich niemand mehr zu Wort, und Dr. Vierling schloß mit einem salbungsvollen Schlußwort diese denkwürdige Tagung.

Wir gingen also auseinander, wie wir gekommen waren, in getrennten Kolonnen, die Leute vom Bürgerblock versuchten verachtungsvolle Gesichter zu machen, die Sozialdemokraten, die alle vom rechten Flügel waren, sahen verlegen und bedrückt aus, während wir Kommunisten laut redend und mit frohen Gesichtern wegen des gelungenen kleinen Handstreichs die Rathaustreppe hinunterstiegen. Bereits am nächsten Tag brachte die Kommunistische Partei ein Flugblatt heraus mit der groß gedruckten Schlagzeile:

„Was denkt Ihr über Dr. Vierling?“ Dieses Flugblatt war in einer uns zu dieser Zeit schon zur Verfügung stehenden Druckerei gedruckt worden und wurde in vielen tausend Exemplaren in der ganzen Stadt verteilt. Die Vorwürfe gegen die amerikanische Besatzungspolitik mußten dem amerikanischen Militärgouverneur ein wirkliches Ärgernis gewesen sein, denn er ließ mir durch einen Sergeanten eine Einladung zu einer Besprechung am 28. Juni im Gebäude der Militärregierung in der Auestraße zukommen.

Der Verlauf der mit dieser Einladung zusammenhängenden Unterhaltung zwischen dem Militärgouverneur Major Eton und mir ist an anderer Stelle ausführlich beschrieben worden. Auf jeden Fall hielt ich es nach dieser Unterredung für ratsam, nicht mehr in meinem Untermieterzimmer in der Halleschen Straße zu übernachten, sondern mir ein illegales Quartier in einem anderen Stadtteil zu suchen. Ich hatte gut daran getan, denn verschiedene Anzeichen bewiesen, daß die amerikanischen Besatzer ein nachhaltiges Interesse an meiner Person hatten und mich gern bei sich gesehen hätten.

Ich hatte inzwischen Verbindung mit sowjetischen Offizieren aufgenommen, zunächst mit einem sowjetischen Major, der seine Unterkunft in der Waldstraße hatte und dessen Aufgabe es war, sich um die Repatriierung sowjetischer Kriegsgefangener zu kümmern. Ich traf mit ihm mehrere Male nachts zusammen und wurde zu diesen Zusammenkünften mit einem sowjetischen Jeep abgeholt.

Wenige Tage vor dem Abzug der Amerikaner war ein Vorkommando unter der Leitung eines sowjetischen Kapitäns namens Friedländer erschienen, der sofort die Verbindung mit mir aufgenommen und mir den Rat erteilt hatte - ich faßte ihn als Befehl auf -, mich in meinem illegalen Quartier solange versteckt zu halten, bis die letzten amerikanischen Nachzügler die Stadt endgültig verlassen hätten.

In den letzten Tagen der amerikanischen Besatzungszeit entwickelten wir noch einige Aktivitäten. Der Antifaschistische Block richtete am 25. Juni einen offenen Brief an die Geistesschaffenden der Stadt, der die Überschrift trug „Zur geistigen Situation der Zeit". Es ging uns in diesem offenen Brief wie auch bei in diesen Tagen noch stattgefundenen Besprechungen mit verschiedenen Bevölkerungskreisen vor allem darum, den Menschen, auf die es uns ankam, die in ihnen tief verwurzelte Angst vor den Russen zu nehmen, da wir wußten, daß wir diese Kreise für den Neubeginn der Arbeit nach dem Besatzungswechsel dringend benötigten. Besprechungen der genannten Art fanden statt am 28. Juni mit Leipziger Wirtschaftlern, insbesondere aus dem graphischen Gewerbe, sowie am 29. Juni 1945 mit Kulturschaffenden. Diese Zusammenkunft mit Künstlern, Wissenschaftlern usw. fand im Schreberheim einer Laubenkolonie im Osten Leipzigs statt. Ich hielt in dieser Versammlung ein Referat über kulturelle Aufgaben beim Übergang in die nächste Besatzungsperiode. Diese Rede wurde genau während des Besatzungswechsels gedruckt und war der erste Buchtitel auf dem noch hoffnungsleeren Leipziger Büchermarkt der Nachkriegszeit.

Eine der wichtigsten Aufgaben des Antifaschistischen Blocks und seiner Anhänger bestand darin, die Demontagemaßnahmen der Amerikaner soweit wie möglich zu stören oder zu hintertreiben. Die amerikanischen Besatzungsorgane hatten sich um die Verwaltung der Stadt zwar wenig gekümmert, sie hatten fast nichts getan, um eine ordentliche Arbeit auf den Trümmerstellen zu organisieren und die noch vorhandenen Lebensmittelvorräte vor Plünderungen zu schützen. Sie hatten ihre ganze Kraft darauf konzentriert, zu demontieren und mitzunehmen, was ihnen zweckmäßig erschien. Das waren nicht nur wichtige Neukonstruktionen von Maschinen aus nichtzerstörten Leipziger Betrieben, sondern auch Institutseinrichtungen der Universität und Wissenschaftler und befähigte Konstrukteure.

Soweit es uns möglich war, versuchten wir, die amerikanischen Aktivitäten dieser Art zu hintertreiben. Insbesondere bemühten wir uns, die gewaltsame Mitnahme von Wissenschaftlern, Konstrukteuren usw. zu verhindern, indem wir solche bedrohten Leute rechtzeitig in abgesicherten Quartieren versteckten und so lange verborgen hielten, bis der Besatzungswechsel vollzogen war.

Inzwischen bereiteten wir uns auf den Wechsel der Besatzung vor. Der Antifaschistische Block erließ einen Aufruf, der - als Plakat gedruckt und in allen Teilen der Stadt veröffentlicht - die Bevölkerung aufforderte, die nun einrückenden sowjetischen Truppen mit roten Fahnen und Transparenten zu begrüßen. Diesem Aufruf kam ein großer Teil der Bevölkerung nach. Trotzdem vollzog sich der Besatzungswechsel ziemlich unauffällig, denn zunächst marschierten große Truppenkontingente durch die Stadt nach weiter westlich gelegenen Standorten, und auch von der Auswechslung amerikanischer Besatzungssoldaten durch Soldaten der Roten Armee merkte die Bevölkerung vorerst nicht allzuviel.

Ich selbst erlebte den Besatzungswechsel zunächst auf den Straßen der Stadt, wo ich trotz meiner freiwilligen Illegalität als unauffälliger Zuschauer die sowjetischen Einheiten an mir vorbeiziehen ließ. Außerdem aber erlebte ich den Besatzungswechsel unmittelbar, da ich schon in der ersten Nacht der neuen Besatzungszeit aus meinem illegalen Quartier abgeholt und in die Moltkestraße, in das dortige Gebäude des Untersuchungsgefängnisses, gebracht wurde, wo ein militärisch-politisches Vorkommando mich empfing und von mir die ersten Informationen über die Lage in der Stadt erhielt. Diese Kommandostelle interessierte insbesondere die Vorstellung der Leipziger Kommunisten und Antifaschisten über die Neubesetzung der Stadtverwaltung, wobei besonders die Person des Polizeipräsidenten - es war ja noch immer Heinrich Fleißner - interessierte. Die Kommunistische Partei hatte schon, als der Besatzungswechsel noch bevorstand, über die Neubesetzung der Verwaltung der Stadt beraten und beschlossen, zum Oberbürgermeister der Stadt Dr. Erich Zeigner vorzuschlagen. Dr. Zeigner war ein bekannter linker Sozialdemokrat, der im Jahre 1923 als Chef der Arbeiterregierung Ministerpräsident von Sachsen gewesen und von der Reichsexekutive aus dem Amt entfernt worden war. Er hatte sich während der Nazizeit nach mehrmaliger kurzer Haftzeit mit viel Mühe über Wasser gehalten und galt als sicherer Anhänger der Aktionseinheit der Arbeiterklasse. Der Vorschlag der KPD für die Funktion des Oberbürgermeisters ging also von vornherein von der Orientierung auf die Vereinigung der Kräfte der KPD und SPD beim Aufbau der neuen Ordnung aus. Ich unterbreitete ihn schon in dieser ersten Nacht dem sowjetischen Vorkommando. Ebenfalls gab ich, dazu aufgefordert, eine Darstellung der Rolle und personellen Qualitäten von Heinrich Fleißner.

Der Besatzungswechsel vollzog sich fast reibungslos und ging sogar an den offiziellen Organen der Stadt aus der Zeit der amerikanischen Besatzung beinahe spurlos vorüber, bis dann endlich die Neugestaltung der Stadtverwaltung unter den veränderten politischen Verhältnissen in Gang kam.

Der Antifaschistische Block blieb zwar zunächst noch als politischer Willensträger tätig, aber es traten nunmehr die politischen Parteien in Aktion, die von der sowjetischen Besatzungsbehörde in schneller Folge zugelassen wurden. Als erste die Kommunistische Partei, die sofort an die Öffentlichkeit trat.

Bereits am 5. Juli 1945 fand im Lichtspieltheater „Capitol“ die erste legale Versammlung der KPD nach der Zerschlagung des Faschismus statt, auf der ich das Referat hielt und vor allem den Aufruf des ZK der KPD vom 11. Juni 1945 erläuterte. Sofort danach sprach die Leipziger KPD-Organisation in acht überfüllten Massenversammlungen zur Leipziger Bevölkerung.

Unmittelbar nachdem die KPD und zur Zusammenarbeit bereite SPD-Genossen sich über die grundlegende Neubesetzung des „Ratskollegiums“ auf paritätischer Grundlage geeinigt hatten, stimmte die sowjetische Kommandantur der eingereichten Vorschlagsliste für die neue Stadtverwaltung zu. Am 16. Juli 1945 ernannte Generalleutnant Trufanow Dr. Erich Zeigner (SPD) zum Oberbürgermeister, Kurt Roßberg (KPD) zum ersten und Johannes Sachse (später LDPD) zum zweiten Vertreter des Oberbürgermeisters der Messestadt.

Damit begann ein neuer Abschnitt in der Geschichte Leipzigs. Erstmals bestimmte die Arbeiterklasse im Bündnis mit allen demokratischen Kräften die Geschicke der Messestadt.

2. Bild

1945–1946
Entnazifizierung und erste Reformen

Um die Mitte des Monats August wurde ich nach Dresden berufen, um eine Funktion in der Landesverwaltung des Bundeslandes Sachsen zu übernehmen. Ich war von dieser Berufung nicht sehr erbaut. Aber das wollte an sich nicht viel besagen, denn ich hatte mich schon immer ungern von einer Umgebung und von einer Tätigkeit getrennt, in die ich mich eingelebt und an der ich einigen Gefallen gefunden hatte.

Es kam noch hinzu, daß meine zukünftige andere Ehehälfte in Leipzig angekommen war, was für einen Mann, der zwölf Jahre seines Lebens in Zuchthauszellen und KZ-Baracken zugebracht hatte, nicht unwichtig war. Außerdem hatte ich mich schon in eine etwas detaillierte Vorstellung von einer Betätigung in Leipzig hineingelebt, die mir Spaß gemacht hätte. Ich wäre gerne für längere Zeit auf dem Gebiet der kulturpolitischen Entwicklung tätig gewesen.

Ich hatte mich sofort nach dem Eintreffen der sowjetischen Besatzungstruppen um einige Probleme gekümmert, so um die Wiederaufnahme der Konzerttätigkeit des Gewandhausorchesters und die Belassung seines Dirigenten Hermann Abendroth in seiner Position. Abendroth war Mitglied der NSDAP gewesen. Trotzdem hielt ich es entgegen dem Drängen vieler meiner engeren politischen Freunde für notwendig, Abendroth als Kapellmeister des Gewandhausorchesters zu behalten. Dies gelang dann auch nach vielen Gesprächen mit Abendroth selbst und nach heftigen Debatten mit meinen politischen Freunden.

Man hat mich gelegentlich gefragt, welches die Motive waren, die mich veranlaßten, für das Verbleiben von Prof. Abendroth in seiner Funktion als Kapellmeister des Gewandhausorchesters mit solcher Entschiedenheit einzutreten. Ich habe dafür eine Erklärung, die ich mir allerdings erst später ganz bewußt gemacht habe, als Prof. Abendroth auf einer Gastreise durch die Sowjetunion dort stürmisch gefeiert wurde.

Ich war Leipziger, wenn auch nur ein zugezogener, und für jeden Leipziger gibt es drei „heilige Kühe". Da ist zunächst die Messe mit dem jährlich zweimal aufkreuzenden „Messeonkel"; da ist „Auerbachs Keller", Deutschlands berühmteste, durch Goethe in die Weltliteratur eingeführte Kneipe, die ein richtiger Leipziger jedem fremden Besucher der Stadt zu zeigen sich verpflichtet fühlt, und da ist als drittes das berühmte Musikaleum - neben dem Thomanerchor -, das Gewandhausorchester. Ohne das Gewandhausorchester wäre Leipzig musikalisch einfach Provinz, und so lag mir daher viel daran, dieses Orchester für Leipzig zu erhalten. Das Gewandhausorchester hing aber von der Person des Kapellmeisters ab. Prof. Abendroth war ein schon damals in der Welt bekannter und geachteter Dirigent. Wäre er mit den Amerikanern gegangen, so hätte das mit Sicherheit das Auseinanderfallen des Gewandhausorchesters bedeutet, und es hätte dann jahrelanger Mühen bedurft, das Orchester wieder leistungsfähig zu machen, ihm einen in der Welt renommierten Kapellmeister zu geben.

Dies war der wesentliche Grund für mein Bemühen, Prof. Abendroth für Leipzig und für das Gewandhausorchester zu erhalten, auch wenn mir das zunächst einigen Streit mit meinen guten Freunden einbrachte.

Ein anderes kulturelles Vorhaben war die Wiederaufnahme der Tätigkeit der Theater in Leipzig. Alle Theatergebäude waren zerstört. Theater sollte aber sein, und es wurde beschlossen, das Theaterleben mit der Aufführung einer Oper im Saal der Gastwirtschaft „Drei Linden“ im Westen Leipzigs zu eröffnen. Ich hatte von Anfang an auf den Neubeginn des Theaterbetriebes mit einer Aufführung von „Fidelio“ bestanden. Diesem Vorhaben stellten sich scheinbar unüberwindliche Schwierigkeiten entgegen, so in der Frage der Besetzung der Rollen der Sänger, der Unvollständigkeit des Orchesters, der Unzulänglichkeit der Bühnentechnik und vieles andere, was teilweise willkürlich herangeholt wurde, um eben die Premiere des Theaters mit „Fidelio“ zu hintertreiben. Da ich jedoch auf unserem Willen bestand, erfolgte die Eröffnung der Leipziger Oper in den „Drei Linden“ mit einer für damalige Verhältnisse glänzenden Aufführung von Beethovens berühmter Freiheitsoper mit dem Gefangenenchor, um den es mir eigentlich gegangen war.

Kurz vor dem Abschied von Leipzig hatte ich noch zwei persönliche, wenn auch nicht sehr wichtige Erlebnisse. Ich arbeitete damals noch in dem kleinen Büro in der Harkortstraße 3. Eines Tages wurde mir von meiner Vorzimmersekretärin gemeldet, daß eine Frau Lösche mich zu sprechen wünsche. Ich erinnerte mich sofort des Namens Lösche, des Namens einer bekannten Leipziger Pastorenfamilie und des Mannes, der in den Jahren 1933 bis 1935 als Untersuchungsrichter beim Reichsgericht die Voruntersuchung gegen mich geführt hatte. Frau Lösche kam mit bedrückter Miene und in Trauerkleidung zu mir ins Zimmer und teilte mir mit, daß ihr Mann, Dr. Lösche, verhaftet worden sei und nun in Leipzig im Gefängnis sitze. Ich wußte davon nichts, aber es war mir bekannt, daß Dr. Lösche, den ich zuletzt als Landgerichtsdirektor gekannt hatte und der eine seltsam zwiespältige Art der Untersuchung in meinem Verfahren an den Tag gelegt hatte, in den späteren Nazijahren als Richter an einem Sondergericht tätig gewesen war und dort zahlreiche Todesurteile gefällt hatte. Frau Lösche erinnerte mich an die doch loyal anmutende Methode der gerichtlichen Voruntersuchung in meinem Fall und erwartete offensichtlich Hilfe von mir. Der Hauptpunkt in ihrem Bittverfahren war die Bemerkung, daß ihr Mann nun schon 11 Tage in Haft sei, ohne verhört zu werden. Ich holte daraufhin aus meinem Schreibtisch mein Gefängnistagebuch hervor, das ich im Leipziger Untersuchungsgefängnis illegal geführt hatte und las ihr wörtlich eine Notiz vom Mai 1934 vor, wonach ich an diesem betreffenden Tag 11 Monate in Haft war, ohne auch nur zu wissen, wessen man mich beschuldigte. „Der verantwortliche Untersuchungsrichter aber war Dr. Lösche", sagte ich zum Schluß, und Frau Lösche verstand sofort den Zusammenhang und verließ bekümmert, wie sie gekommen war, mein Büro.

Ein anderes, allerdings mehr makaberes Zusammentreffen hatte ich mit dem Mann, der mich im April 1933 an die Polizei verraten hatte und der mir während der Voruntersuchung mehrfach gegenübergestellt worden war. Dieser Mann, der Verräter Klöden, war von unserer jungen Polizei verhaftet worden und wurde mir vorgeführt. Er machte eine traurige Figur, aber er war mir zu schäbig, als daß ich ihm irgend etwas angetan hätte, und ich schickte ihn zurück in sein Gefängnis. Er wurde dann später von einem unserer Gerichte zu 15 Jahren Zuchthaus verurteilt, die er nicht ganz verbüßte. Nach 14 Jahren verstarb er im Zuchthaus. Die Berufung nach Dresden in eine Arbeit, die ich noch nicht kannte, war mir also zunächst nicht sehr sympathisch, aber ich war bald mit meiner neuen Installierung ausgesöhnt und traf alle Vorkehrungen für meine neue Tätigkeit. Die größte Schwierigkeit bestand darin, daß ich in Dresden arbeiten, aber in Leipzig wohnen mußte. Es war nämlich unmöglich, in dem zerbombten Dresden eine Wohnung zu bekommen, und ich konnte auch die kleine Wohnung, die ich inzwischen in Leipzig erhalten hatte, nicht aufgeben, da meine spätere Frau in Leipzig bereits eine nicht unwichtige gesellschaftliche Funktion übernommen hatte. An einen eigenen Kraftwagen war im Anfang auch nicht zu denken, und so fuhr ich täglich mit einem alten „Opel-Olympia", den mir eine Leipziger Ärztin samt Kraftfahrer borgte, von Leipzig nach Dresden und in der Nacht zurück, so daß auf diese Weise ein vierzehn- bis sechzehnstündiger Arbeitstag zustande kam.

Diese Leipziger Ärztin war eine der erfreulichsten Bekanntschaften, die ich nach meiner Rückkehr machte. Ich traf sie bei der Arbeit in dem sogenannten Wiedergutmachungswerk. Es war eine noch junge Ärztin, deren Mann in Kriegsgefangenschaft war und die sich von den ersten Tagen an um rückkehrende KZ-Häftlinge gekümmert hatte. Es gab unter den entlassenen Lagerhäftlingen sehr viele Kranke, und insbesondere waren viele an Tbc erkrankt. Diese junge Ärztin, Frau Ilse Spalek, war von dem gesundheitlichen Zustand der KZ-Insassen erschüttert und widmete nun ihre ganze Kraft und Zeit diesen oft todkranken Heimkehrern. Ich kam mit ihr in Kontakt, da ich mich ebenfalls nach meiner Rückkehr um das Wiedergutmachungswerk kümmerte. Als ich nach Dresden berufen wurde und kein Fahrzeug für mich aufzutreiben war, stellte mir diese junge Ärztin ihren alten „Opel-Olympia“ mit dem dazugehörenden Kraftfahrer zur Verfügung, bis ich nach Monaten endlich zu einem zwar auch nicht sehr repräsentativen, aber immerhin noch fahrfähigen Wagen von Seiten der Landesverwaltung kam.

Die Lage im Land Sachsen war, was die Kriegseinwirkungen und Zerstörungen betraf, die gleiche wie in allen anderen vom Krieg betroffenen Teilen Deutschlands, vielleicht etwas verschärft dadurch, daß im östlichen und südlichen Teil des Landes sich die letzten verzweifelten Versuche der SS-Truppen, sich noch zur Wehr zu setzen, abgespielt hatten. Um ein drastisches Bild des Zustandes der Zerstörung, in dem sich das Land befand, sowie einen ersten Einblick in die Bemühungen des Elends und des Chaos Herr zu werden, zu geben, sei an dieser Stelle der Bericht eines wirklich authentischen Beobachters wiedergegeben.

Mit dem Vormarsch der sowjetischen Armeen auf dem Territorium des Reiches kamen auch die ersten politischen Führungsgruppen, deren Mitglieder vor allem in Moskau tätig gewesen waren. Mit der in Sachsen vorrückenden 1. Ukrainischen Front traf die Einsatzgruppe des Zentralkomitees unter Leitung von Anton Ackermann ein. Von ihm stammt der nachstehende Bericht:

„Das Hitlerregime hatte ein unvorstellbares Chaos hinterlassen. Das deutsche Volk sah sich in eine Katastrophe größten Ausmaßes gestürzt. Zunächst mußte das nackte, primitivste Weiterleben der Menschen gesichert werden. Es hieß, den Eisenbahnverkehr in Gang zu bringen, die Überlandstraßen, die von den Trümmern der faschistischen Kriegsmaschinerie übersät waren, zu säubern, die wichtigsten Brücken wieder benutzbar zu machen, damit die Tausende von verwundeten, kranken, halbverhungerten Menschen in Unterkünfte gebracht und wieder Kohlen für die Kraftwerke, Getreide für die Mühlen befördert werden konnten. Auch daran mußte gedacht werden, an den Brennpunkten, zum Beispiel im Senftenberger Kohlenrevier, den Berufsverkehr und in den Großstädten den Straßenverkehr wieder in Gang zu bringen.

Es gab weit und breit keine Strom- und Wasserversorgung mehr. In den schwer angeschlagenen Städten war noch auf Wochen an eine Gasversorgung nicht zu denken. Aber die Elektrizitätswerke mußten anlaufen, koste es, was es wolle! Und auch die Wasserwerke. Denn weiter wurden Menschen geboren, waren keimfreie Instrumente in den ‚normalen' und den weitaus zahlreicheren notdürftigen Operationsräumen erforderlich. Dringende Sofortmaßnahmen zur Vermeidung und Bekämpfung von Seuchen mußten getroffen werden.

Und niemand weiß, wie groß die Zahl der Menschen war, die in unaufhörlichen Strömen nach Osten und nach Westen und hin und her zogen. Nach Osten Hunderttausende sowjetischer Frauen, Mädchen, Greise, Kinder, als ‚Fremdarbeiter' und Gefangene nach Deutschland verschleppt, nun aus unermeßlichem Jammer befreit und zu Fuß unterwegs in Richtung auf die weit, weit entfernte Heimat. Mit ihnen zogen Polen, Ungarn, Rumänen, Bulgaren, Griechen, aber auch Norweger, Dänen, Belgier und Holländer, Franzosen und Italiener - Menschen vieler Nationen, gequält, zerschunden, halbverhungert, haßerfüllt gegen ihre Peiniger. Viele von ihnen gingen nach Osten, obgleich die Heimat im Rücken lag, nach Osten in der Hoffnung, recht bald im Rücken der sowjetischen Armee auf eine Eisenbahnstation zu stoßen, von der ein Zug abfuhr, der sie aus dieser Hölle, die Deutschland für sie war, möglichst weit wegbringen sollte, näher an die Heimat, und sei es auf Tausenden Kilometern Umweg.

Und nach Westen zogen Hunderttausende: Überall, wohin wir kamen, Flüchtlingstrecks, die von SS und Wehrmacht in Marsch gesetzt worden waren, nach Westen, um den Osten zu entvölkern. Nun waren sie von den vorwärtsstürmenden sowjetischen Truppen überholt worden, und wir stießen auf sie am Straßenrand, tief in den Wäldern, auf Dorfangern und Schulhöfen, auf Plätzen in großen Städten - obdachlos, ausgehungert, krank, verzweifelt, ohne Ziel und Hoffnung, Hunderttausende!“[4]

Einen ergänzenden und noch mehr ins Detail gehenden Bericht über die Situation gab der Präsident der Landesverwaltung Sachsen, Rudolph Friedrichs, ein sozialdemokratischer Funktionär, der unmittelbar nach dem Zusammenbruch der alten Ordnung zum Oberbürgermeister der Stadt Dresden bestimmt worden war, inzwischen aber die verantwortliche Leitung der Landesverwaltung Sachsen übernommen hatte.

„Wir fanden einen Trümmerhaufen vor, dessen Ausmaß und Größe nicht zu überbieten war. Das Chaos wurde durch sinnlose Zerstörungen in den letzten Stunden durch die früheren Machthaber, die das Volk feige im Stich ließen und sich der Verantwortung entzogen, noch gesteigert. Die Verwaltung des Landes stand still. Städte und Dörfer waren zerstört, ganze Landstriche verwüstet, Industrie und Landwirtschaft zerrüttet, Verkehrseinrichtungen zerschlagen oder beschädigt, die Volksgesundheit unterhöhlt, Familien auseinandergerissen, die Menschen verbraucht und in den zerbombten Städten eng zusammengepfercht. Not und Elend auf allen Straßen. Hunderttausende von Flüchtlingen irrten heimatlos durch ausgebrannte Städte und Dörfer, über verwüstete Felder, ohne Verpflegung und Obdach. Die Gefahr von Seuchen wie Ruhr, Typhus und Fleckfieber bedrohte die Menschen. Die Finanzen des Landes und der Gemeinden waren völlig zerrüttet, es gab keine Reserven an Lebensmitteln oder an Bedarfsgütern. Wir haben wahrhaftig ein furchtbares Erbe angetreten!“[5]

Den beiden hier zitierten Berichten von wirklich kompetenten Zeitgenossen füge ich noch einen Detailbericht hinzu, der auszugsweise einem Artikel von meiner Hand entnommen ist.

„Das Kennzeichen des Zusammenbruchs also war das vollkommene Chaos, das feinmaschige Netz wirtschaftlicher Beziehungen, das eine moderne Volkswirtschaft kennzeichnet, war zerrissen und der deutsche Wirtschaftsorganismus geradezu atomisiert. Allein im Lande Sachsen waren mit Ende des Jahres 1945 immer noch mehr als 1500 Großbetriebe und mehr als 8000 kleinere und mittlere Betriebe zerstört oder beschädigt. Der gesamte Verkehr im Lande Sachsen war praktisch lahmgelegt. Allein 300 Brücken und Übergänge waren gesprengt, und das rollende Material der Eisenbahn wie auch der Kraftverkehr lagen zerstört auf den Rückzugslinien der Armeen Hitlers. Unter den zerstörten Brücken befanden sich solche Brücken wie die Meißner Elbbrücke, die Elbbrücke in Dresden, die Muldebrücke bei Wurzen, die große Eisenbahnbrücke bei Elstertal und viele andere. Von 1 800 000 Wohnungen in Sachsen waren über 350 000, das heißt fast 20 Prozent, zerstört oder schwer beschädigt. So waren allein in der Stadt Dresden 64,9 Prozent und in den Städten Plauen und Bautzen 45 Prozent aller Wohnungen zerstört und unbrauchbar geworden.“[6]

Die Tatsache, daß ich täglich mit meinem geborgten „Opel-Olympia“ zwischen Leipzig und Dresden zu pendeln hatte, führte gleich am Anfang zu einem etwas erheiternden Zwischenfall. Ich war aus dem Konzentrationslager gekommen und war unbeweibt, da meine Frau, die von den Nazis ebenfalls lange Zeit in Haft gehalten worden war, noch vor Ausbruch des Krieges gestorben war. Ich war während der Zeit im KZ in Verbindung mit einigen Freunden und Genossen, unter denen an erster Stelle eine junge Frau stand, mit der ich den engsten Kontakt unterhielt und die mich auch im Zuchthaus besucht hatte. Wir waren uns einig, daß wir nach meiner Rückkehr aus dem KZ in den „heiligen Stand der Ehe" treten würden, was wir in erster Linie um des Umstandes willen zu tun uns vornahmen, da wir nun beide öffentlich tätig sein würden. Meine künftige Ehefrau hatte die notwendigen Vorbereitungen, auch was die amtlichen Vorgänge betraf, übernommen, und alles war von ihr bestens organisiert worden.

Am 21. August rüstete ich mich wie an jedem der vorhergegangenen Tage zu meiner „Olympia-Fahrt" nach Dresden, wo ich einige wichtige Sitzungen anberaumt hatte. Da erinnerte mich am Frühstückstisch meine künftige Ehehälfte daran, daß dies der Tag unserer Hochzeit sei und ich mich um zehn Uhr auf dem Standesamt einzufinden hätte. Ich fiel aus allen Wolken, und so blieb meiner Frau, da ich meine Fahrt nach Dresden und die dortigen Sitzungen nicht aufgeben konnte, nichts anderes übrig, als die geplante Heirat abzusagen und einen späteren Termin auszumachen. So fuhr ich also nach Dresden zu meinen Sitzungen, und acht Tage später ging dann die feierliche Handlung beim Standesbeamten vor sich, und schon war ich neuverpflichteter Ehemann mit einem Kopf voller Sorgen und planender Gedanken, nicht über meinen neuen Ehestand, sondern über das, was ich in Dresden zu tun hatte.

Die Zeremonie der Einführung in mein neues Amt vollzog sich in Dresden mit sehr wenig Feierlichkeit. Es war festgelegt, daß ich der Präsident einer neuzubildenden Landesarbeitsverwaltung werden sollte, und ich wurde über Art und Umfang meiner Tätigkeit durch drei Männer aufgeklärt, die mir im Amtszimmer des Präsidenten der Landesverwaltung gegenüber saßen. Ich dachte unwillkürlich an die drei Weisen aus dem Morgenland.

Es waren diese drei Männer: zum ersten der Präsident der Landesverwaltung Rudolph Friedrichs, ein alter Sozialdemokrat, der im Jahre 1923 während der Zeit der Arbeiterregierung im Vorzimmer von Dr. Zeigner gesessen hatte, den die Soldaten des Generals Maerker buchstäblich aus seinem Amtszimmer transportiert hatten und der dann später als kleingehaltener Jurist irgendwo im Erzgebirge, zuerst in Wolkenstein und dann anderswo, untergekommen war. Die Nazizeit hatte er unter manchen Belästigungen, aber im großen und ganzen heil überstanden. Er hatte sich, wie man so sagt, „von Gras und Kräutern und gelegentlich von einigen Heuschrecken" ernährt und war Sozialdemokrat geblieben. Er war also der Chef der neuen arbeitenden Verwaltung des Landes. Er wurde Präsident genannt, war aber in der Praxis auch noch alles andere: Minister, Statthalter, König in Sachsen und eigentlich im Grund nicht anderes als ein von morgens früh bis abends spät um ein bißchen Wohl der Bevölkerung des Landes besorgter Arbeitsmensch. Der zweite der Weisen aus dem Morgenland war Kurt Fischer, ein alter Kommunist, in den frühen zwanziger Jahren ausgewandert als Flüchtling vor preußischer Rechtspflege, in jahrelanger illegaler Tätigkeit in fremden Ländern, vor allem im Fernen Osten, zu der Arbeit qualifiziert, die er nun in Sachsen hatte übernehmen müssen. Er leitete das Ressort „Inneres" der Landesverwaltung Sachsen, was nichts anderes hieß in diesem ersten Abschnitt neuer Verwaltungsarbeit als die Säuberung des bürokratischen Apparats von aktiven Nazis und Reaktionären, die Schaffung der Grundlagen einer neuen antifaschistischen und demokratischen Ordnungsmacht und der Aufbau und die Leitung einer der neuen Gesetzlichkeit verpflichteten Polizei. Kurt Fischer war, wie ich schon sagte, ein alterprobter und überall in der Welt, selbst in den Opiumkellern von Kanton und Shanghai, sich zurechtfindender Kundschafter und international beglaubigter Gewährsmann revolutionärer Prägung. Er war außerdem Choleriker von Temperament, mit kurzgeschnittenem weißem Haar, heftig gerötetem Gesicht, in ständiger körperlicher und geistiger Bewegung.

Der dritte im Bunde meiner Anwerber für eine Aufgabe in der Verwaltung war Hermann Matern. Über ihn viel zu berichten wäre sicherlich nicht am Platze angesichts der Tatsache, daß Hermann Matern später eine der politisch entscheidenden Funktionen in der Führung der SED bekleidete und daher weitgehend der Öffentlichkeit bekannt ist. Er war Anfang Mai 1945 mit der unter Leitung von Anton Ackermann stehenden Einsatzgruppe des ZK der KPD nach Sachsen gekommen und nun schon der eigentliche Leiter der Parteiorganisation im Lande.

Die Landesverwaltung Sachsen war eines der neuen demokratischen Selbstverwaltungsorgane, die in den Monaten nach dem Zusammenbruch der faschistischen Staatsmacht entstanden waren. Typisch und charakteristisch für die Schaffung einer neuen Verwaltung war, daß deren Aufbau von der Basis her erfolgte, daß heißt, daß zuerst Verwaltungsorgane auf der Ebene der Gemeinden entstanden, daß danach die Konstituierung von Verwaltungsorganen der Kreise erfolgte und daß zuletzt die Verwaltungsspitze des Landes errichtet wurde, deren Leitung das Präsidium der Landesverwaltung war. Die Mitglieder dieses obersten Verwaltungsorgans führten die Amtsbezeichnung Vizepräsident und leiteten jeweils einen bestimmten Verwaltungszweig. Es gab also Vizepräsidenten für Inneres, für Wirtschaft (was im wesentlichen Industrie, Handel und Gewerbe bedeutete), für Finanzen, Justiz und Landwirtschaft. Die letzten drei Ressorts wurden von Vertretern der nun auch kürzlich zugelassenen kleinbürgerlichen Parteien, CDU und LDP, geleitet.

Die Landesverwaltung war also das zuletzt gebildete demokratische Selbstverwaltungsorgan und hatte zur Zeit, als ich nach Dresden kam, erst sehr wenig Autorität und Machtbefugnisse. Die Landesverwaltung hatte ihren Sitz in einem völlig erhalten gebliebenen Gebäudekomplex, in dem sich während der letzten Kriegsjahre das Luftgaukommando befunden hatte und das die angloamerikanischen Bombenflieger vielleicht absichtlich, aus purer Kameradschaft ihren deutschen Waffenbrüdern gegenüber, aus ihren Bombenteppichen ausgespart hatten.

Da ich schon etwas von zerstörten Städten gesehen hatte, in Leipzig sowohl wie in Dresden, vermittelte der völlig intakt gebliebene Gebäudekomplex mit den im geistlosen Nazibaustil hergerichteten Fassaden, der große Freitreppe und dem grünumsäumten Innenhof den Eindruck von Sauberkeit, Ordnung und Autorität. Ich war der Meinung, daß ich nun in einen bereits geordneten und geregelten Verwaltungsbetrieb eintreten würde, und nahm deshalb etwas gefaßt und erleichtert die Bestallung für mein neues Amt entgegen. Es war festgelegt, daß ich als Präsident an die Spitze der Landesarbeitsverwaltung treten sollte, und ich war naiv genug zu glauben, daß ich damit der Chef einer zwar im Aufbau befindlichen, aber doch schon einigermaßen fundierten Organisation werden würde.

Ich hatte mich getäuscht. Es gab gar keine Landesarbeitsverwaltung. Sie bestand nur in den Vorstellungen des Präsidenten der Landesverwaltung oder auch nur eines seiner Strukturarchitekten. Es gab zwar im Lande in verschiedenen Kreisstädten Arbeitsämter, die sich aus der Nazizeit herübergerettet hatten und die nun mit neuen demokratischen Führungskräften besetzt waren, aber von dem früheren Gauarbeitsamt war nichts übriggeblieben als der Präsident dieses Amtes und ein riesiger Keller voller Personalakten von vielen tausend Arbeitslosen, die einmal durch die Registratur dieses Amtes gelaufen waren. Man hatte mir nach der feierlichen Verpflichtung in mein Amt durch den Präsidenten Rudolph Friedrichs die Adresse des früheren Gauarbeitsamtes genannt. Ich fuhr, im Herzen ein wenig mit dem Hochgefühl, „Präsident" zu sein, in dem geliehenen hochbeinigen Olympia in den Stadtteil, in dem ich das Gauarbeitsamt finden sollte.

Der Stadtteil lag in Trümmern. Die Straßen dorthin waren buchstäblich übersät von Mauerresten, Betonbrocken, angekohlten Dachbalken und den Überresten von zerstörten Wohnungseinrichtungen, so daß gar nicht daran zu denken war, in normaler Weise mit dem Kraftwagen ins Innere dieser Trümmerlandschaft zu gelangen. Der Fahrer meines Olympia-Veteranen war aber auch im zweiten Weltkrieg Kraftfahrer gewesen und daher mit der Methode des Slalomfahrens zwischen Kriegsresten vertraut. Er brachte mich in die Straße, in der das Gauarbeitsamt liegen sollte. Es lag auch dort, aber von dem Gebäude über der Erde war nicht mehr geblieben als ein Haufen Erde und Asche, und das Amt, das einmal hier gewesen war, hatte sich wie alles am Ende des Nazikrieges unter die Erde verkrochen.

Von dem Amt, als dessen Präsident ich mich schon auf dem Herweg gefühlt hatte, fand ich nichts weiter als eine Kellerküche mit einem wackligen Stuhl und Tisch und einem großen gemauerten Herd in der Ecke, auf dem in Kochgeschirren Kraut und Dörrgemüse und andere Leckereien schmorten und einen durchdringenden Duft verbreiteten. Es waren die Mittagessenrationen der in den Kellern noch beschäftigten Angestellten des Stadtteilarbeitsamtes, die aufopferungsvoll alte Männer und Frauen, die ständig auf der Kellertreppe ein- und ausgingen, mit Stempeln und kleineren Beträgen bedienten.

In dem Küchenraum, den man gnadenweise dem ominösen Gauarbeitsamt als letzte mit einer Adresse versehene Zufluchtstätte überlassen hatte, fand ich als einziges lebendes Inventar dieses Amtes einen älteren Herrn, der sich mir als der Präsident des Gauarbeitsamtes vorstellte. Dieser ältere, untersetzte Herr war auf seinem Posten geblieben, so wie es die Legende der deutschen Kriegsmarine von jedem Kapitän eines untergehenden Schiffes erwartet. Und so klein und untersetzt er war und so komisch er auch hätte wirken können, hatte er doch etwas Tragisches und Imponierendes an sich. Er war Nazi gewesen, bei seiner Dienststellung ja nicht verwunderlich, aber er machte den Eindruck eines Königlich-Sächsischen Wirklichen Geheimen Rats. So hoch anständig und vertrauenerweckend wirkte er in seinem Cutaway, daß man ihm, wenn man ihm in der Nacht begegnet wäre, ganz gewiß jedes beliebige Amt, vielleicht sogar eine Geldbörse überlassen hätte.

Dieser Mann also, der Rest des ehemals nazistolzen Gauarbeitsamtes, war nebst einem Mann, den man ihm als Personalleiter beigegeben hatte - es war ein Stabsfeldwebel der Hitlerwehrmacht, der rechtzeitig desertiert war –, das einzig Lebendige, was ich vom Gauarbeitsamt vorfand. Es gelang mir, meine gelinde Enttäuschung und Überraschung über die vorgefundene Situation leidlich zu verbergen. Ich fühlte mich zuerst sogar etwas angenehm berührt, daß ich von dem am wackligen Tisch stehenden Nazipräsidenten mit meinem neuerworbenen hohen Präsidententitel angeredet wurde, fand das aber schon nach kurzer Zeit so komisch und lächerlich, daß ich mich ausgelassener Heiterkeit nicht erwehren konnte, was der verblichene Nazipräsident offenbar als nicht sehr würdig zu empfinden schien, worüber mir aber nur sein erstauntes Beamtengesicht eine ungefähre Ahnung vermittelte.

Nachdem ich mich von meiner mit Heiterkeit gemischten leichten Enttäuschung erholt hatte, begann ich meine nun beginnende Tätigkeit als Präsident des Landesarbeitsamtes in einen provisorischen Plan zu bringen. Diese meine Tätigkeit entwickelte sich schneller, als ich ursprünglich gedacht hatte. Ich bekam zuverlässige Arbeitskräfte von staatlichen Dienststellen zugewiesen, und nach wenigen Wochen zog ich mit meinem ganzen Landesarbeitsamt, das inzwischen zwanzig Mitarbeiter beschäftigte, in die Große Meißener Gasse, in ein Haus, in dem vorher das Versorgungsamt für Angehörige der Wehrmacht logiert hatte und das von Bombentreffern Risse von oben bis unten aufwies. Ich hatte dieses Versorgungsamt für ehemalige Feldwebel durch ein von mir erlassenes Dekret aufgelöst und liquidiert und die Geldmittel, über die dieses Versorgungsamt verfügte, beschlagnahmt. Ich machte sie zum Grundkapital meines neuen Landesarbeitsamtes. Die mir gestellte Aufgabe ist in wenigen Sätzen formuliert: Zusammenfassung der im Lande bestehenden Arbeitsämter und sonstigen Organe der Arbeitslenkung und -vermittlung zu einem einheitlichen, für das ganze Land wirkenden Verwaltungsorganismus, dazu die Schaffung einer zentralen Landesbehörde, die praktisch in jeder Beziehung personell und verwaltungssachlich aus dem Nichts geschaffen werden mußte. Es kam hinzu die Vermittlung sowohl erwerbsloser als auch die Hinlenkung der vorhandenen und neuzuerfassenden Arbeitskräfte an die für den Aufbau entscheidenden Brennpunkte. Dabei mußte der Befehl Nr. 3 des Alliierten Kontrollrates, der sich mit der Frage der Arbeitslenkung beschäftigte, beachtet und in Anweisungen unserer eigenen Selbstverwaltungsorgane eingearbeitet werden.

Die erste Aufgabe der Zusammenfassung der Arbeitsämter in den Städten und Kreisen war verhältnismäßig leicht zu lösen. In allen unteren Organen der Arbeitsverwaltung waren die leitenden Funktionen mit Kommunisten und Sozialdemokraten besetzt, von denen erwartet werden konnte, daß sie entsprechend den Direktiven ihrer Landesparteiorgane zur Mitarbeit und Durchführung der erlassenen Verfügungen bereit waren. Schon nach kurzer Zeit konnten Konferenzen der Arbeitsamtdirektoren des ganzen Landes durchgeführt werden. Schwieriger war schon die Schaffung des zentralen Landesarbeitsamtes, da hierzu doch die Heranziehung von sachlich und fachlich geschulten Kräften aus den unteren Verwaltungsstellen notwendig war. Aber auch in dieser Hinsicht waren bald sichtbare Erfolge zu verzeichnen, die Zahl der Mitarbeiter des Landesarbeitsamtes wuchs in den ersten Wochen meiner Tätigkeit an dieser Stelle sprunghaft an. Die Notunterkunft in der Großen Meißener Gasse konnte bald aufgegeben werden, und das Landesarbeitsamt erhielt auf einem weiträumigen Kasernengelände in der Nordallee soviel Arbeitsraum, wie es überhaupt ausfüllen konnte. Auch die Struktur des Landesarbeitsamtes bildete sich allmählich den Bedürfnissen entsprechend heraus, und schon nach wenigen Monaten konnte von einer gesicherten strukturell und personell gefestigten Verwaltungsspitze der Arbeitsverwaltung des Landes gesprochen werden.

Die Tätigkeit der Arbeitsverwaltung, die über den Rahmen des Aufbaus der Verwaltung nach innen hinausging und die eigentlich das Arbeitsfeld dieser Verwaltung sein mußte, war unter den gegebenen Verhältnissen recht kompliziert. Das Problem war in den ersten Monaten des Wiederaufbaus nicht die Beschaffung von Arbeitsplätzen für erwerbslose Arbeitskräfte, obwohl auch dies eine gewisse Rolle spielte, sondern die Unterbringung von teilweise wenig arbeitsfähigen und arbeitswilligen Kräften in den Prozeß der Aufbauarbeit, wobei folgende Tatsachen eine besondere Rolle spielten:

Viele tausend ausländische Arbeitskräfte, die von den Nazis aus besetzten europäischen Ländern hierher deportiert worden waren, verließen ihre Arbeitsstellen, um in ihre Heimat zurückzukehren. Ihre Arbeitsplätze mußten nach einem bestimmten System der Dringlichkeit mit einheimischen Kräften besetzt werden.

Der größte Teil der männlichen Arbeitskräfte befand sich in Kriegsgefangenschaft, die noch Monate, ja manchmal Jahre dauern sollte. Dadurch trat insbesondere ein empfindlicher Mangel an fachlich ausgebildeten Arbeitern ein, so daß die Arbeitsplätze der in Kriegsgefangenschaft befindlichen Männer meistens durch Frauen und ungelernte Arbeiter besetzt werden mußten.

Ein großer Teil der Arbeitsfähigen hatte noch nicht zu den inzwischen in Gang gekommenen Betrieben zurückgefunden, sondern verharrte im Abseits und betrieb seinen Unterhalt durch spekulative Geschäfte.

Zu allem kam noch, daß aus den östlichen Gebieten, die durch den Hitlerkrieg verloren gegangen waren, Hunderttausende von Umsiedlern aus Polen und der Tschechoslowakei ins Land kamen, die zu einem gewissen Teil weiter nach Westdeutschland geleitet wurden, aber zu einem großen Teil im Lande blieben, zunächst in Lagern untergebracht wurden und erst allmählich in den Städten und Gemeinden des Landes aufgenommen werden konnten. Es ist leicht zu verstehen, daß die Aufnahme dieser vielen tausend Umsiedler sehr schwierig war, da es ja überall an Wohnraum fehlte und auch die Bereitschaft der ortsansässigen Bevölkerung zur Aufnahme der Umsiedler in ihre Gemeinden, ja auch in ihre Häuser und Wohnungen, sehr gering war.

Aus all dem Gesagten ergab sich ein gehöriger Aufgabenkomplex, der von den neuen, ihrer Arbeit noch vielfach ungewohnten Verwaltungskräften bewältigt werden mußte. Es wird später darüber zu berichten sein, wie die Lösung dieser Aufgabe erfolgte. Es ist - auch im Rückblick - bemerkenswert, daß die neuen Arbeitsverwaltungsorgane mit großer Sicherheit und Verantwortung trotz des Chaos, dem sie gegenüber standen, ihre Aufgaben in Angriff nahmen.

Über dieses Gefühl der Sicherheit gegenüber dem Chaos und der allgemeinen Hoffnungslosigkeit der Bevölkerung zitiere ich aus einem Anfang des Jahres 1946 gehaltenen Vortrag über die ersten Ansätze der Wirtschaftsplanung im Lande Sachsen.

„Da ich selbst die Schwierigkeiten am besten kenne, weiß ich, daß viel Mut dazu gehört, mitten in einem Trümmerhaufen, in Schutt und Dreck eine solche Perspektive des wirtschaftlichen Aufstiegs zu entwickeln. Wir haben diesen Mut zum Optimismus, und wir müssen diesen Mut haben, wenn das deutsche Volk nicht untergehen soll. Dieser Mut zum Optimismus ist eine der wichtigsten Voraussetzungen für die Erfüllung des Planes. Unser Mut gründet sich auf eine Tatsache, die zum ersten Mal in der Geschichte eines kapitalistischen Landes zu einem wesentlichen Faktor der Wirtschaftspolitik geworden ist: Es ist die Bereitschaft der Arbeiterklasse, mitzuarbeiten."[7]

Ich werde auf diese Rede noch zurückkommen müssen, da sie zu einem sehr frühen Zeitpunkt auf wichtige Tendenzen der Entwicklung nach dem Zusammenbruch der gesellschaftlichen Organisation Bezug nahm und insbesondere einen Blick auf die neuen Perspektiven eröffnete. Der Ausgangspunkt für die Durchsetzung der neuen Ordnungsprinzipien der Wirtschaft war die konkrete Situation, in der sich der Produktionsapparat befand, aber auch, und darauf soll hier im besonderen eingegangen werden, das geistige Signum der Zeit, das Maß der Aktivität bei den breiten Massen der Bevölkerung zur Überwindung des chaotischen Tiefstandes, das Verständnis für das, was getan werden mußte, um schrittweise aus dem Trümmerelend herauszukommen, und das Maß der Bereitschaft, an dieser Aufgabe mitzuarbeiten.

Die Menschen im Lande, insbesondere die in den Städten wohnenden Bürger und Arbeiter, waren zunächst durch den Zusammenbruch der vom Faschismus beherrschten Staats- und Wirtschaftsordnung in einen schockartigen Zustand versetzt worden. Das allgemeine Chaos, in das Staat und Wirtschaft verfallen waren, war auch das Kennzeichen der seelischen und geistigen Verfassung der Menschen dieser Zeit. Nicht wenige der den Zusammenbruch im Lande selbst erlebenden Männer und Frauen - der größte Teil der Männer war ohnedies in Kriegsgefangenschaft - verfielen dem Schicksal des Versinkens in Lethargie, Verzweiflung und Hoffnungslosigkeit. Dieser Zustand der allgemeinen Lethargie stand dem Wiedererwecken des gesellschaftlichen Lebens im Wege, da jedermann nur auf sich selbst und sein unmittelbares Überleben für die allernächste Zeit bedacht war. Da der größte Teil der Bevölkerung bis zur letzten Stunde den Agitationsparolen der Nationalsozialisten nachgelebt hatte und daher von den Realitäten des militärischen Zusammenbruchs und der politischen Zerrüttung nur eine mangelhafte oder gar keine Vorstellung hatte, war die unmittelbare Folge des Zusammenbruchs außer dem materiellen Elend ein ideelles und geistiges Vakuum, aus dem nur schwer herauszukommen war.

Natürlich war dieser Zustand der Lethargie, der Entschlußlosigkeit und des Zweifels an einer auch nur geringen Hoffnungen entsprechenden gesellschaftlichen Neuordnung nicht unter allen Teilen der Bevölkerung des Landes im gleichen Maße anzutreffen. Eine gewisse Differenzierung war von Anfang an unverkennbar, wobei von drei geistigen Hauptströmungen zu sprechen ist, die als das Charakteristikum jener Zeit gelten können:

Die große Masse der Bevölkerung - „wie vor den Kopf geschlagen“ - war, wie gesagt, in einen nie gekannten Zustand von Massenlethargie versunken. Der Zusammenbruch des Nazistaates und seiner gesellschaftlichen und wirtschaftlichen „Ordnung“ wurde von diesen, den größten Teil der Bevölkerung ausmachenden Menschen als Sturz in einen Abgrund empfunden. Der Krieg, von dessen siegreicher Beendigung man jahrelang überzeugt worden war, war verloren, verloren in einem so jähen Höllensturz, daß der Wechsel des Bewußtseinszustandes mit den realen Veränderungen nicht hatte Schritt halten können. Die Menschen schwankten zwischen den extremsten Stimmungen: Götterdämmerung einerseits und verzweifeltes Suchen nach einem Weg für sich aus dem so urplötzlich hereingebrochenen Chaos. Als Wirkung der besonders in den letzten Kriegsjahren betriebenen verlogenen nazistischen Agitation herrschte eine panische Furcht vor den nun hereinbrechenden Folgen des verlorenen Krieges, eine Furcht, erklärlicherweise vor allem vor den Organen der Besatzungsmacht, die bis hinunter zum einfachen Soldaten reichte. Ebenso allgemein verbreitet war in diesem Teil der Bevölkerung die Überzeugung, daß aus dem Trümmerfeld des verlorenen Krieges überhaupt niemals wieder Leben erwachsen könne, das heißt, daß es sinnlos sei, sich für die Teilnahme an irgendeiner Aktion des Neubeginns zu entscheiden. Es kamen in den ersten Monaten nach den Maitagen 1945 nur wenige Menschen zur wirtschaftlich sinnvollen Arbeit in die Betriebe, die zwar auch noch zum größten Teil unter Trümmern lagen, die aber, nachdem bereits im Juni die oberste Besatzungsbehörde der Zone einen entsprechenden Befehl erlassen hatte, wieder langsam und mühsam anliefen. Da an eine Sicherung des Lebensunterhaltes durch die neuen Verwaltungsorgane noch gar nicht zu denken war, da vor allem die Zerstörung der Verkehrsmittel im Lande wie auch die Unterbrechung der Zufuhr von Lebensmitteln aus Versorgungsgebieten außerhalb des Landes dazu vorerst jede Möglichkeit nahmen, suchte jeder sich selbst und seine allernächsten Angehörigen vor dem Zugrundegehen als Folge von Hunger, Krankheit und Obdachlosigkeit zu bewahren. Man lebte von den Lebensmitteln, die gelegentlich noch aus früheren Hamsterkäufen vorhanden waren. Man verkaufte teilweise zu den unverständlichsten Bedingungen Hausrat, Kleidung, Schmuck und jeden nur entbehrlichen, für irgendeinen Käufer interessanten Gegenstand gegen Lebensmittel, die meistens nur für wenige Tage ausreichten. Der Weg zum Schwarzen Markt war damit zwangsläufig vorgezeichnet. Dies war also der ideelle Zustand, in dem sich der größte Teil der Bevölkerung befand.

Ein anderer, anteilmäßig weit kleinerer Teil der Bevölkerung hatte zwar den Zusammenbruch des gesellschaftlichen Lebens und der staatlichen Ordnung als - auch persönliche - Erschütterung erfahren, war aber von vornherein nicht so unbedingt den politischen und geistigen Einflüssen der Nazis unterlegen gewesen, um nun wie die große Mehrheit in Kopflosigkeit zu verfallen. Dieser Teil der Bevölkerung, der im wesentlichen aus schon früher am politischen Leben beteiligt gewesenen Arbeitern, Angestellten und fortschrittlich gesinnten Bürgern bestand, suchte sich nach dem Schock vom Mai 1945 bald neue Wege zur Lebensgestaltung, wobei nicht nur an die Erhaltung des eigenen Lebens gedacht wurde, sondern auch an den Neubeginn des gesellschaftlichen Zusammenlebens. Dieser Teil der Bevölkerung war jene Schicht von Menschen, die für die gesellschaftliche Neuordnung aktiviert werden konnte. Es waren die Arbeiter, die als erste in die kriegszerstörten Betriebe gingen, Maschinen und Produktionsmaterial aus Schutt und Asche hervorsuchten, die Produktionsanlagen ihres alten Betriebes wieder notdürftig in Gang setzten und mit der Wiederaufnahme der Arbeit in ihrem Betrieb Ernst machten. Es gehörten dazu Angestellte und Beamte, die sich nicht an irgendwelchen Naziverbrechen schuldig fühlten und die in Wirklichkeit auch nur geringes politisches Interesse während der Nazizeit an den Tag gelegt hatten, Angestellte und kleine Beamte also, die kein Vermögen hatten und nicht von irgendwelchen Vorräten leben konnten und die nun einen Weg in eine von ihnen zwar noch nicht voll verstandene, aber doch als einigermaßen leidlich vorauszusehende Zukunft suchten.

Der dritte Bevölkerungsteil, der den Querschnitt der Struktur der Bevölkerung vervollständigt, wurde gebildet von dem Kern der Arbeiterklasse, der Vorhut dieser Klasse. Außerdem gehörten dazu geringe Teile des Bürgertums, die am entschiedensten und konsequentesten auf der Linie der antifaschistisch-demokratischen Erneuerung standen und dies auch in der Zeit der Naziherrschaft bewiesen hatten. Es waren also jene Teile der Bevölkerung die zu den Kreisen des antifaschistischen Widerstandes der Nazizeit gehört und die im wesentlichen schon früher der Führung der Kommunistischen Partei Folge geleistet hatten. Diese Bevölkerungsgruppe, klassenbewußte Arbeiter oder doch solche, deren Klassenbewußtsein nur vorübergehend verdeckt gewesen war, fortschrittliche demokratische Bürger, die dem Faschismus von Anfang an Widerstand geleistet hatten, war die Kraft, die für den Neubeginn des gesellschaftlichen Lebens die entscheidenden Anstöße lieferte. Dieser Bevölkerungsteil war zahlenmäßig zwar die kleinste, aber politisch und geistig die entscheidende soziale Kraft, die sich von Anfang an dem Chaos, der Lethargie, der Verzweiflung und dem Pessimismus entgegenstellte und Träger der neuen Ordnung wurde.

In dieser Bevölkerungsschicht waren natürlich die klassenbewußten Arbeiter das bestimmende Element. Zum Teil kamen sie aus Gefängnissen und Konzentrationslagern, zum Teil aus der Emigration, vor allem aber aus den Reihen der illegalen Widerstandsgruppen, die in den letzten Monaten des Krieges bereits wesentliche Vorarbeiten für den neuen Anfang organisiert hatten. Zu dieser Gruppe von Menschen gehörten all jene Arbeiter und fortschrittlichen Angehörigen des Bürgertums, die nach dem Zusammenbruch der faschistischen Macht den Wiederaufbau der zerstörten Betriebe, deren Nazidirektoren geflohen waren oder sich verkrochen hatten, in die Hand nahmen und unter großen Schwierigkeiten und Mühen das wirtschaftliche Leben wieder in Gang brachten.

Die entscheidenden Führungskräfte für den Neuaufbau standen politisch in den Reihen der Kommunistischen Partei oder waren sozialdemokratische Arbeiter, die bereits während der Nazizeit zusammen mit ihren kommunistischen Klassengenossen die politischen Voraussetzungen für die Aktionseinheit von Kommunisten und Sozialdemokraten geschaffen hatten.

Der Aufbau der neuen gesellschaftlichen und staatlichen Ordnung vollzog sich von unten nach oben. In erster Linie wurden auf der Ebene der Gemeinden und Stadtteile größerer Städte neue gesellschaftliche und staatliche Führungsorgane geschaffen, die dann allmählich den einheitlichen Charakter antifaschistisch-demokratischer Selbstverwaltungsorgane annahmen, wobei die sowjetischen Offiziere am Ort entscheidende Hilfe und Unterstützung leisteten.

Auf der nächsten Stufe des Neuaufbaus entstanden Verwaltungsorgane auf der Ebene der Kreise und großen Städte. Diese Verwaltungsspitzen wurden durchweg oder meistens von den sowjetischen Kreis- oder Stadtkommandanten ernannt oder, wenn sie schon bestanden, bestätigt. Es waren gerade diese Kreiskommandanten, die großen Anteil an der Bildung kommunaler Verwaltungen hatten, wobei sogar ein gewisser Kreisegoismus Platz griff, der dann irgendwie wieder auf das politisch gewünschte Maß zurückgeführt werden mußte.

Die letzte und höchste Stufe der Bildung demokratischer Selbstverwaltungen war die Schaffung von Landes- und Provinzialverwaltungen, deren Befugnisse zunächst noch etwas unklar waren und wenig respektiert wurden und die ihre Autorität im wesentlichen von der Besatzungsmacht bezogen.

Eine entscheidende Komponente der Entwicklung in den ersten Monaten nach der Besetzung des Landes durch sowjetische Truppen war das Verhältnis zwischen den gesellschaftlich führenden Kräften der Arbeiterklasse und dem fortschrittlichen Bürgertum einerseits und der Besatzungsmacht andererseits. Dieses Verhältnis war natürlich völlig anders als das Verhältnis zwischen den antifaschistischen Kräften und den Besatzungsorganen westlicher kapitalistischer Länder. Die „Sowjetische Militäradministration" repräsentierte ein sozialistisches Land, in welchem die Arbeiterklasse im Bündnis mit der Klasse der Genossenschaftsbauern bereits seit fast 30 Jahren die Macht in Händen hielt und die entscheidenden Schritte zur Herausbildung einer sozialistischen Staatsform bereits zurückgelegt hatte. Es war ganz natürlich, daß zwischen den Vertretern der Sowjetmacht und den revolutionären Kräften in der deutschen Bevölkerung sich ein besonders enges Vertrauensverhältnis entwikkelte, und es steht außer Zweifel, daß ohne dieses Vertrauensverhältnis, das zudem auf der Basis einer gemeinsamen Ideologie beruhte, der Übergang zum neuen Leben und zu einer neuen Gesellschaftsstruktur sehr viel schwieriger und komplizierter verlaufen wäre. Es war besonders das als geradezu selbstverständlich empfundene Bewußtsein der vollkommenen ideologischen Übereinstimmung zwischen den Besatzungsorganen und den in vielen Jahren legaler und illegaler Arbeit politisch erzogenen kommunistischen Führungskräften, das den Neuaufbau und die Inangriffnahme schwierigster politischer und wirtschaftlicher Aufgaben ermöglichte. Dabei spielte ebenfalls eine große Rolle die schnelle Anpassung der Bewußtseinslage der zur Führung beim Neuaufbau berufenen Kräfte an die neuen gesellschaftlichen Verhältnisse. Die kommunistischen und zum Teil auch sozialdemokratischen Arbeiter und Funktionäre, die bis zum Frühling des Jahres 1945 illegal gelebt hatten oder in Zuchthäusern und Konzentrationslagern, also in äußerster Unfreiheit hatten dahinvegetieren müssen, die allen Schikanen und Nötigungen durch Nazifunktionäre und deren Helfer ausgesetzt gewesen waren, sahen sich nun plötzlich berufen, die Macht in diesem neuen gesellschaftlichen Gefüge an sich zu nehmen, das Gemeinschaftsleben nach ihren Vorstellungen zu bilden und zu organisieren und - dies war wohl das wichtigste - die Verantwortung für das Wohl der ganzen Bevölkerung zu tragen. Das hieß aber, vor allem für Ernährung und Unterkunft, Licht und Heizung, Gesundheit und alles andere, was zum Leben gehörte, zu sorgen.

In dem Prozeß des Übergangs der Macht und der Verantwortung im Staat auf die Arbeiterklasse spielten die Gewerkschaften eine bedeutende Rolle. Die Gewerkschaften als die umfassenden Massenorganisationen der Arbeiterklasse widerspiegelten am deutlichsten und konzentriertesten die Willensentwicklung und das Hineinwachsen der Arbeiter in ihre neuen Führungsaufgaben bei der Umgestaltung der Gesellschaftsstruktur. Ich war mir dieser Rolle und Aufgaben der Gewerkschaften von Beginn meiner Tätigkeit an bewußt. Auf einer Landeskonferenz der Gewerkschaften am 30. Januar 1946 habe ich in einem Referat sowohl die Aufgaben aus dem „Produktionsplan 1946" als auch das neue Selbstverständnis der Gewerkschaften als Repräsentanz der Arbeiterklasse behandelt:

„Die neuen Freien Gewerkschaften unterscheiden sich von der deutschen Gewerkschaftsbewegung vor 1933 in zwei wesentlichen Punkten. Der eine Unterschied ist, daß die neue deutsche Gewerkschaftsbewegung nicht in eine große Zahl von unterschiedlichen Gewerkschaftsrichtungen aufgesplittert ist, sondern eine Einheitsgewerkschaft, eine einheitliche Organisation der Arbeiterklasse ist. Daraus erwächst der neuen Einheitsgewerkschaft für die Zukunft und für die Führung der deutschen Arbeiterklasse eine historische und nicht zu unterschätzende Bedeutung.

Der zweite Unterschied der neuen Gewerkschaftsbewegung gegenüber der alten ist der, daß sich die Aufgaben der Gewerkschaft wesentlich geändert haben. Die Gewerkschaft muß neben dem Kampf um soziale Rechte und um die soziale Stellung des Arbeiters in der Gesellschaft zunächst eine große Aufgabe erfüllen: Sie muß Schule des Klassenbewußtseins und des Klassenkampfes sein. Die Gewerkschaft muß der Repräsentant des Willens der deutschen Arbeiterklasse zur wirtschaftlichen und politischen Macht sein und hat entscheidende Aufgaben auf den Gebieten der Organisation und der Führung der deutschen Wirtschaft zu lösen.

Diese neue Rolle der deutschen Gewerkschaften ist eine Folge der veränderten Rolle der Arbeiterschaft im Prozeß des wirtschaftlichen und gesellschaftlichen Lebens. Noch nie ist in der Geschichte das soziale, politische, wirtschaftliche und gesellschaftliche Gefüge eines Landes von einer solchen Erschütterung heimgesucht worden wie in Deutschland nach dem Zusammenbruch der Hitlerschen Kriegspolitik. Zeiten derart gewaltiger Erschütterungen sind die Stunden, in denen die Klasse, der die Zukunft gehört, ihre Aufgaben begreifen und in Angriff nehmen muß, das heißt, die neuen deutschen Gewerkschaften müssen entscheidenden Anteil nehmen am Neuaufbau unserer Wirtschaft, an der Herausführung unseres wirtschaftlichen Lebens aus dem Zusammenbruch.

Wir haben heute nicht nur die Aufgabe, unsere Produktion vom Krieg auf den Frieden umzustellen, sondern wir sind zusätzlich belastet mit allen Schwierigkeiten eines verlorenen Krieges, einer zerstörten Wirtschaft und ungezählter zerstörter Städte. Nach dem völligen Zusammenbruch vom 8. Mai waren fast alle unsere Großbetriebe in Sachsen führerlos. Die Nazidirektoren, und es waren fast durchweg Nazidirektoren, waren geflohen oder hatten sich verkrochen. In dieser Situation waren es unsere Arbeiter, die ihre Betriebe nicht verlassen haben, sondern die Initiative ergriffen, Betriebsausschüsse bildeten, die Führung der Betriebe übernahmen und zuerst wieder den gefährlichen Zustand der Gleichgültigkeit, der Apathie und der Hoffnungslosigkeit überwanden.

Ich sage das auf dieser Konferenz, die ich als das Parlament der sächsischen Arbeiter betrachte, im vollen Bewußtsein, da ich es aufs Wort beweisen kann. Heute kommen manche zurück, die damals ihren Betrieb verließen, die sich damals um ihren Betrieb nicht gekümmert haben. Heute kommen die Erben und ihre Rechtsanwälte und die Rechtsnachfolger und die vom Amtsgericht später irgendwann einmal eingesetzten Vorstandsmitglieder und reden von ‚ihrem' Betrieb und ‚ihrer' Gefolgschaft. Ich sage an dieser Stelle, daß die Arbeiter die nach dem 8. Mai ihre Betriebe wieder in Gang setzten, es nicht getan haben, damit eines Tages die Besitzer der Aktien und Kupons wiederkommen und mit einem ‚Dankeschön' den Betrieb wieder an sich nehmen können. Dieser Einsatz der sächsischen Arbeiterschaft, der die Wirtschaft vor dem Verfall rettete, dokumentiert ein ganz neues, verändertes Verhältnis der Arbeiterschaft zum Betrieb, zur Produktion und zur Wirtschaft. Dieser Einsatz der Arbeiterschaft muß für alle Zeit das Mitbestimmungsrecht und die führende Rolle der Arbeiterschaft beim Neuaufbau unserer Wirtschaft garantieren."[8]

Ich war gerade vier Wochen in meinem Präsidentenamt, als wieder ein neues Amt auf mich zukam. Ich wurde zum Vizepräsidenten der Landesverwaltung berufen und erhielt die Leitung des Ressorts Wirtschaft und Arbeit. Diesmal hatte ich selbst etwas zu meiner Berufung getan, da ich wirklich glaubte, am besten in der Lage zu sein, diesen Bereich der Verwaltung des Landes so führen zu können, wie es meinen Vorstellungen entsprach und wie ich es zur Verwirklichung der Ziele, die ich anstrebte, für notwendig hielt. Mein Vorgänger in diesem Amt, also der Vizepräsident für Wirtschaft und Arbeit in der ersten Garnitur, war ein sehr liebenswürdiger alter Sozialdemokrat namens Richard Woldt. Ich will nicht sagen, daß er ein „rechter" SPD-Mann war, ein Opportunist aus Veranlagung oder Berechnung. Er war einfach ein gläubiger Sozialdemokrat alter Schule, der wahrscheinlich niemals von Marx und Engels mehr gelernt hatte als deren sozial-politische Ideen und Vorstellungen, ohne zu begreifen, daß ja dahinter die harte Theorie des Klassenkampfes steht, ja, daß der Marxismus eigentlich eine Theorie der Revolution ist. Er hatte sein Amt in der Landesverwaltung angetreten, wie das früher einmal in der Weimarer Zeit gutwillige und gutgläubige Sozialdemokraten in der Verwaltung einer Stadt oder eines Landes getan hatten. Er hatte keine Ahnung davon, daß sich mit dem Übergang der politischen Macht in die Hände der Arbeiterklasse als Folge des Zusammenbruchs des Faschismus eine ganz neue politische Grundsituation ergeben hatte, ja ich glaube, er hatte von dem Machtübergang in andere Hände noch gar nichts gemerkt. Er war mein Vorgesetzter, da das Landesarbeitsamt zum Bereich Wirtschaft und Arbeit gehörte. Ich hatte daher Gelegenheit, mich öfter mit ihm zu unterhalten, und dabei feststellen können, inwieweit unsere politischen Zielstellungen übereinstimmten. Sie taten es überhaupt nicht. Während ich der Meinung war, daß man den ganzen alten Verwaltungs- und Leitungsapparat der Wirtschaft zunächst einmal zerschlagen müsse um dann etwas ganz Neues aufzurichten, war Richard Woldt tief davon überzeugt, daß alles Heil davon abhing, die alte und so friedlich funktionierende Ordnung aus der Zeit vor der Naziherrschaft wieder zum Leben zu erwecken und in diesem auf neu galvanisierten Apparat treu und redlich seine Pflicht als sozialistischer Reformer zu tun.

Als ich ihm einmal auseinanderzusetzen versuchte, daß es unsere Pflicht sei, alle alten Wirtschaftsorganisationen, insbesondere die Unternehmer- und Arbeitgeberverbände, zu zerschlagen, sah er mich zwischen zwei Zügen aus seiner Zigarre kindlich-erstaunt an und fragte mich wahrhaftig: „Aber wenn du alle Unternehmerverbände zerschlägst, mit wem sollen wir dann die Tarifverträge abschließen?“ Ich dachte also an revolutionäre Umwandlungen, mein guter Sozialreformer Richard Woldt aber sorgte sich um einen Partner für den Abschluß eines Tarifvertrages.

Es war offensichtlich, daß ein solcher Ressortchef mit einem so andersdenkenden und anderswollenden Amtshelfer in einem ihm unterstehenden Amt nicht gut auskommen würde. Richard

Woldt mochte es ahnen, ich aber wußte es. Offensichtlich wußten es auch die anderen, die für die Besetzung leitender Posten zuständigen Leute, denn sie kamen mit mir bald überein, daß ein Wechsel auf dem Sessel des Vizepräsidenten für Wirtschaft und Arbeit unerläßlich sei. Es fiel nicht schwer, Richard Woldt das begreiflich zu machen; er fühlte sich wahrscheinlich selbst nicht wohl auf seinem Stuhl. Wir vereinbarten noch, daß er in der neu zu eröffnenden Technischen Hochschule einen Lehrstuhl für sozial-politische Fragen mit einem Professorentitel erhalten sollte, und ich nahm an seinem Schreibtisch Platz.

Mit der Übernahme der Funktion des Vizepräsidenten für Wirtschaft und Arbeit durch mich änderte sich natürlich auch sofort einiges in der Arbeitsweise dieses Verwaltungsorgans. Unter meinem Vorgänger, Richard Woldt, waren große personelle Veränderungen noch nicht in Gang gekommen. Das Personal bestand, von den Leuten an der Spitze der einzelnen Abteilungen abgesehen, aus Verwaltungskräften, die schon unter der vorigen sächsischen Landesregierung mit ähnlichen Arbeiten beschäftigt waren. Es war sogar eine Reihe von ziemlich hohen Funktionen mit Leuten besetzt, die die gleiche Arbeit im Wirtschaftsministerium des Landes Sachsen in der Zeit der Naziherrschaft gemacht hatten. An der Spitze des inneren Verwaltungsapparates stand der Ministerialdirektor Dr. Protze, der im früheren Wirtschaftsministerium Ministerialrat gewesen war. Typisch für den damaligen Stand der Veränderungen im Verwaltungsapparat war, daß noch die alten Amtsbezeichnungen verwendet wurden. Es gab also Ministerialräte, Oberregierungsräte, Regierungsräte - die reinste Räteherrschaft - und die ganze Stufenleiter hinunter bis zu den Verwaltungssekretären und -assistenten, die ja allezeit die unterste Sprosse auf der Chargenleiter besetzt gehalten hatten. Selbst gute alte Genossen, die den althergebrachten Bürokratismus als eine Ausgeburt der Hölle ansahen, mußten sich mit den altmodischen Titeln „Regierungsrat", „Ministerialdirektor" oder ähnlich anreden lassen.

Ich hatte den Wunsch, sofort mit Beginn meiner Tätigkeit in

diesem neuen Amt die Veränderungen in der ganzen Situation auch äußerlich kund zu tun. Passend erschien mir dafür die Art, wie ich mich dem leitenden Personal des Ressorts vorstellte. Ich bestellte sämtliche leitenden Angestellten - einundzwanzig an der Zahl - zu mir in mein Arbeitszimmer, dirigierte den Ministerialdirektor Dr. Protze, der bei Richard Woldt hinter dessen Sessel postiert war, um seinem Chef die ihm erwünschten Entscheidungen ins Ohr zu flüstern, an den rechten Flügel des im Halbkreis angetretenen Leitungskorps, und dann lief die Zeremonie der Amtseinführung mit lakonischer Kürze ab. Meine Antrittsrede enthielt nichts als den Hinweis, daß von nun an die politische Arbeit im Ressort nicht mehr durch einen hinter dem Ressortchef stehenden Ministerialbürokraten beeinflußt werden würde, wie das unter meinem Vorgänger Woldt der Fall war. Die Reaktion auf diese unumgängliche Antrittsrede war unterschiedlich; die Herren aus der alten Ministerialbürokratie sahen sich verdutzt an, während die nun schon ebenfalls in diese hohen Staatsstellungen eingerückten Genossen sich gegenseitig anschmunzelten. Es waren darunter solche alten Freunde und Mitkämpfer wie Bruno Siegel, der das Ressort Verkehr verwaltete, und Gerhart Ziller, der als Ministerialdirektor an der Spitze der Energiewirtschaft stand.

Mein Vorgänger, der Sozialreformer Richard Woldt, hatte von revolutionärer Strategie und Taktik der Arbeiterklasse, soweit diese sich in seinem eigenen Amtsbereich auswirken sollten, keine sehr zutreffende Meinung gehabt, ja er hatte wahrscheinlich nicht einmal etwas davon geahnt. Dagegen brachte ich ein ziemlich ausgewachsenes Arbeitsprogramm mit, das ich in Vorbereitung auf das neue Amt zusammen mit einigen jungen und ziemlich radikalen Genossen ausgearbeitet hatte und das auf Veränderungen in der Wirtschaft des Landes hinauslief, die weit über den Rahmen einer einfachen Verwaltungsreform hinausgingen. Kurz vor meinem Abgang von Leipzig nach Dresden hatte eine Unterbezirkskonferenz der KPD in Leipzig stattgefunden, an der auch Hermann Matern teilgenommen und auf der ich ein Referat gehalten hatte. In einem Arbeitspapier wurden vorausschauend die Aufgaben der Partei formuliert, die mich nun letzten Endes auf meinem neuen Arbeitsplatz erwarteten. Es handelte sich um die Leitsätze für die Arbeit der Partei auf dem Gebiet der Wirtschaft. Aus dem möglicherweise einzigen noch vorhandenen Exemplar dieser Prognose, das sich in meinem Privatarchiv befindet, zitiere ich die wichtigsten Stellen, aus denen auch ersichtlich ist, daß diese Richtlinien für die Parteiarbeit dem Aufruf des ZK der KPD vom 11. Juni 1945 entsprachen.

„Die Partei muß als die tragende Kraft des demokratischen Neuaufbaus die schnelle Ingangsetzung des wirtschaftlichen Lebens anstreben. Dabei muß die Partei die Durchsetzung folgender Grundsätze erstreben:

1. Nutzbarmachung des Deutschland verbleibenden wirtschaftlichen Potentials zur Wiedergutmachung der durch die Kriegspolitik des deutschen Imperialismus verursachten Schäden;
2. Veränderung der ökonomischen Grundlagen der gesellschaftlichen Struktur Deutschlands, parallel mit dem Neuaufbau des demokratischen Staatsapparats.

Aus dieser grundsätzlichen Ausrichtung ergibt sich für die Partei auf wirtschaftspolitischem Gebiet folgende Aufgabenstellung:

1. Auf dem Gebiet der industriellen Produktion

a) Die Partei muß den Prozeß der Liquidierung der ökonomischen Grundlagen der Herrschaft des Finanzkapitals durch die Zerschlagung der deutschen Kriegsindustrie und der Grundlagen des deutschen Monopolkapitalismus fördern.

b) Die Partei muß den Prozeß der Umstellung der industriellen Produktion auf die Deckung des Bedarfs des deutschen Volkes planmäßig durch Weckung der privaten Initiative bei gleichzeitiger Schaffung einer Planung und Lenkung der industriellen Produktion durch Organe des neuen demokratischen Staatswesens aufs stärkste fördern.

c) Die Partei muß anstreben die Reinigung der Leitungen aller Industrieunternehmen und wirtschaftlichen Vereinigungen von nazistischem Einfluß.

d) Die Partei muß anstreben die Überführung aller herrenlosen Betriebe sowie aller Betriebe von nazistischen Kriegsverbrechern und Saboteuren am Neuaufbau in das Eigentum des Volkes und die Verwaltung dieser Unternehmen durch Organe des neuen demokratischen Staatswesens.

e) Die Partei muß anstreben die Weckung der Initiative der Arbeiterschaft an der Steigerung der Produktion und die Organisation einer wirksamen Kontrolle der wirtschaftlichen Unternehmen durch die Gewerkschaften und Betriebsvertretungen.

2. Auf dem Gebiet von Handwerk, Handel und Gewerbe

a) Die Partei muß die Initiative der selbständigen Handel- und Gewerbetreibenden in Richtung auf eine schnelle Ingangsetzung der Arbeit wecken und insbesondere diejenigen Handwerks- und Gewerbezweige fördern, die vornehmlich an der Lösung der dringendsten Aufbauprobleme, Instandsetzung von Wohnungen und Betriebsanlagen, Wiederherstellung der Verkehrsmittel, Sicherstellung der Ernährungsgrundlage beteiligt sind.

b) Die Partei muß aktiv hinwirken auf die Schaffung eines gesunden Verhältnisses zwischen der Zahl der handwerklichen Betriebe und der Handelsunternehmen einerseits und dem Kaufkraftvolumen andererseits durch planmäßige Reduzierung der Zahl der Unternehmen in den überbesetzten Gewerbezweigen und die Nutzbarmachung der dort unwirtschaftlich Beschäftigten für den Neuaufbau der gesamten Wirtschaft.

c) Die Partei muß eine Reinigung der handwerklichen Vereinigungen und des Handels, insbesondere des Handels mit lebenswichtigen Gütern, von nazistischen Elementen und reaktionären Saboteuren anstreben und darauf hinwirken, daß diese Elemente einer nutzbringenden Tätigkeit zugeführt werden.

d) Die Partei muß gegen die Errichtung von Scheinbetrieben des gewerblichen Mittelstandes, für die ein wirtschaftliches Bedürfnis nicht vorliegt, ankämpfen und insbesondere dafür Sorge tragen, daß der gewerbliche Mittelstand nicht zum Asyl der aus der öffentlichen Verwaltung ausscheidenden nazistischen Elemente wird ...

3. Auf dem Gebiet des Geldwesens

a) Die Partei muß zum Zwecke der Liquidierung der deutschen Kriegsverschuldung die Überführung aller Geldinstitute mit ihren Einlagen in den Besitz des neuen demokratischen Staatswesens anstreben, wobei sie insbesondere die Sonderstellung der Sparkassen als Verwaltung der kleinen Sparbeträge berücksichtigen muß.

b) Die Partei muß hinwirken auf die Ausschaltung der privaten Geldinstitute vom öffentlichen Geldverkehr und auf die Errichtung kommunaler und staatlicher Bankinstitute.

c) Die Partei muß alle Maßnahmen fördern, die der Verhinderung einer inflatorischen Entwertung der Zahlungsmittel dienen können, indem sie alles unternimmt, um die Beschleunigung des Zahlungsmittelumlaufs zu fördern.

d) Die Partei muß alles tun, damit die vorhandenen Geldmittel für die Sicherstellung der Löhne und Gehälter der Arbeiter und Angestellten nutzbar gemacht werden ...“[9]

Als ich mein Amt als Vizepräsident für Wirtschaft und Arbeit des Landes Sachsen übernahm - ich blieb noch ein ganzes Jahr gleichzeitig Präsident des Landesarbeitsamtes und war also mein eigener Vorgesetzter -, waren bereits einige der großen Reformen auf wirtschaftlichem Gebiet im Gange.

Dies gilt für die Bodenreform, also die Enteignung der feudalen und der aktiven nazistischen Großgrundbesitzer und die Verteilung ihres enteigneten Grund und Bodens an Landarbeiter, landarme Bauern und vor allem an bäuerliche Umsiedler. Das gilt ebenso und vor allem für die Veränderungen auf dem Gebiet des Geld- und Kreditwesens, die zunächst in der Schließung der großen privaten Banken, der Gründung einer Landesbank als maßgebendes Geld- und Kreditinstitut, der Sperrung der Bankkonten und der Stornierung und, soweit es sich um volkseigene Schuldner handelte, in der später erfolgten Streichung aller vor dem 8. Mai 1945 entstandenen Schuldverpflichtungen bestanden. Diese sogenannte Bankenreform ging in ihrer volkswirtschaftlichen Bedeutung weit über den Rahmen einer Einleitung praktischer Schritte zur Regelung des Geld- und Kreditwesens hinaus. Sie war der Beginn und der erste Schritt zur Nationalisierung des gesamten Bank- und Kreditwesens – eine alte Forderung der Arbeiterbewegung –, und das bedeutete, daß mit einer einzigen großen Aktion die Herrschaft des Finanzkapitals über die Wirtschaft für immer beseitigt wurde.

Im westdeutschen Teilstaat, der BRD, wurde bezeichnenderweise im Jahr 1973 im Zuge der Bemühungen um die Bewältigung der Währungs- und anderen Krisen von Repräsentanten der Arbeiterschaft, von maßgebenden Gewerkschaftern und Führern der Jungsozialisten die Forderung nach Nationalisierung oder Verstaatlichung der drei größten westdeutschen Banken erhoben. Natürlich ist an eine Realisierung dieser Forderung im monopolistisch restaurierten Westdeutschland nicht zu denken. Es wirkt jedoch wie ein Akt geschichtlicher Ironie, daß diese doch gar nicht neue Arbeiterforderung in unserem, dem sozialistisch gewordenen Teil Deutschlands schon vor fast dreißig Jahren realisiert wurde. Damals, im Jahre 1945, hatte die Reform des Geld- und Kreditwesens zunächst vorwiegend praktische Bedeutung. Sie war unerläßlich für die Erschließung der Mittel für die Finanzierung des Anlaufs der Wiederaufbauarbeiten. Über die wichtigsten Aspekte der Sperrung der Bankkonten unterrichtet ein Auszug aus meiner Rede auf der Landeskonferenz der Gewerkschaften am 30. Januar 1946.

„Nach dem Zusammenbruch vom 8. Mai wurde in der Öffentlichkeit die Frage der Guthaben und Schulden aus der Zeit vor dem 8. Mai sehr eifrig besprochen. Ihr wißt, daß es sehr viele Leute gibt, auch kleine Sparer, arme Leute, die durch den Zusammenbruch und durch die Schließung der Banken ihre kleinen Guthaben verloren haben und die da glauben, es wäre eine ausgekochte und ausgeknobelte Schlechtigkeit von uns, die Banken zu schließen. Ich glaube, daß noch einmal eine Zeit kommt, und ich fürchte, sie ist gar nicht so sehr weit, daß unser Volk dankbar sein wird, daß wir die Banken geschlossen haben. Im Augenblick des Zusammenbruchs betrugen die Reichsschulden schätzungsweise 675 Milliarden Mark. Das deutsche Volksvermögen betrug vor dem Kriege 400 Milliarden. Berücksichtigen wir die Zerstörung durch den Krieg, so dürfte das Volksvermögen auf dem Gebiete Deutschlands 250 Milliarden RM betragen. Auf der einen Seite also 675 Milliarden RM Schulden und auf der anderen Seite ein Volksvermögen von 250 Milliarden RM. Der Schuldenbestand Deutschlands ist um ein Mehrfaches größer als das gesamte deutsche Volksvermögen. Das ist Bankrott oder besser gesagt ein betrügerischer Bankrott, weil die Aktiva überschritten und neue Schulden gemacht wurden.

Wenn wir die Banken nicht geschlossen hätten, so hätte das bedeutet, daß wir Schulden bezahlen, obwohl wir gar kein Geld mehr haben. Einer solchen Politik des betrügerischen und verbrecherischen Bankrotts in fortgesetzter Handlung konnten und wollten wir uns nicht schuldig machen. Ich will euch zwei Zahlen nennen. Die Einlagen bei den sächsischen Banken, die von der Landesbank übernommen wurden, betragen 11 Milliarden RM. Die realen Aktiva dieser Banken betragen aber nur eine halbe Milliarde RM. Wenn die Forderung erhoben wird, die Banken zu öffnen, so bedeutet das, sehenden Auges in den Abgrund zu stürzen. Der deutsche Zahlungsmittelumlauf, der früher bei etwa 6,5 Milliarden RM lag, ist durch die Hitler-Schuldenpolitik auf über 60 Milliarden RM hinaufgetrieben worden. Soll ich euch sagen, wieviel Zahlungsmittel auf dem Gebiete des Bundeslandes Sachsen bei dem Zusammenbruch im Umlauf waren? Schätzungsweise 10 bis 12 Milliarden RM! Diesen 10 bis 12 Milliarden Reichsmark steht ein Güterumlauf von weniger als 100 Millionen RM gegenüber.

Nichtdurchführung der Bankensperre hätte bedeutet, daß dieser Zahlungsmittelumlauf vermehrt worden wäre, und hätte die Gefahr einer Inflation heraufbeschworen. Sollten wir im Interesse derer, die im Kriege Millionenaufträge des Reiches bekamen, die ihre Kapitalien in einer Reichtsschatzanweisung angelegt hatten, sollten wir in deren Interesse die ganze zukünftige Entwicklung unserer Wirtschaft aufs Spiel setzen? Die Durchführung der Bankensperre war eine unbedingt notwendige Maßnahme und die einzige Konsequenz aus dem finanziellen Bankrott. Damit haben wir aber auch eine andere Frage gelöst. Im Kriege 1914 bis 1918 hat das deutsche Monopolkapital riesige Kriegsgewinne gemacht. Diesmal sind alle Kriegsgewinne mit einem Federstrich liquidiert worden. Wir haben uns manchmal im Konzentrationslager überlegt, wie wir später einmal die Kriegsgewinnler packen können. Ich kann sagen, so kühn, mit einem Federstrich alles zu liquidieren, haben wir nicht gedacht."[10]

Ein herausragendes und nach außenhin schon fast als Sensation in Erscheinung tretendes Ereignis war der Beschluß der Landesverwaltung Sachsen zur Enteignung des Flick-Konzerns. Diese Enteignungsaktion war bedeutsam aus vielerlei Gründen. Es war die erste große wirtschaftspolitische Maßnahme, die von der Landesverwaltung als einem eben erst neuentstandenen demokratischen Selbstverwaltungsorgan vorgenommen wurde. Es handelte sich also nicht um eine von deutschen Verwaltungsorganen getroffene Maßnahme. Die Enteignung richtete sich gegen einen der reichsten Männer Nazideutschlands, einen ausgesprochenen Förderer des Nazismus, einen Nutznießer des imperialistischen Raubkrieges, der aus der Lieferung von Kriegsmaterial, der Ausbeutung eroberter Länder und von großen Massen zwangsdeportierter Arbeiter aus fremden Ländern unvorstellbare Kriegsgewinne gezogen hatte. Friedrich Flick selbst stand auf der Kriegsverbrecherliste und erwartete seinen Prozeß vor dem alliierten Militärtribunal in Nürnberg, aber er hatte Strohmänner und Vertrauensleute in allen Besatzungsgebieten.

Wichtig für die Beurteilung dieser Enteignung war der Text des Beschlusses der Landesverwaltung, der von meinem Ressort ausgearbeitet und zur Beschlußfassung vorgelegt worden war. Da sich in diesem Beschluß bereits die große Linie in der Problemstellung des Kampfes gegen den deutschen Imperialismus und seine monopolistischen Herrschaftsmethoden deutlich erkennen läßt, mag der Text des Beschlusses hier aufgenommen werden.

„Die Hauptschuld an der verbrecherischen Kriegspolitik Hitlers trägt das deutsche Monopolkapital, das sich unter rücksichtsloser Ausnutzung seiner wirtschaftlichen Machtstellung seit Jahrzehnten die Organe des Staates zur Durchsetzung von privatkapitalistischen Interessen nutzbar machte. Die Folge dieser monopolkapitalistischen Machtpolitik waren zwei Weltkriege, die über die Bevölkerung Europas und über das deutsche Volk Zerstörung, Not und Elend in unvorstellbarem Ausmaße gebracht haben. Die einzige Möglichkeit, zu verhindern, daß der deutsche Monopolkapitalismus ein drittes Mal die Welt in das Unglück eines neuen Krieges stürzt, ist die wirtschaftliche Entmachtung der deutschen Monopolkapitalisten und die Nutzbarmachung der in ihren Händen befindlichen Produktionsanlagen für das Wohl und die Interessen des gesamten Volkes.

Zahlreiche deutsche Monopolkapitalisten sehen ihrer Verurteilung als Kriegsverbrecher entgegen. Zu ihnen gehört einer der Hauptvertreter des räuberischen deutschen Monopolkapitalismus, Friedrich Flick, der auch im Bundesland Sachsen große monopolistische Konzernbetriebe in Händen hatte.

Zur Sicherung der Demokratie und des Friedens beschließt daher die Landesverwaltung Sachsen, die dem Kriegsverbrecher Flick gehörenden und im Bundesland Sachsen gelegenen Unternehmungen mit all ihren Beteiligungen und Rechten sowie alle sonstigen im Besitz des Kriegsverbrechers Flick befindlichen Vermögenswerte zu enteignen und in das Eigentum des Bundeslandes Sachsen überzuführen. Die Überführung in das Eigentum des Landes erfolgt ohne Entschädigung und ohne Anerkennung von Rechtsansprüchen Dritter an dem der Enteignung unterliegenden Vermögen.

Als enteignet gelten insbesondere an Konzernunternehmen und Beteiligungen die Mitteldeutschen Stahlwerke GmbH, Riesa; die Gußstahlwerke Döhlen hinsichtlich des Anteils von 4,7 Prozent der Aktien aus dem Besitz der Mitteldeutschen Stahlwerke GmbH, Riesa; die Waggonfabrik Busch in Bautzen hinsichtlich des Anteils von 95,85 Prozent der Aktien im Besitz der FAGUMA, Berlin; die A. T. G. in Leipzig hinsichtlich des Anteils von 87,5 Prozent der Aktien im Besitz der FAGUMA, Berlin und des Anteils von 12,5 Prozent der Aktien im Besitz der Friedrich Flick KG, Düsseldorf; die Anhaltinischen Kohlenwerke hinsichtlich des Anteils von 55 Prozent der Aktien in Besitz der Friedrich Flick KG, Düsseldorf und des Anteils von 45 Prozent der Aktien im Besitz der Mitteldeutschen Stahlwerke GmbH, Riesa.

Die Durchführungsbestimmungen zu diesem Beschluß, insbesondere die Bestimmungen über die zukünftige Verwertung der enteigneten Vermögenswerte, trifft die Landesverwaltung Sachsen.«[11]

Wichtig sind zwei Tatsachen: Zum ersten ist zu bemerken, daß der Beschluß am 29. Oktober 1945 gefaßt wurde. Diese Terminfeststellung ist wichtig, da der Befehl 124 der sowjetischen Militäradministration, durch den bekanntlich die Betriebe der Kriegsverbrecher und Naziaktivisten beschlagnahmt wurden, vom 30. Oktober datiert. Der Enteignungsbeschluß gegen Flick wurde also einen Tag früher gefaßt, womit deutlich die Vorwegnahme eines Hoheitsrechtes durch die neue antifaschistisch-demokratische Selbstverwaltung statuiert wurde. Die andere Tatsache von Bedeutung liegt darin, daß mit der Enteignung Flicks der von uns vorgesehene Weg der Entnazifizierung, nämlich der Bestrafung der großen und reichen Nutznießer des Faschismus, angedeutet wurde.

Bevor ich jedoch die Problematik der Entnazifizierung darlege. füge ich noch die Erinnerung an ein mich persönlich betreffendes Ereignis ein, nämlich die Wiederauffindung meiner beiden Kinder.

Ich hatte meine Kinder zum letzten Mal Anfang des Jahres 1933 gesehen. Sie lebten mit meiner Frau in Hindenburg in Oberschlesien (Zabrze). Meine Frau war im März 1933 von den Nazis verhaftet worden und saß monatelang im Frauengefängnis in der Barnimstraße zu Berlin. Sie holte sich dort den Keim für eine fortschreitende Herzerkrankung und starb im August 1939. Meine beiden Kinder, Katja und Erich, fanden eine wirkliche neue Heimat in einer mir befreundeten Familie und wuchsen dort auf. Nun war Oberschlesien polnisch geworden, und der größte Teil der deutschen Familien mußte auswandern.

Eines Tages erhielt ich in meinem Büro in Dresden die Mitteilung, daß auf dem Altmarkt ein Flüchtlingstreck aus Oberschlesien angekommen sei, wobei sich meine Tochter Katja befinde.

Ich fuhr sofort zum Altmarkt, der wie an allen diesen Tagen, vollgepackt war mit Flüchtlingswagen und Kisten und Kasten von Umsiedlern, und dort fand ich Katja neben einem Leiterwagen stehend mit einem roten Kopftuch; sie fiel mir um den Hals und weinte wie ein Schloßhund. Ich nahm sie und das kleine Bündel Habseligkeiten, das sie auf dem Wagen hatte, mit nach Hause, womit ihre Umsiedlung beendet war.

Mit meinem Sohn Erich war die Sache etwas komplizierter. Ich erhielt – es war glaube ich im Oktober 1945 – die Mitteilung, daß mein Sohn, der noch im letzten Kriegsjahr Soldat geworden war, sich in polnischer Kriegsgefangenschaft befinde, daß er am Fuß verletzt sei und in einer Kohlengrube im oberschlesischen Kohlenrevier unter Tage arbeite. Es war mir klar, daß ich schnell etwas tun mußte, wenn dem Jungen nicht ernsthaft

Schaden erwachsen sollte. Ich wandte mich also an den Chef der SMA in Sachsen, General Dubrowski, mit der Bitte um Hilfe. Der General gab diese Bitte an den Chef der SMA in Karlshorst weiter, und dieser wandte sich, soviel ich erfuhr, an den Oberkommandierenden der sowjetischen Truppen in Polen, Marschall Rokossowski. Der Erfolg kam schnell und durchschlagend. Schon nach wenigen Tagen brachte mir ein Offizier der SMA die Mitteilung, daß ich den Jungen an der bisher nur provisorisch benutzbaren Brücke über die Neiße in Görlitz in Empfang nehmen könne. Das geschah dann auch. Ich stand neben einem sowjetischen Posten auf der westlichen Seite der Neißebrücke, während Erich als einziger Passant von der Ostseite kam, in einer etwas heruntergekommenen Landseruniform und auf einem Fuß hinkend - ich weiß nicht mehr, ob es der rechte oder linke war. Ich brachte nun also auch Erich zu mir nach Hause, und schon nach kurzer Zeit bekam er einen Studienplatz an der Vorstudienanstalt der Universität Leipzig, der späteren Arbeiter- und Bauernfakultät.

Nach dieser Abschweifung in Gefilde des persönlichen Erlebens wieder zurück zu meiner politischen Tätigkeit.

Zu dem Problem der Entnazifizierung muß einiges ausführlicher gesagt werden. Der Begriff „Entnazifizierung" beherrschte in den ersten Monaten, ja zum Teil sogar auch Jahren, das ganze gesellschaftliche Leben in Deutschland. Die Entnazifizierung war von der Potsdamer Konferenz als Auflage für die Oberbefehlshaber aller vier Besatzungszonen beschlossen worden. Nach diesem Beschluß der Potsdamer Konferenz sollte das ganze öffentliche Leben in Deutschland von Nazis gesäubert werden, wobei die Konferenz die Art der Durchführung des Beschlusses den Oberbefehlshabern in den einzelnen Besatzungszonen übertrug. In den westlichen Besatzungszonen vollzog sich nun in einem jahrelang andauernden Prozeß eine regelrechte bürokratische Jagd nach kleinen Nazianhängern, während die eigentlich am Faschismus schuldigen hochgestellten Nazis und ihre Förderer fast unbehelligt blieben.

In der sowjetischen Besatzungszone ging die Entnazifizierung auf völlig anderen Wegen vor sich. Der Unterschied in den Methoden bei der Entnazifizierung wird deutlich erkennbar in einem meiner Artikel aus jener Zeit, in dem ich einige typische Beispiele anführte:

„Nun gibt es auch bei den Antifaschisten, die im Prinzip mit dieser Aufgabenstellung einverstanden sind, sehr stark voneinander abweichende Meinungen, wer zu der einen und wer zu der anderen Kategorie gehört. Das Leben ist zu vielgestaltig, als daß eine Frage von dieser Art theoretisch so klar beantwortet werden könnte, daß durch eine solche Antwort wirklich alle Möglichkeiten erschöpft würden. Man kann nur an einigen Beispielen demonstrieren, wie man es machen und wie man es nicht machen kann und soll.

Da ist z. B. die Firma Recenia in Hartmannsdorf. Der Hauptaktionär und Direktor Boese war Gestapo- und Spionageagent, stand in ständiger Verbindung mit der Abwehrstelle im Wehrkreis IV, hat im Krieg ständig Ferngespräche geführt mit Auslandsstellen der Gestapo, hat nach dem Einmarsch der Amerikaner dem SS-Sturmführer Otto Keinert, dem Ministerialrat Hasemann von der Reichsstatthalterei und einem Abwehroffizier der Spionage Quartier gegeben und zur Flucht verholfen, hat in den kritischen Tagen des Zusammenbruchs für die Nazipartei Kurierdienste geleistet und hat im übrigen kurz vor dem 8. Mai Falschbuchungen größten Stils vornehmen lassen und beträchtliche Vermögenswerte seiner Firma in Waren und Geld verschoben. Ist das nun ein aktiver Nazi oder nicht? Natürlich gibt es darüber keinen Zweifel, daß derartigen Subjekten jede Verfügungsgewalt über Wirtschaftsgut des deutschen Volkes entzogen und ihnen jede Einflußnahme auf einen Betrieb und die dort beschäftigten Arbeiter unmöglich gemacht werden muß.

Ein zweites typisches Beispiel: Die Firma Seidel & Naumann AG in Dresden. In diesem Betrieb wurden bereits im Jahre 1934, also sogar vor der Inkraftsetzung der Hitlerschen Wehrhoheit, Geheimabteilungen eingerichtet, die mit der Herstellung von Granathülsen beschäftigt wurden. Auch einige Werkzeugabteilungen wurden zu diesem Zweck benutzt und in ihnen MG-Schlösser, Granaten und Nachrichtengeräte produziert. ... Diese Werkzeugabteilungen und die Geheimabteilung LDR wurden durch eine besondere Werkpolizei hermetisch abgeschlossen und das dort beschäftigte Personal durch einzeln vorgenommene Vereidigung zum Schweigen verpflichtet. Die Firma stellte sich also vom ersten Jahr der Naziherrschaft an in den Dienst der Kriegsvorbereitung, sogar unter Bruch internationaler Verträge. Sind nun diese Firma, ihre Direktoren, Aufsichtsräte und Aktionäre Kriegsinteressenten oder nicht? Und weiter: Kann man diesen Kriegsinteressenten auch für die Zukunft eine solch wichtige Fertigungsstätte wie die Seidel & Naumann-Betriebe überlassen, damit sie zur gegebenen Zeit wieder beginnen können, die deutsche Wirtschaftskraft zur Vorbereitung eines neuen Krieges zu mißbrauchen? Es gibt über die Antwort natürlich keinen Zweifel: Dieser Betrieb muß unter öffentliche Kontrolle gestellt und dem Einfluß aller Kriegsinteressenten entzogen werden.

Oder nehmen wir die Firma Koch & Sterzel AG in Dresden. Der Vorstand dieser Gesellschaft, Franz Koch, Pg. seit 1933, flüchtete drei Wochen vor Einmarsch der Roten Armee unter Mitnahme wertvoller Zeichnungen. Sein Sohn, Manfred Koch, ebenfalls Pg. seit 1933, blieb als Platzhalter zurück, sabotierte alle Maßnahmen der neuen Staatsführung und gründete fünf Nebenfirmen, denen er Maschinen und Betriebskapital der alten Firma Koch & Sterzel zuzuschieben versuchte. Kann man diesen Betrieb in den Händen der früheren faschistischen Besitzer lassen, und kann man solchen Burschen wie Manfred Koch die Möglichkeit lassen, ihre Sabotage und Schiebergeschäfte auf Kosten unserer schwer ringenden Wirtschaft weiterzubetreiben? Natürlich nicht.

Aber nun wird man sagen, hier handelt es sich wirklich um große Nazikapitalisten. Nun, es gibt auch kleinere Größen, die man nicht übersehen darf. So haben wir den 33er-Pg. Hermann Grossmann, Zellenleiter der Ortsgruppe Dresden-Gruna und Gau-Ehrenrichter. Er hat nur einen kleinen Betrieb, d. h., er hatte ihn. Daß er ihn heute nicht mehr hat und daß er heute, vernünftigerweise ohne zu stänkern, in der Schiffswerft Übigau sich sein Brot mit seinen Händen verdient, erklärt sich aus einigen verständlichen Tatsachen: Sein Betrieb war der erste Musterbetrieb in Sachsen, der mit der „Goldenen Fahne" ausgezeichnet wurde, er betrieb seit 1935 Massenproduktion von Flugzeugteilen, Matrizen zur Herstellung von Stahlmantelgeschossen und Steuermaschinen für Torpedos. Er hatte engsten Verkehr mit Mutschmann, Peitsch und Dr. Ley, hielt mit diesen Nazibonzen Eß- und Trinkgelage ab und übte in der übelsten Weise einen Druck auf seine Arbeiter aus, um sie in die NSDAP zu zwingen. Was soll man nun mit diesem kleinen Pg. machen? Natürlich kann man ihm nicht seinen Betrieb lassen, sondern man muß ihn nach Übigau auf die Schiffswerft zum Arbeiten schicken.

In diesen Fällen ist die Lage also ziemlich klar. Aber nun gibt es andere Fälle, wo offensichtlich Fehler gemacht wurden. Da haben wir z. B. den kleinen Pg. Willi Schulze, ein alter Mann von 72 Jahren, für den selbst von den antifaschistischen Parteien wegen seiner Rehabilitierung plädiert wird. Während der Nazizeit hat die Tischler-Innung ihm das Recht, Lehrlinge auszubilden, abgesprochen, weil er solche Lehrlinge bevorzugte, die nicht der HJ angehörten. Ist es nun richtig, diesem kleinen Tischlermeister seinen Betrieb zu entziehen und ihm einen Treuhänder in seine Werkstatt zu setzen, nur weil er einmal Mitglied der NSDAP war?

Wir glauben, daß das nicht richtig ist und daß man eine solche Maßnahme schnell rückgängig machen sollte, wenn es inzwischen nicht schon geschehen ist.

Oder nehmen wir einen anderen Fall: Herr Paul Müller in Dresden hat eine kleine Konditorei und war nicht Pg. Am 1. Januar 1938 hat Herr Müller wegen Krankheit die Konditorei seinem Sohn verpachtet, der nominelles Mitglied der NSDAP war. Diese kleine Konditorei nun hat man dem Pächter weggenommen und ohne Rücksicht auf den alten Müller einem Treuhänder übergeben. Das Amt für Betriebsneuordnung hat diese Entscheidung sofort rückgängig gemacht und hat recht daran getan.

Oder nehmen wir einen dritten Fall: Dem alten Ehepaar Mende von der Königsbrücker Straße in Dresden wird das Gewerbe untersagt, weil die Eheleute Mitglieder der NSDAP waren, aber bereits im Jahre 1944 durch schriftliche Erklärung an den Ortsgruppenleiter aus der NSDAP ausgetreten sind. Ihr Ladengeschäft wurde zwangsweise an jemanden anderen verpachtet und die kleine Bettfedern-Reinigungsanstalt, die das Ehepaar betrieb, an einen anderen Interessenten übereignet. Unter den vielen Leumundszeugnissen für das Ehepaar Mende befindet sich eine schriftliche Bestätigung darüber, daß die Eheleute Mende das Kind Sonja des Kommunisten Skala, der im Zuchthaus und KZ war, wöchentlich zweimal zum Mittagstisch aufgenommen haben, und der alte Herr Mende schreibt in einem Brief an die Behörde: ‚Wir können uns nicht denken, welche Gründe dem entgegenstehen, durch unserer Hände Arbeit unser Brot zu verdienen, um nicht dem Staat zur Last zu fallen.' Offen gesagt, wir können uns das auch nicht denken. Wir können uns auch nicht vorstellen, daß jemand auf den Gedanken kommen könnte, eine kleine Bettfedern-Reinigungsanstalt mit ihrer schmutzigen und gesundheitsschädlichen Arbeit sei ein so wichtiges wirtschaftliches Objekt, daß man es nicht in den Händen eines so beleumundeten Mannes wie Mende lassen könnte."[12]

Während also in den westlichen Besatzungszonen die Entnazifizierung durch eine bürokratische Aufteilung aller Betroffenen in fünf Gruppen von Schuld und Unschuld vor sich ging, wobei Millionen Fragebogen mit weit über 100 Einzelfragen verwendet wurden und in den Maschen des Entnazifizierungsnetzes die „Mitläufer" und „nominellen PG." hängenblieben, richtete sich die Entnazifizierung in der sowjetischen Besatzungszone in der Hauptsache auf die Bestrafung der großen Nazis und Kriegsverbrecher und vor allem auf ihre Ausschaltung aus dem Wirtschaftsprozeß. Natürlich mußten auch in der Ostzone Angehörige der Nazipartei aus einigen Verwaltungsbereichen entfernt werden, so aus dem Justizdienst, der Polizei und dem Schulwesen. Im übrigen aber ging das Bestreben von vornherein dahin, die Masse der kleinen unbedeutenden und an Naziverbrechen nicht beteiligten Mitläufer so bald wie möglich wieder in das Wirtschaftsleben einzugliedern.

In der Frage der Entnazifizierung gab es anfänglich große psychologische Widerstände in den eigenen Reihen, die sich aus ideologischer Unklarheit selbst unter Kommunisten herleiteten. Es gab die verschiedensten Abstufungen des Radikalismus. Mit einer dieser radikalistischen Auffassungen innerhalb der Parteianhängerschaft beschäftigte sich unter anderem meine Rede auf der Wirtschaftskonferenz der KPD Leipzig im November 1945.

„... Ich habe hier eine Anfrage aus Taucha. Da hat man mit dem Befehl 124 auch die kleinen Nazi-Geschäftsleute erfaßt. Und jetzt verlangen die Vertreter der Roten Armee, daß man die früheren Inhaber in den Geschäften beläßt. Gott sei Dank. Der Kommandant von Taucha ist ein bißchen klüger als unsere Genossen. Denn was wollt ihr mit den kleinen Geschäften machen? Etwa einen Kommunisten reinsetzen, damit der ein Spießbürger wird? Wollt ihr in Leipzig 20 000 kleine Läden und Reparaturwerkstätten enteignen und sie Kommunisten geben? Dann sind sie erledigt. Oder wem wollt ihr sie geben? Etwa Reaktionären, die zufällig nicht in der NSDAP waren? Oder wollt ihr sie verkommen lassen? Also, bei der allgemeinen Tendenz unserer Genossen bleibt nichts anderes übrig, wir müssen in jeden kleinen Schusterladen einen Genossen setzen. Wo bleibt da die Arbeit bei Mannesmann, Siemens, bei Sack und Stöhr, bei Tittel & Krüger, bei der Hasag? Wer arbeitet dort? Sozialdemokraten? Und ihr Kommunisten, ihr steht vor eurem Laden in der blauen Schürze und gebt groß an als Geschäftsinhaber?

Nein, Genossen! Einen Betrieb enteignen ist kein Kunststück. Aber die Großindustrie in die Führung nehmen, das ist das Problem.“[13]

In einer anderen Rede, die ich etwa zur gleichen Zeit vor einer Landesgewerkschaftskonferenz hielt, mußte ich ebenfalls gegen Unklarheiten hinsichtlich des Vorgehens gegen frühere Angehörige der Nazipartei, der Unterscheidung zwischen großen und kleinen Nazis sowie gegen schädlichen Radikalismus in der Behandlung unbedeutender nomineller Nazimitglieder Stellung nehmen.

„Ich möchte noch über eine besondere Erscheinung sprechen. Es werden jetzt aus den Verwaltungen die alten PG. entfernt, und das ist richtig, denn in der öffentlichen Verwaltung können sie nicht sitzen bleiben. Aber ich bekomme folgende Meldung: Irgendwo in einem Werk der Treibstoffsynthese ist schwere gesundheitsschädliche Arbeit zu verrichten. Es wurden Nazis dorthin verwiesen, aber der Betriebsrat beschließt, die Aufnahme der PG. in diesem Betrieb abzulehnen. Was bedeutet das? Haben unsere Genossen vergessen, daß die Nazis 10 Millionen Mitglieder hatten? Wollen wir diese 10 Millionen auf der Straße liegen lassen und sie von der Arbeit ausschließen? Ich denke, es gibt überhaupt keine andere Art der Wiedergutmachung durch Nazis als körperliche Arbeit. Aber wie wollen wir das machen, wenn wir keine Nazis in die Betriebe nehmen, auch keine Maurer und Hilfsarbeiter, die mit der Schippe arbeiten? Es gibt in den Betrieben solche Meinungen: Neben mir darf kein Nazi stehen. Aber wie sahen diese Leute vor einigen Monaten noch aus? Waren sie damals schon solche Antifaschisten? Irgendwo müssen diese 10 Millionen Mitglieder der Nazipartei doch hergekommen sein. Ich bin bestimmt nicht sentimental. Aber irgendwie geht mich doch das Schicksal des einzelnen

Mannes an und insbesondere steht die Frage für mich politisch, für mich und für unsere Klasse. Und da geht es nicht, daß man keine Nazis im Betrieb arbeiten läßt, sondern sie müssen ihr Unrecht wiedergutmachen."[14]

Was die Unklarheiten unter den politisch geschulteren und fortschrittlichen Teilen der Arbeiterklasse betrifft, so genügt es natürlich nicht, auf solche Abweichungen in der radikalen Richtung zu verweisen. Nicht weniger schwerwiegend und gefährlich waren opportunistische Abweichungen von unserer Politik vor allem bei Gewerkschaftern und Betriebsräten, die sich in Stellungnahmen für ihre von der Bestrafung und Enteignung bedrohten Betriebsinhaber verwendeten.

Mit politischen Unklarheiten der vorbezeichneten Art mußte sich die Partei und ihre Führung, aber auch der sich entwikkelnde neue Verwaltungsapparat noch monatelang auseinandersetzen, selbst noch nach dem Volksentscheid zur Enteignung der Betriebe der Kriegsverbrecher und aktiven Nazis. Inzwischen war aber der Prozeß der ideologischen Klärung weit über das Teilproblem der Entnazifizierung hinausgewachsen.

Noch einmal nahm ich zur Frage der Haltung gegenüber früheren Nationalsozialisten, insbesondere aber zu der Rolle und den Aufgaben der Antifaschisten beim demokratischen Neuaufbau Stellung in einer Rede, die ich im September 1946 in Leipzig auf einer Gedenkkundgebung für die „Opfer des Faschismus" hielt und in der ich mich auch mit der Bitte um Hilfe und Verständnis an die Kameraden des antifaschistischen Widerstandes in anderen europäischen Ländern wandte. Ich zitiere daraus einige Absätze um ihrer für die Charakterisierung der Zeitprobleme wichtigen Aussage willen.

„Wer ist Opfer des Faschismus?

Ich las vor einigen Tagen in der Zeitung den Satz: ‚Opfer des Faschismus, das ist das ganze deutsche Volk.' Als Sprecher der

Opfer des Faschismus in unserem Lande erkläre ich hier: Wir wissen, daß unser Volk vergewaltigt wurde. Wir wissen, daß unser Volk zwölf Jahre lang unter dem Terror stand. Aber wir Opfer des Faschismus sind nicht gewillt, den hehren Namen ‚Opfer des Faschismus' mißbrauchen zu lassen! Es ist nicht so, daß Opfer des Faschismus heute jeder in Deutschland wäre. Opfer des Faschismus, das sind die, die diesem System der Unmenschlichkeit und des Verbrechens Widerstand geleistet haben. Opfer des Faschismus, das sind die, die ihre Ideale, die die Freiheit, die die Würde unseres Volkes höher gestellt haben als ihr eigenes Leben und ihre eigene Freiheit. Wer behauptet heute nicht alles, auch Opfer des Faschismus zu sein. Ist es nicht so, daß sogar die 21 Verbrecher in Nürnberg behaupten, sie seien ‚Opfer' gewesen?

Wir wenden uns dagegen, daß jeder, der aus persönlichen oder ehrgeizigen Gründen mit dem Nazi-Regime einmal in Konflikt geraten ist, der aber ein Wegbereiter des Faschismus war, wie es die Herren vom Stahlhelm und die Herren der deutschen Industrie waren, sich heute als Opfer des Faschismus ausgibt. Wir wenden uns dagegen, weil das Blut der Zeugen des antifaschistischen Kampfes uns zu heilig und zu wertvoll ist.

Persönlichkeit ist eine Frage des Charakters

Wir gedenken aber des heutigen Tages auch mit einem Gefühl des Stolzes. Dieser Stolz hat nichts zu tun mit Überheblichkeit und mit ungerechtfertigten Ansprüchen. Worauf wir stolz sind, das ist das eine: Die Opfer des Faschismus, diejenigen, die aufs Schafott, ins Zuchthaus und Konzentrationslager gingen, sind die Besten unseres deutschen Volkes. Sie haben in einer Zeit der Schmach und der Schande, in einer Zeit, als Menschenwürde mit Füßen getreten wurde, die menschliche Würde im deutschen Volk vertreten und verteidigt. Sie haben in einer Zeit, als der größte Teil unseres Volkes in eine unwürdige Lobhudelei und Speichelleckerei verfallen war, die Werte des Charakters verteidigt. Und sie haben in diesen zwölf Jahren bewiesen, daß es in diesem Deutschland noch Persönlichkeiten gab. Unser demokratischer Neuaufbau, die Neugestaltung des Lebens unseres Volkes fordern starke, gefestigte Kräfte.

Es wird heute sehr oft die Forderung erhoben: Die Besten unseres Volkes müssen die Führung der Geschicke unseres Volkes in der Hand haben. Es wird die Forderung nach Wertung der Persönlichkeit erhoben. Auch wir sind dieser Meinung, aber: Persönlichkeit ist keine Frage des Besitzes, keine Frage eines akademischen Zeugnisses, auch keine Frage von einigen Dutzend Dienstjahren. Persönlichkeit ist eine Frage des Charakters und des Mutes, seine Ideale über die eigene Existenz zu stellen. Und wenn wir die Wertung der Persönlichkeit fordern - wir Opfer des Faschismus behaupten: Wer Persönlichkeitswert hat, das hat sich in den zwölf Jahren gezeigt. Persönlichkeitswerte, Charakterstärke, Mut zur Verantwortung, Opferbereitschaft, das haben in diesen zwölf Jahren, als allzu viele Charakterathleten auf dem Bauche lagen, nur die Opfer des Faschismus bewiesen.

Wir Opfer des Faschismus waren es, die im vergangenen Jahr, in der Stunde des Zusammenbruchs, in der schwersten Stunde der Geschichte unseres Volkes, die Verantwortung für die Rettung Deutschlands übernommen haben. Antifaschisten aus allen Schichten unseres Volkes, aus der sozialistischen Arbeiterbewegung oder aus den Schichten des Bürgertums, die ihre alten freiheitlichen Ideale höher stellten als das Wohlwollen einer verbrecherischen Regierung, oder aus dem Lager religiöser Weltanschauungen, die unter dem Hitler-Regime ihren Glauben und die Treue zu ihrem Glauben mit Leben und Freiheit bezahlt haben, sie waren es, die im Augenblick des Zusammenbruches bereit waren, die Verantwortung weiter zu tragen und zu behalten.

Opfer des Faschismus wollen keine Almosen

Man hört heute manchmal, wenn man die Frage der Rolle der Opfer des Faschismus in unserem öffentlichen Leben stellt, das Argument: Nun, die Opfer des Faschismus werden, wenn sie in Not sind, unterstützt werden. Wir halten es für eine selbstverständliche Pflicht unseres Volkes, daß man diejenigen, die ihren Gatten, Vater oder Sohn während des Faschismus verloren haben und die ihre Freiheit und Gesundheit geopfert haben, in der Not nicht im Stich läßt. Aber Opfer des Faschismus wollen keine Almosen. Opfer des Faschismus sind keine Bettler um das Wohlwollen der Gesellschaft! Opfer des Faschismus haben Ansprüche an das deutsche Volk! Sie wollen keine Privilegien. Wir wollen mitgestalten, helfen am Neuaufbau unseres Lebens. Wir sind in die Zuchthäuser und Konzentrationslager gegangen, nicht um uns eine Lebensrente zu verdienen. Wir sind nicht hineingegangen, um nach dem Sturz des Faschismus eine Wohnung zu bekommen. Dafür riskiert man nicht sein Leben oder opfert zwölf Jahre seiner Freiheit. Die opfert man nur für seine Ideale, und zu unseren Idealen aus Zuchthäusern und KZ gehört, daß die, die sich als die Besten unseres Volkes erwiesen haben, an entscheidender Stelle mitwirken an der Gestaltung unseres Lebens. Wir wollen keine Fürsorge, aber wir lassen uns auch nicht verdrängen. Es hat in der Geschichte unseres Volkes schon einmal eine Situation gegeben, wo die, die in der entscheidenden Stunde die Verantwortung übernahmen, während die Reaktion sich in die Mauselöcher verkrochen hatte, eines Tages abgeschoben wurden nach dem Wort: ‚Der Mohr hat seine Schuldigkeit getan, der Mohr kann gehen.'

Das wird sich nicht wiederholen. Denn es besteht ein kleiner Unterschied zu der Situation von damals; man hat es jetzt mit Menschen zu tun, die durch alle Höllen des faschistischen Terrors gegangen sind, mit den Menschen, die in den Konzentrationslagern alle Martern und alle Folterungen ertragen haben und die eisenhart geworden sind.

Und diese Härte haben wir nicht verloren. Darum wird sich ein 1918 nicht wiederholen. Die Opfer des Faschismus, die Aktivisten der ersten Stunde, lassen sich nicht verdrängen, sondern sie beginnen, Forderungen zu stellen.

Forderungen der Opfer des Faschismus

Wir fordern in erster Linie die Sühne für alle Verbrechen des Faschismus. Wir fordern für die 21 Verbrecher in Nürnberg, die sich zwölf Jahre lang wie Götter haben anbeten lassen und heute in jämmerlicher Feigheit um ihr Leben winseln, das Todesurteil durch den Strang! Wir haben kein Verständnis dafür, daß die ‚hohen Frauen' dieser Verbrecher heute noch in Bayern Cocktail-Parties veranstalten können und in Saus und Braus leben. Wir wollen, daß sie genauso leben wie die Frauen der Opfer des Faschismus während der zwölf Jahre! Opfer des Faschismus wollen keine Rache. Aber wer im KZ die Hinrichtung von Patrioten und wertvollen Menschen gesehen hat, wer all die Schmach und Schande des faschistischen Terrors miterlebt hat, der würde an der Gerechtigkeit verzweifeln, wenn denjenigen die bewußt an Verbrechen teilgenommen haben, Gnade zuteil würde.

Wir fordern Sühne auch für die Verbrechen all der kleinen armseligen Kreaturen, die während der Hitlerzeit aufrechte deutsche Menschen denunziert haben. Und wir haben kein Verständnis dafür, daß ein solcher Lump, der Menschen denunziert und damit ihren Tod verschuldet hat, heute von unserer Justiz vielleicht mit fünf Jahren Gefängnis bestraft wird ...

Wir haben kein Verständnis dafür, daß die Sühne für diese Verbrechen von unseren Staatsanwälten und Richtern zu einem Gegenstand juristischer Diskussion gemacht wird. Wir wollen, daß auch alle die, die als Richter und Staatsbeamte unter dem faschistischen Regime sich mitschuldig gemacht haben an der Blutjustiz und dem Terror des Faschismus, zur Verantwortung gezogen werden. Und wir wollen vor allem die Beseitigung aller noch vorhandenen nazistischen Einflüsse aus unserem öffentlichen Leben. Wir wollen die Beseitigung der Wurzeln des Faschismus. Wir erheben diese Forderung vor allem gegenüber dem Westen des Reiches.

Wir Opfer des Faschismus kämpfen für die Einheit Deutschlands! Wir sind in die Hölle des Konzentrationslagers nicht gegangen für ein bayrisches, sächsisches oder hannoversches Vaterland, sondern wir sind dorthin aus Liebe zu unserem ganzen deutschen Volk gegangen. Darum kämpfen wir Opfer des Faschismus für die Einheit Deutschlands!

Und gerade in dieser Stunde halte ich es für notwendig, folgendes festzustellen: Die Einheit Deutschlands hat die Schaffung fester Grundlagen für ein demokratisches Leben unseres Volkes zur Voraussetzung. Daher sind alle Reden über die Einheit Deutschlands sinn- und zwecklos und helfen nicht unserem Volk, wenn wir nicht zugleich den Willen haben, alle Reste des Nazismus und der Reaktion zu beseitigen, damit dieses einige Deutschland ein Deutschland des Friedens und der Demokratie werde!

Einheit Deutschlands hat zur Voraussetzung, daß die demokratischen Errungenschaften, die die antifaschistisch-demokratischen Kräfte in unserem Teile Deutschlands errungen haben, sich auch im Westen durchsetzen.

Einheit Deutschlands hat zur Voraussetzung: Bodenreform auch im Westen Deutschlands, Beseitigung des Einflusses der Junker und Großgrundbesitzer und damit der Quellen der Reaktion. Einheit Deutschlands hat zur Voraussetung, daß auch im Westen die Kriegsverbrecher und aktiven Nazis aus der Wirtschaft entfernt werden. Einheit Deutschlands hat zur Voraussetzung, daß wirkliche Demokratie von unten sich auch im Westen durchsetzt.

Wir Opfer des Faschismus wenden uns auch an die demokratischen fortschrittlichen Kräfte in allen Ländern der Welt. Deutschland ist in der Welt heute verachtet und geschmäht. Deutscher sein heißt heute im Ausland beinahe so viel wie Verbrecher sein. Es gibt nur eine Kraft in Deutschland, die Vertrauen auch im Ausland hat, das sind die Opfer des Faschismus, die ihren Kampf gegen Hitler unter Beweis gestellt haben. Wir haben in den Konzentrationslagern mit Kameraden aus allen Ländern zusammen gelitten, wir haben mit ihnen auf den

Blocks und auf der Lagerstraße die Probleme ihres eigenen Kampfes gegen den Faschismus diskutiert, und darum wenden wir uns in aller Kameradschaft an diese unsere Kameraden aus der Hölle des deutschen Faschismus. Wir wenden uns an jenen französischen General, der jetzt als Vertreter Frankreichs im Kontrollrat die Interessen seiner Nation vertritt und der ein alter Kamerad von Buchenwald ist.

Wir wenden uns an die tschechischen Minister Dolanski und Kopecki, alte Kameraden aus Sachsenhausen. Wir wenden uns an die Führer der Oranien-Bewegung aus Holland, die mit uns im KZ saßen.

Wir wenden uns an die Führer des französischen Maquis, mit denen wir in Buchenwald, in Sachsenhausen, in Dachau, in Flossenbürg und Großrosen zusammengesessen haben. Wir wenden uns an unsere Kameraden in Norwegen, an den norwegischen Dichter Öveland, an den Rektor der Osloer Universität, mit denen wir die schwärzesten Stunden im KZ erleben mußten. Wir wenden uns an sie alle mit der kameradschaftlichen Bitte, helft uns, daß die guten Kräfte in unserem Volke Gehör finden in der ganzen Welt.

Und gerade in einer besonderen Frage wende ich mich an unsere ausländischen Kameraden aus dem Konzentrationslager. Noch sind Tausende aufrechter Antifaschisten in Gefangenschaft. Noch sind alle Kameraden der Strafdivision 999 in nordafrikanischen Lagern. Wir Opfer des Faschismus erheben die Forderung und appellieren an unsere Kameraden aus der Widerstandsbewegung aller Länder: Helft uns, daß diese aufrechten Antifaschisten in Freiheit und zur Arbeit kommen können.

So ist dieser Tag der Opfer des Faschismus nicht nur ein Tag des rückschauenden Gedenkens, sondern zugleich ein Tag, an dem die Opfer des Faschismus in aller Offenheit ihre Ansprüche formulieren und stellen. Was wir beanspruchen, ist kein Privileg. Wir sind aus unserem Volk heraus in die KZ geschickt worden. Wir sind dorthin aus Liebe zu unserem Volk gegangen, und wir wollen heute keine Sonderstellung außerhalb des Volkes, sondern wollen nur das eine: mitgestalten am Neuaufbau des Lebens unseres Volkes.

So ist dieser Tag nicht nur ein Tag rückschauenden Gedenkens, sondern vorwärtsschauenden Gelobens.

Den Toten den Lorbeer und die Ehre, uns aber die Pflicht und das Recht, mitzugestalten am Aufbau eines neuen Deutschlands, auf daß niemals die Schande des Faschismus wiederkehre!“[15]

Nach dieser abschließenden Darstellung der Probleme der Entnazifizierung und der Abrechnung mit dem Faschismus hatte ich noch auf eine Unklarheit in den Reihen der kommunistischen Arbeiter hinzuweisen, die damals sehr verbreitet war. Ich sagte darüber in jener schon angeführten Rede in Leipzig folgendes:

„Nun ist die Frage gestellt worden, wie stehe ich zu den Produktionsgenossenschaften? Das ist eine sehr wichtige Frage. Ich habe in der Zeit des Umbruchs, als sich überall Kräfte bemerkbar machten, Großbetriebe und Konzerne zu zerschlagen, sehr oft die Beobachtung gemacht, daß man zur Bildung von Betriebsgenossenschaften übergegangen ist. Euch ist bekannt, oder sollte aus verschiedenen Äußerungen in Zeitungen und in Referaten bekannt sein, daß ich diese Betriebsgenossenschaften abgelehnt habe. Und warum? Die Betreffenden, die diese Betriebsgenossenschaften gründeten, haben gewöhnlich gemeldet: wir haben die alte Leitung abgesetzt und haben eine Genossenschaft gebildet; damit ist der Betrieb sozialisiert. Das ist die Gefahr. Die Nazis haben zwölf Jahre Schindluder mit dem Sozialismus getrieben, und jetzt gibt es einige Leute auf dem rechten Flügel der Gewerkschaften und auf dem rechten Flügel der Sozialdemokratie, und einer der Sprecher ist der Vorsitzende der Sozialdemokratischen Partei, Schumacher, die den Arbeitern erzählen wollen: warum redet ihr von Kapitalismus, wir haben ja schon den Sozialismus. Haben wir Sozialismus? Nein, wir haben Privateigentum an Produktionsmitteln, Vergrößerung des staatlichen Einflusses auf die Wirtschaft, jawohl, aber wir haben keinen Sozialismus, denn Sozialisierung setzt Aufhebung des Privateigentums an Produktionsmitteln voraus. Alles andere ist Täuschung der Arbeiter. Wozu kann das führen? Das muß dazu führen, daß wir eines Tages den Arbeitern sagen, ihr müßt jetzt für den Sozialismus kämpfen. Die Arbeiter könnten dann sagen, wir haben doch schon Sozialismus. ... Also Genossen, ich bin gegen diese genossenschaftlichen Experimente, auch aus anderen Gründen.

Die Stadt Zschopau z. B. hat eine Genossenschaft gegründet aus den DKW-Werken. Die Stadt hat 10 000 Einwohner, die Werke haben 4000 Arbeiter beschäftigt. Sie sollen alle Aktionäre werden. Und nicht nur sie, sondern auch alle kleinen Geschäftsleute in Zschopau sollen Anteile erwerben. Was heißt das? Das heißt, daß alle die kleinen Geschäftsleute von Zschopau Dividendenschlucker von DKW werden sollen. Und das nennen die Sozialdemokraten Sozialismus. Ganz abgesehen davon, daß solche genossenschaftlichen Gründungen dazu führen, daß den Arbeitern die Groschen aus der Tasche genommen werden, und wenn dann eines Tages ihr Betrieb nicht weitergeht, sind die Arbeiter ihr Geld los. Der Rückschlag würde schrecklich sein und auf uns fallen.

Genossen, wir haben noch keinen Sozialismus, wir haben noch keine proletarische Diktatur hinter uns und keine Revolution. Darüber müssen wir uns im klaren sein. Unsere Aufgabe ist, über die Festigung unserer Macht im Staatsapparat die sichere Führung der Wirtschaft in den Händen unserer staatlichen Organe und in der Organisation der Arbeiterklasse herzustellen. Das ist die Aufgabe. Nicht aber Aufgabe ist es, Experimente zu machen mit utopischen Ideen vom Sozialismus auf der Grundlage der Aktienpakete der Zschopauer Geschäftsleute. Es gibt einzelne Fälle, wo man eine Genossenschaft machen kann. Aber in der generellen Linie bin ich gegen solche

Experimente, weil sie uns nicht helfen, sondern uns zurückwerfen."[16]

Wichtig und entscheidend für die Charakterisierung der Arbeit der neuen politischen Führungsorgane im Jahre 1945 ist die Einschätzung des Charakters der nach dem Zusammenbruch erfolgten gesellschaftlichen Veränderungen und damit der politischen Gesamtsituation. Die KPD als die Vorhut der Arbeiterklasse hatte bereits in ihrem Aufruf vom 11. Juni 1945 die Summe der gesellschaftlichen Veränderungen zu dieser Zeit als die „antifaschistisch-demokratische Umwälzung" charakterisiert. Die antifaschistisch-demokratische Umwälzung hatte zuerst alle die Aufgaben auf politischem und wirtschaftlichem Gebiet zu lösen, die die bürgerliche Revolution in Deutschland liegengelassen und nicht bewältigt hatte. Dazu gehörten die Überwindung der noch vorhandenen Reste des Feudalismus in der Agrarwirtschaft, in der Verwaltung, im Justiz- und Schulwesen. Darüber und über die daraus abzuleitende Politik fanden innerhalb der Arbeiterklasse und vor allem auch in deren Parteien lebhafte Auseinandersetzungen statt, die vielfach auf Unverständnis der Situation, in der sich das Land befand, beruhten. Aus der Tatsache, daß der östliche Teil Deutschlands von den Truppen einer sozialistischen Macht besetzt war, leiteten sich sehr oft Wunschvorstellungen ab hinsichtlich des Tempos der Entwicklung zur Überwindung der bürgerlichen Gesellschaftsordnung, die nicht im Einklang standen mit den realen Kräften und den gegebenen Entwicklungsmöglichkeiten. Die wichtigste Frage hierbei war der Wunsch nach dem sofortigen Übergang zu einem gesellschaftlichen Ordnungssystem, das dem der Sowjetunion entsprach, also praktisch der beinahe voraussetzungslose Schritt zur Durchführung der sozialistischen Revolution. Es war verständlich, daß nach den schrecklichen Erfahrungen der zwölf Jahre währenden faschistischen Diktatur dieser Wunsch nach schnellem Übergang zum Sozialismus weite Teile der Arbeiterklasse beherrschte. Hinzu kam, daß die Sozialdemokratische Partei im Westen Deutschlands sich mit sozialistischen Parolen an die Arbeiterklasse wandte, die sich objektiv als Täuschungsmanöver erwiesen und sehr stark dem Verhalten der Sozialdemokratischen Partei nach 1918 ähnelten. Nach der Novemberrevolution von 1918 hatten die sozialdemokratischen Führer unter der Losung „Der Sozialismus marschiert" real die Erhaltung der Macht der Bourgeoisie unterstützt und gefördert, ja sie durch diese Täuschung der Massen der Arbeiter allein möglich gemacht. Etwas Ähnliches spielte sich jetzt ab. Die Führung der Sozialdemokratischen Partei, soweit sie unter Kurt Schumacher in Westdeutschland dem Einfluß des von Otto Grotewohl geführten Zentralausschusses der Partei entzogen war, wiederholte das Täuschungsmanöver von 1918 mit der Vorgabe, daß mit dem Faschismus auch der Kapitalismus in Deutschland bankrott gemacht habe und nun aktuell die Möglichkeit bestehe, zur sozialistischen Umwandlung der Gesellschaft in Deutschland überzugehen.

Gegenüber dieser auf Täuschung berechneten Parole der westdeutschen SPD-Führung mußte das Wesen der politischen Veränderungen nach dem Zusammenbruch des Faschismus nüchtern und ohne Wunschdenken analysiert und daraus die politische Linie abgeleitet werden. Der Faschismus war in Deutschland zusammengebrochen unter den militärischen Schlägen der Antihitlerkoalition. Der Zusammenbruch war also nicht die Folge einer revolutionären Volkserhebung deutscher politischer Kräfte. Es war unmöglich, einfach, nur gestützt auf die militärische Kraft der Besatzungsmacht, politisch grundlegende Veränderungen der Gesellschaftsstruktur wie den Übergang vom Kapitalismus zum Sozialismus zu vollziehen. Das Ziel der Kommunisten war natürlich immer die Schaffung der sozialistischen Gesellschaftsordnung, und dies blieb ihr Ziel auch nach dem Zusammenbruch des Faschismus. Um zur sozialistischen Gesellschaft zu kommen, war aber eine Reihe von Voraussetzungen notwendig, die erst noch geschaffen werden mußten und die unter dem militärischen Schutz einer sozialistischen Besatzungsmacht auch geschaffen werden konnten. Deshalb mußte der erste Schritt der gesellschaftlichen Neuordnung, zu dem allein zu diesem Zeitpunkt auch die Anhänger der Sozialdemokratischen Partei und fortschrittliche bürgerliche Kreise gewonnen werden konnten, die antifaschistisch-demokratische Umwälzung sein, das heißt die Schaffung einer gesellschaftlichen Ordnung, die ausgesprochen antifaschistischen Charakter hatte und die auf der Verwirklichung der Grundsätze einer realen Demokratie beruhte.

Aus diesem Grunde waren in dem Aufruf der KPD vom 11. Juni 1945 als die anzustrebenden politischen Ziele genannt: Umwandlung des alten Staates in ein Staatswesen auf parlamentarisch-demokratischer Grundlage, Liquidierung der feudalen Reste im Grund- und Bodenrecht, endgültige Beseitigung der Herrschaft des Finanzkapitals und der kapitalistischen Monopole, Zerschlagung der marktbeherrschenden Konzerne und Trusts. Zu den wesentlichsten Forderungen dieses Programms der KPD bekannte sich unmittelbar danach auch die Führung der Sozialdemokratischen Partei unter dem in Berlin ansässigen Zentralausschuß, für sie setzte sich dann auch der „Block der antifaschistisch-demokratischen Parteien" in seiner ersten Willenserklärung ein. Dieses Programm enthielt also noch keineswegs die Forderung nach Beseitigung des Privateigentums an den Produktionsmitteln - eines der Kennzeichen der sozialistischen Revolution - und auch nicht die Forderung nach Errichtung eines politischen Systems, das dem der Sowjetuntion entsprach.

Gegen die Täuschungsparole vom sofortigen Übergang zum Sozialismus war die Führung eines entschiedenen und zielbewußten ideologischen Kampfes notwendig, wobei es allerdings nicht nur auf die Ablehnung dieser Täuschungsparole ankam, sondern vor allem auf die Darlegung der eigenen politischen Strategie und Taktik. Das Hauptkettenglied der politischen Strategie der antifaschistisch-demokratischen Umwälzung war die Aufgabe der restlosen Zerschlagung der noch vorhandenen Teile der Herrschaft des Monopolkapitals in unserem Lande. Die Organisation der monopolistischen Beherrschung der Wirtschaft und des Staates durch das Finanzkapital war entscheidend geschwächt durch den Zusammenbruch der faschistischen Herrschaft über Deutschland. Diese Schwächung der monopolkapitalistischen Positionen war das unmittelbare Ergebnis der militärischen Katastrophe. Die Aufgabe der in diesem östlichen Teil unseres Landes zur politischen Führung gelangten antifaschistisch-demokratischen Kräftekonstellation mußte es nun sein, diesen Prozeß der Zerschlagung der Herrschaft der kapitalistischen Monopole weiterzuführen, und zwar soweit, daß alle Reste monopolistischer Finanzherrschaft liquidiert und ihre Wiederauferstehung unmöglich gemacht wurde. Es galt also, den Prozeß der Demokratisierung auch und gerade auf dem Gebiet der Wirtschaftspolitik einzuleiten und konsequent zu Ende zu führen und dafür alle Kräfte zu mobilisieren.

Eine wesentliche Hilfe war dabei der Erlaß des Befehls 124 der sowjetischen Militäradministration vom 30. Oktober 1945, durch den alle großen Betriebe der Konzerne und Trusts, die ja sämtlich an der Organisation des faschistischen Raubkrieges beteiligt waren, mit Beschlag belegt wurden. Es wird darüber noch zu berichten sein. Eine Aufgabe, die nur von den deutschen Verwaltungsorganen in Angriff genommen und gelöst werden konnte, war die Liquidierung aller aus der Nazizeit erhalten gebliebenen Unternehmerorganisationen und Wirtschaftsverbände. In der bereits zitierten Rede vom November 1945 habe ich über diese Fragen, auch soweit sie die Auseinandersetzungen innerhalb der Arbeiterorganisationen angingen, ausführlich gesprochen und zitiere daraus:

„Unser neuer Staat wird nicht einfach die Fortsetzung des Staates von 1933 sein, aber auch nicht die Wiederholung des Staates von 1918. Wir haben vor einigen Tagen die Gedenktage der Oktoberrevolution in Rußland und der deutschen Revolution von 1918 gefeiert. Und sicherlich habt Ihr in diesen Kundgebungen und Feierlichkeiten wohl doch gefühlt, welcher große Unterschied zwischen der russischen Revolution von 1917 und der deutschen Revolution von 1918 besteht.

Ich werde nachher noch einiges sagen über den Unterschied zwischen der russischen und der deutschen Revolution sowie zwischen der Situation von 1918 und der von heute. Schon jetzt möchte ich jedoch sagen: Wir haben am Ende dieses Krieges keine Revolution gehabt, sondern einen militärischen und politischen Zusammenbruch. Wir haben aber die Möglichkeit, neu anzufangen und dabei die Fehler zu vermeiden, die die deutsche Arbeiterschaft im Jahre 1918 gemacht hat.

Der neue Staat, den wir aufbauen werden, wird ein demokratischer Staat sein. Ich weiß, daß es manche Kollegen und Genossen gibt, die das noch nicht richtig begriffen haben, sondern die glauben, daß die Losung der Demokratie doch wahrscheinlich eine Parole, ein Schlagwort sei, um die anderen bei der Stange zu halten. Sicherlich sind auch manche unter Euch, die der Meinung sind, daß wir jetzt auf der Stelle zum Sozialismus übergehen und nach dem Vorbild der Sowjetunion eine Ordnung der Sowjets errichten sollten. Aber die Tatsache, daß die Rote Armee hier ist, genügt nicht, um die Macht, die wir in Händen haben, dazu zu benutzen, den Weg einer überstürzten Sowjetisierung in unserem Lande zu gehen.

Ich möchte hier einmal ganz kurz und ohne Rücksicht auf solche Stimmungen über einige Fragen prinzipieller Art offen und rückhaltlos sprechen. Warum wird unser Staat ein demokratischer Staat sein, und warum können wir nicht an die Errichtung eines sowjetischen Systems denken?

1. Man kann nicht zum Sozialismus und zur Errichtung des sowjetischen Systems übergehen, ohne daß in der Arbeiterklasse die Voraussetzungen organisatorischer und ideologischer Art geschaffen sind. Wenn in der deutschen Arbeiterklasse Voraussetzungen organisatorischer und ideologischer Art zum Übergang zum sozialistischen System vorhanden gewesen wären,

dann hätte Hitler nicht bis fünf Minuten nach zwölf kämpfen können. Die deutsche Arbeiterklasse, die - man muß es zu ihrer Schande sagen - nicht zur Verteidigung der Demokratie gegen die Feinde der Arbeiterklasse imstande gewesen ist, ist heute auch noch nicht in der Lage, einen sozialistischen Staat aufzubauen. Das sozialistische System kann nicht von außen gebracht werden, sondern es kann nur aus der Arbeiterklasse eines Landes selbst kommen. Die neuen Kräfte müssen erst entwickelt und herangezogen werden und können nicht durch äußere Kräfte ersetzt werden. Es muß zuerst eine feste demokratisch-antifaschistische Ordnung geschaffen werden und auch die vollkommene ideologische Bereitschaft, damit wie einen neuen Weg für die Entwicklung der Gesellschaft schaffen können.

Eine Arbeiterklasse, die 12 Jahre dem Nationalsozialismus Gefolgschaft geleistet, die am 22. Juni 1941 die Schande des Überfalls auf die Sowjetunion nicht verhindert hat, eine Arbeiterklasse, die bis in die letzten Wochen und Monate vor dem Zusammenbruch nicht nur gezwungen, sondern zu einem großen Teil freiwillig mitgegangen ist, eine Arbeiterklasse, von der große Teile geglaubt haben, daß es möglich sei, daß Deutschland auf Kosten anderer Völker sich ein besseres Leben erringen könnte, die 12 Jahre den Grundsatz der internationalen Solidarität vergessen hat, eine Arbeiterklasse, bei der 12 Jahre lang das Klassenbewußtsein verschüttet und demoralisiert war, kann den Schritt zum Sozialismus noch nicht gehen. Darum wollen wir die Demokratie, darum wollen wir, daß in dieser Periode der demokratischen Entwicklung Deutschlands auch die Kräfte der Arbeiterklasse organisatorisch und ideologisch herangebildet werden für unsere neuen geschichtlichen Aufgaben.

2. Es gibt einen weiteren Grund, warum wir für die Demokratie, für die demokratisch-antifaschistische Ordnung sind und nicht zum sowjetischen System übergehen können. Der Ausgang des Krieges hat dazu geführt, daß Deutschland von vier

verschiedenen Besatzungsmächten besetzt ist. Wir haben die von der sowjetischen Besatzungsmacht besetzte Zone, und wir haben die Westzonen, die von englischen, amerikanischen und französischen Streitkräften, also von Streitkräften kapitalistischer Länder, besetzt sind. Wir könnten hier vielleicht in diesem Teil Deutschlands ein Experiment machen, vielleicht könnten wir in dem einen oder anderen Dorf einen ‚Sowjet' aufmachen. Es würde uns niemand daran hindern. Aber nehmen wir an, wir machen solche Experimente in der sowjetischen Besatzungszone; glaubt ihr, daß unsere Klassengenossen in Frankfurt am Main, Düsseldorf oder in Essen das gleiche tun könnten?

Wir brauchen die Einheit der deutschen Arbeiterklasse, nicht nur die Einheit der sozialistischen kommunistischen oder christlich organisierten Arbeiter, sondern auch die der preußischen, bayrischen und sächsischen Arbeiter. Darum müssen wir in unserer ganzen Politik, auch in unserer Wirtschaftspolitik, die Interessen der Einheit Deutschlands vertreten, und wir können hier nicht in einem solchen Tempo marschieren, wie die Gunst der Umstände es uns vielleicht erlauben würde, ohne zu berücksichtigen, was im Westen geschieht. Wenn wir das tun würden, würden wir dazu beitragen, daß die verschiedenen Teile Deutschlands nicht zusammengeführt werden, sondern sich noch weiter auseinanderentwickeln.

Darum wollen wir auch im sowjetisch besetzten Gebiet keine forcierte Sowjetisierung, sondern Entwicklung der Demokratie, und zwar in einem solchen Tempo, daß unsere Klassenbrüder auf der anderen Seite drüben mitgehen können.

Es kommt noch etwas hinzu. Wir haben ja heute nicht nur zu arbeiten am Neuaufbau unseres Staates und unserer Wirtschaft, sondern wir haben auch dafür zu sorgen, daß unser Volk in den nächsten Monaten und Jahren zu essen hat und leben kann. Dazu ist es notwendig, daß unsere Wirtschaft voll in Gang kommt, daß unsere Betriebe wieder laufen, daß wir wieder arbeiten und produzieren, die notwendigen Bedarfsartikel erzeugen und einen normalen Austausch der Güter in unserer Volkswirtschaft erreichen, um auch den Wiedergutmachungsverpflichtungen, denen wir uns nicht entziehen können, zu genügen. Dazu brauchen wir die Mithilfe aller ehrlichen Kräfte, die bereit sind, am Aufbau unserer Wirtschaft mitzuwirken. Auch darum ist der Weg der demokratischen Entwicklung notwendig.

Aber diese Demokratie wird nicht die alte bürgerliche Demokratie von 1918 sein, unsere Demokratie wird eine neue, kämpferische Demokratie sein, in der alle Rechte der Mitbestimmung, alle Rechte und Freiheiten den Werktätigen zugute kommen, in der es nie wieder möglich sein wird, daß die Demokratie mißbraucht wird, um zuletzt von der Reaktion und dem Faschismus erwürgt zu werden. Im Jahre 1918 brach der deutsche imperialistische Staat schon einmal zusammen. Damals hieß es: ‚Der Kaiser ging, die Generäle blieben.' Das deutsche Volk hat damals geglaubt, daß mit der Entfernung des Kaisers, der Könige und einiger anderer Prominenter schon eine geschichtliche Umwälzung vollzogen sei. Aber die Generäle blieben. Sie waren imstande, die Schwarze Reichswehr und alle anderen Organisationen zu schaffen, die später zur Neuaufrüstung die entscheidende Grundlage lieferten. Sie waren imstande, die Verantwortung für den Zusammenbruch von 1918 von sich abzuwälzen auf die Schultern derjenigen, die den neuen Staat repräsentierten. ...

Aber 1918 blieben nicht nur die Generäle, es blieben auch die Junker, Barone und Gutsbesitzer und damit blieb die Wurzel der Wiedererstehung des deutschen Militarismus. Sicherlich begreifen heute noch nicht alle Menschen, welche historische Bedeutung die Bodenreform hat, durch die die Junker und Barone, diese Träger des deutschen Militarismus, verjagt worden sind. Diese Bodenreform hat eine Aufgabe gelöst, die in der Geschichte Deutschlands seit 400 Jahren auf der Tagesordnung stand und nicht gelöst worden war. Jetzt ist die Aufgabe der Bodenreform in 35 Tagen gelöst worden. Ich glaube, wenn wir uns später einmal zurückerinnern an diese wenigen Tage, in denen die Bodenreform in diesem Teil Deutschlands durchgeführt wurde, dann werden wir erkennen, welch gewaltige historische Aufgabe in solch einer kurzen Zeit gelöst worden ist.

Dabei geht es natürlich manchmal eigenartig zu. Es geht dabei manchmal nicht anders, als daß man ein paar Barone und feudale Junker in Obhut nimmt und sie dahin schafft, wo sie kein Unheil anrichten können. Das mag manche in ihrem sanften Herzen bewegen. Aber bei großen historischen Aufgaben geht es nicht um kleine persönliche Bedrängnisse des einzelnen, um Gefühle des Mitleids oder der Menschenliebe. Damals im Jahre 1918 blieb die feudale Junkerherrschaft erhalten. Heute liquidieren wir sie.

Im Jahre 1918 blieben nicht nur die Barone und Generäle, sondern es blieb auch die Grundlage der Herrschaft der Monopole und des Finanzkapitals. Es ging der Kaiser, aber die Krupp und Borsig und die Stinnes blieben. Sie waren es, die die Inflation organisierten und daran verdienten, die mit staatlichen Subventionen aus Steuergroschen die Kriegsindustrie wieder aufbauten und die letzten Endes Hitler vor ihren Wagen zu spannen vermochten und den neuen Krieg herbeiführten. Heute sitzen in Nürnberg die Kriegsverbrecher auf der Anklagebank, und zwar nicht nur die Generäle und Naziführer, sondern auch die Herren des deutschen Finanzkapitals. ...

Ich weiß, daß es im Wirtschaftsleben Erscheinungen gibt, die für manchen schwer verständlich sind. Ich denke dabei an die Demontagen, den Abbau von Kriegs- und Rüstungsbetrieben, von Betrieben der Metallindustrie, auch manchmal von Betrieben wo nicht ohne weiteres erkenntlich ist, daß sie für den Krieg produzierten.

Aber ich möchte sagen, daß der Abbau der deutschen Kriegs- und Rüstungsindustrie und der größten deutschen Monopolbetriebe auch noch eine andere Bedeutung hat, nämlich die, daß heute die Monopolkapitalisten den verlorenen Krieg mit ihrer Substanz bezahlen müssen und nicht die Arbeiter jahrzehntelang dafür schaffen müssen.

Eines der wichtigsten Ergebnisse dieser Entwicklung ist, daß die großen Monopole, Konzerne und Kartelle in diesem Prozeß zerschlagen worden sind. Nehmen wir als Beispiel den Flick-Konzern. Flick war ein gewaltiger Mann. Seine Betriebe stellten eine ungeheure Kraft dar. Jetzt erfolgt der Abbau der mitteldeutschen Betriebe in Riesa, Gröditz und Freital. Sosehr wir diese Betriebe zum Wiederaufbau nötig hätten, so müssen wir doch die große Linie sehen. Die Verwaltung der neuen Betriebe wird das sächsische Volk haben. So ist fast allen Konzernen und Trusts die Grundlage zerschlagen worden. Die Auflösung dieser Monopolorganisationen ist durch die Potsdamer Konferenz ausdrücklich beschlossen worden. Aber wir wollen uns darüber im klaren sein: Dieser Beschluß und seine Durchführung darf von uns nicht der Besatzungsmacht allein überlassen werden. Wir müssen unseren Teil dazu beitragen, die völlige Liquidierung der Grundlagen des Monopolkapitals in Deutschland durchzuführen. Soweit es an uns liegt, und es muß natürlich auch an uns liegen, als aktiv organisierte Gewerkschafter müssen wir dafür sorgen, daß die Potsdamer Beschlüsse und die Liquidierung der Konzerne und Trusts in Deutschland, in unserem Gebiet, restlos durchgeführt wird. Wir wollen am Ende dieser Entwicklung sagen können: In Sachsen gibt es keine Trusts, keine Konzerne, keine Kartelle mehr. Und wir werden dafür sorgen, daß die Betriebe dieser Trusts und Konzerne eingebaut werden in unsere planmäßig geführte Wirtschaft zum Wohle des Volkes und der Arbeiterklasse.

Wir werden nicht nur dafür sorgen, daß die großen Konzerne und Trusts in Sachsen verschwinden, sondern auch dafür, daß jede Form von Unternehmerorganisation in diesem Land verschwindet. Die Arbeitgeberverbände und Kartelle, die Reichsverbände der Industrie und ihre Wirtschaftsgruppen, sie sind Instrumente, mit denen der Staat regiert und der Staat beherrscht wurde und die uns ins Unglück gestürzt haben. Wir werden jeden Versuch, Unternehmerorganisationen wieder ins Leben zu rufen, rücksichtslos unterdrücken. Glaubt ja nicht, daß diese Leute so schnell kapitulieren. Sie haben sich zwar wie 1918 in den ersten Monaten verkrochen, aber seit einiger Zeit sind sie wieder lebendig geworden. Hier und da tauchen solche Leute wieder auf, z. B. ein Verband der Mühlenbesitzer in Sachsen oder im Erzgebirge ein Verband der sächsischen Gießereiindustriellen oder in Halle eine Vereinigung mitteldeutscher Rohzuckerfabrikanten oder in der Braunkohlenindustrie ein Fachverband der deutschen Braunkohlenverbände oder in Meißen ein Stahlbauverband, der als seine Aufgabe ganz einfach die Markt- und Preisregulierung bezeichnet.“[17]

Ich wies hier also bereits hin auf die Versuche der monopol-kapitalistischen Gegner, die Maßnahmen der neuen Verwaltungsorgane zu unterlaufen und eine Wiederkehr der alten Herrschaftszustände vorzubereiten. Dagegen mußte der schärfste Kampf mit allen Mitteln geführt werden.

In zwei Artikeln in der „Volksstimme“ vom 13. Dezember 1945 und in der „Sächsischen Volkszeitung“ vom 12. Februar 1946 führte ich einige Beispiele aus der Praxis an.

„So meldet sich seit einiger Zeit mit sturer Hartnäckigkeit der Deutsche Stahlbauverband mit seinem Sitz in Halle und versucht, auf sächsische Stahlbaufirmen Einfluß zu gewinnen. Sein Ziel ist, alle Firmen, die Stahlbaukonstruktionen ausführen, zu vereinigen und sich so den Stahlkonstruktionsbau wieder unterzuordnen. In einem Bericht, den dieser illegale Verein herausgibt und der den Charakter eines Programms hat, beteuert der Deutsche Stahlbauverband, daß sich der Verband ‚mit rein wirtschaftlichen und technisch-wissenschaftlichen Aufgaben‘ beschäftige. Natürlich haben die Herren Stahlbarone niemals etwas mit Politik und Kriegsvorbereitung zu tun gehabt. Die monopolistische Beherrschung des deutschen Marktes war eben nur eine rein wirtschaftliche Angelegenheit, und die Erfindung und Konstruktion von Kriegsmaterial hatte nur technisch-wissenschaftlichen Charakter.

Die wirtschaftlichen Aufgaben, von denen der Stahlbauverband spricht, liegen nach seinem eigenen Programm ‚auf den Gebieten der Auftragslenkung, Preisbildung und Statistik'. Was der Stahlbauverband unter Auftragslenkung versteht, sagt er dann selbst in seinem Programm: Die Einschaltung des Verbandes erstreckt sich auf ‚den Vorschlag von Firmen für die Übernahme von Aufträgen, auf die Zusammenfassung von Firmen zu Arbeitsgemeinschaften'. Er beansprucht für sich, den Aufgaben der staatlichen Wirtschaftsführung in der Lenkung der Aufträge dadurch zuvorzukommen, daß er selbst das Vorschlagsrecht für die Auftragsvergebung in Anspruch nimmt und sich damit praktisch das Monopol für die Beschäftigung in der Stahlbaukonstruktion aneignet. Auch der Zusammenschluß von Firmen zu Arbeitsgemeinschaften ist in der Praxis nichts anderes als ein neues Kartellgebilde, und der Deutsche Stahlbauverband propagiert mit naiver Unverschämtheit nichts ande-res als die fröhliche Auferstehung der alten Kartellwirtschaft. Das Recht, bei der Preisbildung mitzuwirken, leitet der Stahlbauverband her von einer Anordnung des ‚Reichswirtschaftsmini-steriums' und einem späteren Erlaß des ‚Reichskommissars für die Preisbildung'. Es ist erstaunlich, daß es im Jahre 1945 noch jemand wagt, Rechte aus Anordnungen des Kriegsverbrechers Funk herzuleiten. Wenn der Stahlbauverband in seinem Programm sich dazu verpflichtet, Preisabweichungen seiner Mitgliedsfirmen den Behörden gegenüber zu vertreten, so heißt das praktisch nichts anderes als den Versuch machen, die Preisgestaltung den Händen der Behörden zu entwinden und wieder zu einem Privileg von Monopolvereinigungen zu machen.

Außerordentlich interessant ist eine Stelle im Programm dieses Stahlbauverbandes, in dem Stellung genommen wird gegen einen weiteren Aufbau von Firmen für Instandsetzungsarbeiten. Der Unternehmerverein sagt wörtlich: ‚Ein weiterer Ausbau von Firmen würde sich daher besonders nachteilig für die Belebung des Verkehrs und der Wirtschaft auswirken.'

Jeder Mensch, der heute etwas mit Wirtschaft zu tun hat, weiß, daß gerade auf dem Gebiet der Instandsetzung von Brükken, Verkehrswegen usw. die größte Steigerung der Initiative erwünscht sein muß. Die Herren Stahlbauverbändler scheinen in einer solchen Entwicklung der Initiative eine Gefahr für ihre privaten Profitinteressen zu sehen und versuchen, die Entwicklung dieser Initiative als für die Wirtschaft nachteilig zu diskreditieren. ...

Als ein Beispiel von vielen kann eine Instruktion angesehen werden, die die ‚Zentral-Werks-Verwaltung der Siemens-Schuckert AG' an die früher ihr gehörenden Werke und Filialen am 27. November herausgegeben hat. Dort werden die früheren Zweigwerke des Siemens-Konzerns unter Aufwendung aller juristischen Spitzfindigkeiten belehrt, daß die Siemens-AG weder ein Trust noch ein Konzern, sondern nur ein ‚Großunternehmen' war und daß alle nur möglichen Voraussetzungen für die Anwendung des Befehls 124 auf den Siemens-Konzern nicht zutreffen. Die Herren Siemens waren weder aktive Nazis, noch hatten sie mit deren Rüstungsorganen etwas zu tun, noch haben sie jemals Gefangene und ausländische Zwangsarbeiter ausgebeutet und zu Tode gefoltert. Sie waren überhaupt die reinen Engel. Es folgen aber dann in dieser Instruktion einige Sätze, die man wörtlich abschreiben muß, um den Charakter der Tätigkeit dieser Konzernritter richtig einzuschätzen. Es heißt in dieser Instruktion: ‚Kein Werk oder Geschäftsstelle ist berechtigt, eine Meldung an das örtliche Selbstverwaltungsorgan einzureichen. Etwaige Aufforderungen dieser Behörden sind zurückzureichen.' Hier wird also ganz dreist zum Ungehorsam gegen die Organe des neuen demokratischen Staates aufgefordert. An einer anderen Stelle heißt es: ‚Es dürfen unsere Betriebe, Ausweichlager und dergleichen keinesfalls von den örtlichen Selbstverwaltungsorganen registriert werden.' Das geht nun doch wohl etwas zu weit! Die Siemens-Konzern-Herren scheinen noch in

Fritz Selbmann (r) mit dem Vorsitzenden der KPD Ernst Thälmann 1932 in Leipzig auf dem Weg zu einer Wahlkundgebung

Eingangstor zum KZ Sachsenhausen, in dem Fritz Selbmann von 1940-1942 zwei Jahre seiner 12jährigen Haftzeit verbrachte

Fritz Selbmann spricht am 30. April 1955 auf einer Gedenkveranstaltung anläßlich der Wiederkehr der Befreiung des KZ Sachsenhausen durch die Rote Armee

Mitglieder einer Leipziger Parteiorganisation der KPD beginnen im Sommer 1945 mit Aufräumungsarbeiten der durch Luftangriffe schwer zerstörten Stadt

Demonstration zum des von Fritz Selbmann mit initiierten Volksentscheids in Sachsen für die entschädigungslose Enteignung der Betriebe der Nazi- und Kriegsverbrecher, im Juni 1946 in Dresden

Fritz Selbmann spricht auf einer Veranstaltung zur Vorbereitung des Volksentscheids in Sachsen 1946

Das vom Vizepräsidenten der Landesverwaltung Sachsen Fritz Selbmann unterzeichnete Enteignungsdokument der Grube »Gottes Segen« in Oelsnitz

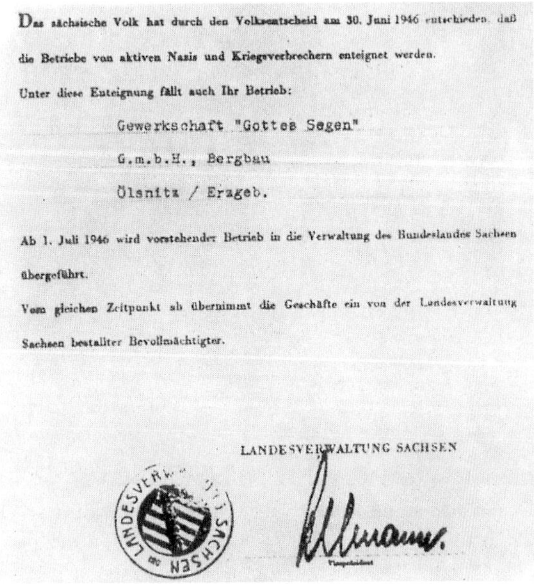

Das sächsische Volk hat durch den Volksentscheid am 30. Juni 1946 entschieden, daß die Betriebe von aktiven Nazis und Kriegsverbrechern enteignet werden.

Unter diese Enteignung fällt auch Ihr Betrieb:

Gewerkschaft "Gottes Segen"
G.m.b.H., Bergbau
Ölsnitz / Erzgeb.

Ab 1. Juli 1946 wird vorstehender Betrieb in die Verwaltung des Bundeslandes Sachsen übergeführt.

Vom gleichen Zeitpunkt ab übernimmt die Geschäfte ein von der Landesverwaltung Sachsen bestallter Bevollmächtigter.

LANDESVERWALTUNG SACHSEN

Selbmann

Vizepräsident

dem Wahn zu leben, daß sie wie in der Nazizeit den Verwaltungsorganen befehlen können, und es dürfte an der Zeit sein, den Herren begreiflich zu machen, daß in den letzten Monaten in Deutschland einiges vor sich gegangen ist, wovon sie offenbar nicht gern Notiz nehmen möchten.

Es sind noch viele andere Blätter, die der Wind von Berlin nach Sachsen herüberweht. So erkundigt sich z. B. ein Trustvertreter Oswald Dittrich nach den ‚Sozialisierungsbestrebungen', die angeblich in Sachsen im Gange seien, und schreibt: ‚Wir können uns nicht recht vorstellen, daß, nachdem eine Produktionsstätte gerettet wurde, deutsche Organe oder Personen es für richtig halten würden, die Existenz einer Fabrik zu gefährden!' Herr Oswald Dittrich hat sich in den Tagen des Zusammenbruchs um die Fabriken seines Konzerns nicht einen Augenblick gekümmert. Er hat es den Arbeitern dieses Betriebes überlassen, die Fabrik zu retten und mit dem Wiederaufbau zu beginnen. Heute, wo unsere Wirtschaft wieder anzulaufen beginnt, entdeckt auch er auf einmal sein Herz wieder für die Fabrik und deren ‚Mitarbeiter'. Er schimpft über Sozialisierung und kann sich gar nicht vorstellen, daß die sächsische Wirtschaft auch ohne ihn und seine Kumpane von den Konzernleitungen läuft.

Beim Nachlesen dieser wenigen Kostproben aus einem reichhaltigen Material weiß man nicht recht, was man mehr bewundern soll: die Dummheit und Borniertheit dieser reaktionären Clique von Trust- und Kartellgewaltigen oder ihre Frechheit, Abgefeimtheit und verbrecherische Unverschämtheit, mit der sie den Neuaufbau der Wirtschaft zu stören suchen. Sie fangen jetzt an, aus dem Dunkel zu schießen, in das sie sich nach dem Zusammenbruch verkrochen haben. Es ist an der Zeit, sie aus dem Dunkel herauszuzerren, um ihnen jede Möglichkeit zu nehmen, ihre reaktionären, verbrecherischen und volksfeindlichen Machenschaften zu verwirklichen."[18]

Nun einige Beispiele aus dem angeführten anderen Artikel:

„Der Neuaufbau unseres Wirtschaftslebens muß gegen vielerlei Widerstände der Reaktion durchgeführt werden. Die Herren der alten Konzern- und Unternehmerverbände versuchen, die alten Verbindungen wieder anzuknüpfen, um ihren Einfluß auf die Wirtschaft zu erhalten. Sie scheuen dabei neuerdings nicht einmal vor ausgesprochen kriminellen Handlungen zurück.

Ein typisches Beispiel dafür ist ein Telegramm des Osram-Konzerns, dessen Leitung irgendwo in Berlin sitzt, an einen früheren Osrambetrieb in Sachsen mit folgendem Wortlaut: ‚Mit Verladung von drei EP-Automaten, einem Sockel-Automaten und Wendel-Maschinen an Osram – Berlin einverstanden. Zentralverwaltung Industrie Dr. Mischler.'

Unterschrieben ist dieses Telegramm von der Osram GmbH, Helmholzstraße 4/8. In diesem Telegramm wird also der Abtransport von Werkzeugmaschinen aus einem sächsischen Betrieb versucht, wobei man sich der Autorität der deutschen Zentralverwaltung für Industrie bedient. Eine Nachprüfung ergab, daß die deutsche Zentralverwaltung der Industrie durch ihren Hauptabteilungsleiter Dr. Mischler natürlich niemals daran gedacht hat, der Konzernleitung in Berlin Werkzeugmaschinen, die für den Neuaufbau der Wirtschaft in Sachsen unbedingt notwendig sind, in die Hände zu spielen. Die Herren vom Osram-Konzern haben sich also ohne Bedenken einer ganz gewöhnlichen Urkundenfälschung schuldig gemacht. Ein anderes Beispiel dieser Art liegt beim Konzern der Daimler-Benz-Werke vor. Es erscheint in den sächsischen Betrieben der Daimler-Benz-Werke eines Tages ein Herr Hänig, offensichtlich zu dem Zweck, Konzerngeschäfte abzuwickeln, und stützt sich dabei auf Dokumente, die von deutschen Verwaltungsstellen unterschrieben sind. Eine Nachprüfung ergibt auch in diesem Fall, daß die Unterschriften erschwindelt sind.

Das Werk des wirtschaftlichen Neuaufbaus wird jedoch nicht nur von den offenen Vertretern der wirtschaftlichen und politischen Reaktion gefährdet, sondern sehr oft auch von den bürokratischen Praktikern in Behörden- und Amtsstellen. So werden in der letzten Zeit in steigendem Maße Schuldforderungen aus der Zeit vor dem 8. Mai gegen solche Betriebe eingeklagt, die unter treuhänderischer Verwaltung stehen. Die Tatsache, daß sich dieser Schuldenfeldzug besonders gegen treuhänderisch verwaltete Betriebe richtet, rechtfertigt die Vermutung, daß dahinter eine bestimmte Absicht steckt. Mit dem Schuldenfeldzug gegen die treuhänderisch verwalteten Betriebe wird das Ziel verfolgt, diese Unternehmen ihrer Betriebsmittel zu berauben, um ihre wirtschaftliche Nutzbarmachung unmöglich zu machen.

Nun hat natürlich jeder das Recht, Schuldforderungen einzuklagen. Man müßte jedoch von den Organen der Justiz des neuen demokratischen Staates erwarten, daß sie sich verpflichtet fühlen, die Zusammenhänge zu erkennen und dementsprechend zu urteilen. In dieser Erwartung wird man jedoch in vielen Fällen enttäuscht. Noch immer sind die Organe unserer Justiz allzugern bereit, derartige Betriebe, die dem Einfluß der faschistischen Reaktionäre entzogen sind, zur Zahlung alter Schulden und damit zur Freigabe ihrer Betriebsmittel zu verurteilen. Dies geschieht noch immer, obwohl eine Anordnung der Landesjustizverwaltung vorliegt, wonach Entscheidungen in bürgerlichen Rechtsstreitigkeiten ausgesetzt werden sollen, wenn eine anderweitige gesetzliche Regelung in nächster Zukunft zu erwarten ist – und diese ist bei dem Problem der alten Schulden der Fall.

Diese ganze Praxis wird jedoch zum Skandal, wenn Zwangsvollstreckungen in solchen Betrieben erfolgen, die mitten im Neuaufbau stehen und alle ihre Betriebsmittel benötigen. Oder ist es vielleicht kein Skandal, wenn bei der Firma ‚Subtil' in Dresden, die aus den früheren Hille-Werken hervorgegangen ist, die Forderung eines ehemaligen Kantinenpächters auf dem Wege der Zwangsvollstreckung beigetrieben wird und zu diesem Zweck bei der Firma Kugellager im Werte von 40 000 Mark beschlagnahmt werden? Kugellager sind für unsere Industrie heute ein Artikel, den wir am notwendigsten gebrauchen.

Unsere gesamte Maschinenproduktion und die Reparatur unserer Kraftwagen hängt von der Bereitstellung dieses Artikels ab, und da findet sich tatsächlich ein Gerichtsvollzieher, der diese für die Industrie unentbehrlichen Kugellager zugunsten irgendeines Kantinenpächters, der sich wahrscheinlich während des ganzen Krieges auf Kosten ausländischer Arbeitskräfte bereichert hat, beschlagnahmt. Für einen klardenkenden Menschen ist es in diesem Fall nicht immer möglich, hier nur Unvermögen und bürokratische Hemmungen zu vermuten, sondern er muß annehmen, daß hier ein verbrecherisches Spiel getrieben wird. Der Neuaufbau unserer Wirtschaft ist Voraussetzung für Sein oder Nichtsein unseres Volkes. Es bedarf der Wachsamkeit aller behördlichen Stellen und insbesondere der Arbeiter in den Betrieben und ihrer Organe, alle Versuche, diesen Neuaufbau zu sabotieren, mit aller Entschiedenheit abzuwehren."[19]

Zur Aufgabe der Beseitigung wirtschaftsbeherrschender Unternehmerorganisationen gehörte auch die Auslöschung der von den Nazis geschaffenen und genutzten Wirtschaftskammern, deren Liquidierung allerdings keine Probleme enthielt, da diese ausgesprochen nazistischen Kammern sich überall selbst auflösten und still und geräuschlos die Bühne verließen. Das ergab sich schon selbsttätig daraus, daß ihre Führungskräfte durchweg herausragende Mitglieder der Nazipartei waren, Betriebsinhaber oder Direktoren, Sindici usw., die ohnedies fast ohne Ausnahme geflohen waren oder sich für längere Zeit irgendwo versteckt hielten.

In einigen Orten bildeten sich die in Liquidation gehenden Wirtschaftskammern in Industrie- und Handelskammern um, deren Behandlung nun allerdings ein Problem darstellte. In Westdeutschland steht dieses Problem heute noch. Im Jahre des Herrn 1973 verkündete der Vorsitzende der westdeutschen Gewerkschaften Vetter einen perspektivischen Plan für einige Jahre, in dem die Forderung – wohlverstanden: die gewerkschaftliche Forderung - nach Demokratisierung der westdeutschen Industrie- und Handelskammern formuliert wird. Demgegenüber ruft es ein Gefühl heiterer Überlegenheit und stiller Genugtuung hervor, wenn man sich vor Augen hält, daß im Osten Deutschlands dieses Problem vor 28 Jahren bereits im Zuge der antifaschistisch-demokratischen Umwälzung gelöst wurde. Durch eine von mir erlassene Verordnung wurden die Art des Neuaufbaus und die Struktur der Industrie- und Handelskammern geregelt. Die nun in fast allen Kreisen zu bildenden Kammern bestanden zu einem Drittel der Mitglieder aus Vertretern der privaten Industrie und des Handels, zu einem Drittel aus Gewerkschaftsvertretern und zum letzten Drittel aus Beauftragten der staatlichen Organe der Wirtschaftsführung. An der Spitze einer jeden Kammer stand nun ein Vertreter der neuen Ordnung, und der Präsident der Landes-, Industrie- und Handelskammer war ein alter Sozialdemokrat, der frühere Landesvorsitzende der Gewerkschaften. Die Kammern waren so ein zuverlässiges Organ zur Führung der noch privatwirtschaftlichen Industrie und des Handels, und sie blieben es bis zu dem Tage, da durch die allgemeine politische Entwicklung ihre Aufgabe erfüllt war und sie ganz abtreten konnten.

Inzwischen kam die Industrieproduktion allmählich in Gang. Über das Ansteigen der Zahl der arbeitenden Industriebetriebe, deren Produktionsaufnahme bereits durch den Befehl 9, ergänzt durch den Befehl 43 der SMAD, angeordnet worden war, die aber nur langsam voran kam, wird später noch berichtet. Natürlich konnte die entscheidende Kraft für den wirtschaftlichen Wiederaufbau nur die Arbeiterklasse sein. Es ist deshalb ganz selbstverständlich, daß die Linie der Politik des Wiederaufbaus und im besonderen des Produktionsplanes 1946 auf der Landeskonferenz des FDGB am 30. 1. 1946 dargelegt wurde, wobei auch einige zeitgemäße Besonderheiten zur Sprache kamen:

„Grundsätzliche Linie des Planes ist die Konzentration aller wirtschaftlichen Kräfte auf die wichtigsten Produktionsaufgaben.

Gerade in den vergangenen Monaten wurde sehr viel produziert, was vom wirtschaftlichen Standpunkt aus besser nicht produziert worden wäre. Wir haben Handwagen und kleine Rollfuhrwerke aus Aluminiumlegierungen gebaut. Wir haben Aschenbecher aus Stahl gemacht, die mir auf einer Industrieaufstellung von einer Belegschaft voll Stolz in die Hand gedrückt wurden. Was könnten wir mit diesem Stahl, den wir hier zu Aschenbechern verarbeiteten, alles machen? In einer Fabrik fabrizieren wir seit Monaten krampfhaft Feuerzeuge, von denen das Stück 4,70 RM kostet, und vergeuden dabei wertvollstes Material. Wir haben in den vergangenen Monaten Schöpfkellen und Bratpfannen in einem Maße erzeugt, daß man annehmen muß, in den nächsten Jahren würde die sächsische Arbeiterschaft nichts anders zu tun haben, als Schnitzel zu schmoren. Wir haben bisher, nur um wieder arbeiten zu können, sehr vieles erzeugt, was wir vom Standpunkt der Planung unserer Wirtschaft besser unterlassen hätten. Trotzdem war es gut, daß wir es getan haben, es war besser, als wenn wir gar nichts getan hätten. Aber jetzt sind wir soweit, daß wir sagen müssen, Bratpfannen und Schöpflöffel haben wir genug, für Aschenbecher haben wir keinen Stahl, für Feuerzeuge kein Aluminium mehr übrig. Jetzt ist der Zeitpunkt gekommen, wo wir sagen müssen: nicht mehr produzieren um der Produktion willen, sondern das produzieren, was wir brauchen.

Wir haben Firmen, die nur kosmetische Artikel erzeugen. Ich habe volles Verständnis dafür, daß unsere Frauen sich schön machen wollen, aber wir sind so arm geworden, wir sind so tief zusammengebrochen, daß wir uns diesen Luxus in den nächsten Jahren nicht erlauben können. Wir werden auch wieder Lippenstifte, Parfüms und Puderquasten produzieren, aber in den ersten Jahren des Wiederaufbaus geht es darum, nicht Artikel zu erzeugen, die wir entbehren können, sondern unsere ganze wirtschaftliche Kraft auf den Neuaufbau unserer Produktionsbasis zu konzentrieren. War wir in den nächsten Jahren brauchen, ist Kohle, Eisen, Zellulose, sind Maschinen, damit wir wieder eine Produktionsbasis erhalten. Darum ist die Hauptlinie des Produktionsplanes: Konzentration aller wirtschaftlichen Kräfte auf die Wiederherstellung einer Basis für die industrielle Produktion unseres Landes. Sachsen besitzt 48 Prozent der gesamten Produktion der sowjetischen Zone. Sachsens Industriearbeiterschaft macht den weitaus größten Teil unserer Bevölkerung aus. 91 v. H. unserer Bevölkerung sind auf Industrie, auf Handwerk und Gewerbe angewiesen, und darum ist gerade bei uns in Sachsen die erste Aufgabe die des Wiederaufbaus der Produktionsbasis für unsere Industrie."[20]

Das erste Jahr des neuen Lebens, das Jahr nach der Katastrophe und dem Zusammenbruch des faschistischen Gewaltsystems und damit aller gesellschaftlichen Ordnung, war schwer, da sich in ihm zusammendrängten alle Sorgen um die nackte Existenz der Menschen, um ihre Ernährung und Unterkunft, um die Wiedererrichtung von Betrieben und Hunderttausenden zerstörten Wohnungen, die Bekämpfung von Schwarzhandel und grassierenden Volkskrankheiten, aber auch das Ringen um die Überwindung der geistigen Zerrüttung in den Köpfen der Menschen.

Das Jahr war folgenschwer, weil in ihm alle wichtigen Entscheidungen fielen, die für die zukünftige Entwicklung die Richtung wiesen. Die ersten entscheidenden Schritte auf dem Wege zum Sozialismus in unserem Teil Deutschlands wurden in diesem Jahr getan, dagegen in den Westzonen die zur Restaurierung der alten kapitalistischen Ordnung. Was in diesem Jahr getan wurde, das wurde Geschichte; was versäumt wurde, war unwiederbringbar verloren.

3. Bild

1946
Der Volksentscheid in Sachsen

Das Jahr 1946 sollte durch zwei Ereignisse das historisch bedeutsamste Jahr der Nachkriegszeit werden:

1. die Vereinigung der beiden Arbeiterparteien SPD und KPD zur Sozialistischen Einheitspartei und

2. die Enteignung der Betriebe der Kriegsverbrecher und Naziaktivisten und damit die Grundsteinlegung zum Aufbau der volkseigenen Wirtschaft.

Die Vereinigung der beiden Arbeiterparteien und damit die Wiederherstellung der Einheit der Arbeiterbewegung in der sowjetischen Besatzungszone war ohne Zweifel das wichtigste und für die gesamte politische Entwicklung in Europa bedeutsamste Geschehnis der Nachkriegszeit und überhaupt seit dem Fall des Sozialistengesetzes. Ich habe nicht die Absicht, über dieses epochale Geschehen ausführlich zu berichten; es ist darüber ausreichend und umfassend berichtet worden von Autoren, die hierzu im besonderen berufen waren.

An der Sache selbst war ich natürlich unausgesetzt in meinen Gedanken und mit allen meinen Kräften beteiligt. Ich hatte als Funktionär der Kommunistischen Partei die Spaltung der Arbeiterbewegung beinahe von Anfang an miterlebt, mit all den Enttäuschungen und bitteren Erfahrungen, die sie mit sich gebracht hatte.

Die Spaltung der deutschen Arbeiterbewegung, die in ihrer letzten Auswirkung sogar bis zur Aufspaltung der ganzen Arbeiterklasse geführt hatte, ging in ihren Anfängen bis in die Zeit der Entstehung und Erstarkung des Revisionismus um die Jahrhundertwende zurück. Äußerer Anlaß war die Bewilligung der finanziellen Mittel für die Kriegführung des imperialistischen Deutschlands Wilhelms II. am 4. August 1914 durch die SPD-Fraktion im Reichstag. Es folgte und mußte folgen der Verrat der sozialdemokratischen Führer in der Novemberrevolution, der ersten großen proletarisch-revolutionären Bewegung in Deutschland. Die Gründung der KPD im Dezember 1918 war nur die äußere organisatorische Bestätigung der Trennung der beiden großen Strömungen in der Arbeiterbewegung, der proletarisch-revolutionären und der kleinbürgerlich-reformistischen.

Was danach kam, hatte ich alles unmittelbar miterlebt: meinen zweimaligen Ausschluß aus der Gewerkschaft wie das Polizeimassaker Zörgiebels gegen die am 1. Mai 1929 demonstrierenden Arbeiter im Berliner Wedding wie schließlich das zum Weltverhängnis gewordene Versagen der SPD- und Gewerkschaftsführer gegenüber dem Einheitsfrontstreben der Kommunisten zur Abwehr der vom Monopolkapital und dem Junkertum betriebenen faschistischen Machtübertragung.

Die Erinnerungen an jene Zeit der die Niederlage der Arbeiterbewegung im Jahre 1933 mit verursachenden Spaltung, ihre dadurch hervorgerufene Ohnmacht gegenüber dem Faschismus beherrschte während der zwölf Jahre der faschistischen Diktatur alles Denken und Fühlen der Kommunisten und auch der Mehrheit der klassenbewußt gebliebenen sozialdemokratischen Arbeiter und Funktionäre. Die Spaltung der Arbeiterbewegung war mit zu einer der Ursachen der faschistischen Machtübernahme geworden; und der Gedanke daran lastete wie ein Trauma auf der Gedankenwelt der Opfer des faschistischen Terrors. Der Faschismus machte in diesem Terror gegen die Arbeiterbewegung keinen Unterschied zwischen Sozialdemokraten und Kommunisten. Ganz natürlich mußte sich deshalb während der Zeit der faschistischen Unterdrückung der brennende Wunsch unter Kommunisten und Sozialdemokraten zur Überwindung der Spaltung der Arbeiterbewegung entwickeln und zum festen Glaubensartikel aller dem Sozialismus treu gebliebenen Arbeiter und Funktionäre werden. Es ist deshalb eine geschichtlich gewordene Tatsache, daß die Wiederherstellung der Einheit der Arbeiterbewegung in den Zuchthäusern und Konzentrationslagern und in den Zirkeln der illegalen antifaschistischen Arbeit bereits praktiziert wurde, so daß die nach der Zerschlagung der faschistischen Diktatur sich vollziehende organisatorische Annäherung der beiden großen Ströme der sozialistischen Bewegung eigentlich nur eine Bestätigung der schon vorsichgegangenen Wiedervereinigung darstellte.

Nach der Zerschlagung der faschistischen Diktatur durch den militärischen Sieg der Antihitlerkoalition waren die beiden Arbeiterparteien zunächst auf der Grundlage der noch vorhandenen politischen und organisatorischen Bindungen früherer Mitgliedschaft entstanden. Von Anbeginn dieses Neuauflebens der traditionellen Arbeiterparteien herrschten jedoch in beiden Richtungen der Wille und die Entschlossenheit, diesen Prozeß mit der Wiederherstellung der politischen und organisatorischen Einheit der Arbeiterbewegung zu vollenden. Dies kam schon zum Ausdruck in dem Aufruf der KPD vom 11. Juni 1945 und in dem unmittelbar darauf folgenden Appell des Zentralausschusses der Sozialdemokratischen Partei, der sich in Berlin unter der Führung von Otto Grotewohl und Max Fechner konstituiert hatte. Inzwischen waren mehrere Monate ins Land gegangen, und diese Monate des schwersten Kampfes gegen die Folgen des faschistischen Zusammenbruchs, gegen Chaos, Hunger, Elend und allgemeine Verzweiflung und Hoffnungslosigkeit waren bis an den Rand angefüllt mit Aktionen des engsten Zusammenwirkens sozialdemokratischer und kommunistischer Arbeiter und ihrer neuentstehenden Organisationen. Gemeinsam hatten Sozialdemokraten und Kommunisten dem faschistischen Terror während der Jahre der Hitlerdiktatur standhalten müssen. Gemeinsam hatten Sozialdemokraten und Kommunisten den Kampf gegen die unmittelbaren Folgen des Krieges und des Zusammenbruchs aufgenommen. Gemeinsam hatten Sozialdemokraten und Kommunisten begonnen, die Führung in der antifaschistisch-demokratischen Umwälzung zu übernehmen und eine neue gesellschaftliche Ordnung aufzubauen, wobei ihre Zielsetzungen sich völlig deckten. Nun rückte die Zeit heran, daß auch der letzte entscheidende Schritt zur Wiedervereinigung der Arbeiterbewegung getan werden konnte.

An diesem inneren ideologischen und äußeren organisatorischen Prozeß war ich als Funktionär der Kommunistischen Partei mit ganzem Herzen und mit all meinen Gedanken und Gefühlen beteiligt. Vom ersten Tage meiner Rückkehr ins gesellschaftliche Leben an war für mich die Vorstellung von der Aktionseinheit von Sozialdemokraten und Kommunisten und schließlich der völligen Einheitlichkeit des Wirkens dieser beiden neuentstandenen Parteien einfach zur Selbstverständlichkeit geworden. Dem trug ich Rechnung in der praktischen Verwaltungsarbeit, bei der ich überhaupt keinen Unterschied mehr gewahrte zwischen Mitarbeitern kommunistischer oder sozialdemokratischer Herkunft. Diese unterschiedliche Herkunft fand nicht einmal bei internen ideologischen Auseinandersetzungen Erwähnung, sondern geriet im Verlauf der Zusammenarbeit in Vergessenheit.

Natürlich war ich in meiner Partei und im Parteileben überhaupt entschieden und vorbehaltlos für das Hinwirken auf die organisatorische Vereinigung der beiden Parteien. Ich nahm teil an der geschichtlich bekanntgewordenen Konferenz der Dreitausend in Sachsen. Ich sprach auf Konferenzen und Versammlungen für die Wiedervereinigung. Ich war Delegierter auf der Vereinigungskonferenz der Landesparteiorganisationen in Dresden-Bühlau. Ich war Delegierter auf dem XV. Parteitag der KPD in Berlin, der wie der gleichzeitig stattfindende Parteitag der

SPD den Beschluß zur Vereinigung faßte, und ich wurde schließlich von diesem Parteitag der KPD als Delegierter zum Vereinigungsparteitag nach Berlin entsandt, der am 21. April 1946 in der historischen Sitzung im Admiralspalast die Vereinigung der SPD und KPD und damit die Gründung der Sozialistischen Einheitspartei Deutschlands beschloß.

Ich saß in diesem Saal mit Tausenden von Genossen aus beiden Parteien; ich erlebte Begeisterung und Erschütterung, die der Vereinigungsbeschluß bei den Delegierten aus beiden Parteien auslöste, und ich war selbst aufs tiefste erschüttert und berührt von der historischen Bedeutung dieses Beschlusses. Von entscheidender Bedeutung für die weitere Entwicklung waren natürlich dann die konkreten Beschlüsse dieses Parteitages der Einheitspartei, insbesondere der Beschluß über die „Grundsätze und Ziele der Sozialistischen Einheitspartei Deutschlands". Diese Grundsätze und Ziele wurden dann zur Grundlage der organisatorischen Einigung auf allen Ebenen des politischen Lebens, aber natürlich auch für die praktische politische Arbeit in den neugeschaffenen Organen der antifaschistisch-demokratischen Ordnung.

Von Anfang an gab es für die Aktivisten der antifaschistisch-demokratischen Umwälzung keinen Zweifel über die Notwendigkeit der Enteignung der Kriegsverbrecher und aktiven Nazis und ihre Ausschaltung aus wirtschaftlichen Machtpositionen. Allerdings herrschten von Anfang an noch große Unklarheiten über Zeitpunkt und Art und Weise dieser Enteignungsaktion.

Nach dem faschistischen Zusammenbruch im Mai 1945 herrschte in ganz Deutschland eine ausgesprochen antikapitalistische Stimmung. Mit dem aufkommenden Abscheu gegenüber den Verbrechen des Faschismus, mit der Fassungslosigkeit über den vollkommenen Zusammenbruch aller Ordnung in Nazideutschland, mit der Verzweiflung und Lethargie gegenüber allen Vorstellungen von einem baldigen Wiederanstieg der Wirtschaft und des gesellschaftlichen Lebens verband sich urplötzlich die Erkenntnis im ganzen Volk, daß die Hitlerdiktatur nichts anderes gewesen war als die unverhüllte terroristische Herrschaft des reaktionärsten Teiles der deutschen Bourgeoisie, daß die faschistischen Direktoren die Befehlsempfänger des monopolistisch organisierten deutschen Finanzkapitals waren. Diese Erkenntnis fand ihren Widerhall auch in den Deklarationen der Siegermächte, also der Staaten der Antihitlerkoalition, die sogar als erstmaliges Beispiel in der Geschichte eine gerichtliche Verurteilung der namhaftesten Repräsentanten des deutschen Monopolkapitals durch ein alliiertes Militärgericht ankündigten.

In dem allgemeinen Widerstreit der Meinungen, Gedanken und Gefühle in allen deutschen Bevölkerungsschichten waren deshalb vorherrschend der Wunsch und der Wille, die Initiatoren und Nutznießer von Faschismus und Krieg zur Verantwortung zu ziehen und ihnen zumindest die Verfügungsgewalt über die deutsche Wirtschaft zu nehmen. Solche Stimmungen waren in einem Industrieland wie Sachsen erklärlicherweise besonders stark, um so mehr, da hier von den Besatzungsorganen eines sozialistischen Landes der Propagierung einer solchen Rechenschaftslegung der bis dahin herrschenden Kreise in Deutschland kein Widerstand entgegengesetzt wurde. Die ersten Anfänge einer Aktion zur Bestrafung der an der deutschen Katastrophe Schuldigen gingen in Sachsen bis auf den Monat Juli 1945 zurück. Bereits am 27. Juli 1945, also noch vor meinem Eintritt in die Landesverwaltung Sachsen, wurde hier ein Entwurf vorbereitet, der die Beschlagnahme des Vermögens von Naziaktivisten und die Enteignung ihrer Betriebe einleiten sollte. Dieser Entwurf war jedoch noch nicht orientiert auf die generelle Enteignung aller Kriegsverbrecher und aktiven Nazis, sondern auf einige Führungsgruppen der Nazipartei des faschistischen Staates, wie Angehörige der SS, der SA und der Nazipartei selbst. Außerdem konnte ein solcher Entwurf keine entscheidende Wirkung anstreben, da die kurz vorher gebildete Landesverwaltung noch nicht über das Recht zum Erlaß von Gesetzen und

Verordnungen verfügte. Immerhin aber begann sich von hier aus zunehmend eine Klärung der Auffassungen über Ziel und Weg der Enteignung der Kriegsverbrecher anzubahnen.

Charakteristisch dafür sind die Auffassungen, die in einem Artikel der sächsischen „Volksstimme" vom 16. November 1945 niedergelegt waren.

„Der Befehl Nr. 124 ist für die Demokratisierung unserer Wirtschaft von grundlegender Bedeutung. Damit werden dem Faschismus in Deutschland auch alle wirtschaftlichen Grundlagen entzogen.

Der Kreis der bisher durch das ‚Amt für Betriebsneuordnung' erfaßten Betriebe ehemaliger Faschisten wird wesentlich erweitert. Alle jetzt der Beschlagnahme unterliegenden Betriebe der Industrie und des Handels werden verstaatlicht oder, soweit es sich um kleinere Betriebe handelt, an zuverlässige Antifaschisten verpachtet. ...

Die verstaatlichten und verpachteten Betriebe werden in den großen Produktionsplan eingegliedert, der für die gesamte Wirtschaft aufgestellt wurde. Dabei wird es darauf ankommen, die Betriebe sofort mit einzuschalten. ..."[21]

Inzwischen war der Befehl 124 am 30. Oktober 1945 erlassen worden. Durch diesen Befehl wurde die Beschlagnahme der Betriebe sowohl von Naziaktivisten, von Einrichtungen der Nazipartei wie auch insbesondere von Betrieben der Kriegsverbrecher ausgesprochen sowie die der zu den früheren monopolkapitalistischen Machtpositionen gehörenden Konzerne, Trusts usw.

Der Befehl entsprach den Beschlüssen der Potsdamer Konferenz vom August 1945, auf der die Vertreter der im Krieg gegen das faschistische Deutschland siegreich gebliebenen Länder der Antihitlerkoalition ausdrücklich festlegten, daß als eine der Bedingungen für die Erhaltung der Einheit Deutschlands als Wirtschaftsorganismus die vollkommene Dezentralisation wirtschaftlicher Macht erfolgen müsse. Der Befehl 124, der vom 30. Oktober 1945 in Kraft war bis zu seiner endgültigen Zurücknahme im Sommer 1948, brachte insofern neue Gesichtspunkte in die Diskussion über die Enteignung der Kriegsverbrecher und Naziaktivisten, als er den Kreis der beschlagnahmten und damit zur Entscheidung über die Enteignung gestellten Betriebe näher bezeichnete. In dem Befehl des Kontrollrates Nr. 10 vom 20. Dezember 1945 wurden die von den Oberbefehlshabern der Streitkräfte in den einzelnen Besatzungszonen erlassenen Anordnungen über die Beschlagnahme des Vermögens der Kriegsverbrecher und Naziaktivisten ausdrücklich bestätigt.

Die Sowjetische Militäradministration in Sachsen wies in einem Schreiben vom 14. Februar 1946 den Präsidenten der Landesverwaltung Sachsen an, durch eine von der Landesverwaltung zu bildende Kommission die genaue Bestimmung der zur Beschlagnahme gelangenden Objekte vorzunehmen und die vorläufige Verwaltung dieser Objekte durch die benannte Kommission zu veranlassen. Diese Kommission stand unter meiner Leitung, und ihr gehörten ferner an die Vizepräsidenten der Landesverwaltung Kurt Fischer und Gerhard Rohner. Im Ergebnis der Arbeit dieser Kommission wurden 4761 Betriebe als zur Enteignung vorgesehen festgestellt. Die Kommission sorgte zunächst für die treuhänderische Verwaltung der beschlagnahmten Betriebe durch ein bei der Landesverwaltung zu bildendes Amt für Betriebsneuordnung, das meinem Ressort unterstand und das sich auf gleichartige Ämter in den wichtigsten Industriezentren des Landes stützte.

Die Einbeziehung der Vertreter der kleinbürgerlichen Parteien in dieser entscheidenden Phase der Vorbereitung der Enteignungsaktion führte zu heftigen Auseinandersetzungen mit den in diesen Parteien vorhandenen und sogar noch führenden reaktionären Kräften.

Die wichtigsten Führungskräfte dieser kleinbürgerlichen Parteien, die eine reaktionäre Position einnnahmen, waren in der CDU der Landesvorsitzende Prof. Hickmann, ein Domprobst von Meißen, der zu dem Freundeskreis der damaligen zentralen CDU-Führung in Berlin unter Jacob Kaiser, Andreas Hermes und Ernst Lemmer gehörte. Prof. Hickmann hatte in sehr vielen Kreisen des Landes in den dort eben entstandenen Organisationsleitungen der CDU seine Vertrauensleute. Es gelang erst allmählich, diese reaktionären Kräfte zu verdrängen und in der gesamten sächsischen Parteiorganisation der CDU fortschrittliche Leute an die Spitze der Kreis- und Stadtorganisationen zu bringen. Prof. Hickmann konnte sich bis weit in das Jahr 1950 hinein in seiner Führungsposition in der CDU halten und wurde erst um die Jahreswende 1950/51 durch eine harte innerparteiliche Auseinandersetzung in der CDU von seinen Funktionen abgelöst.

Zu einem der Vertrauensleute von Prof. Hickmann gehörte Gerhard Rohner, der schon in den ersten Wochen der Herausbildung neuer Führungskräfte einen gewissen Einfluß in der CDU in Dresden erlangte und auf diese Weise sogar in die Landesverwaltung Sachsen kam. Er verwaltete das Ressort Finanzen und Banken und wurde nach der ersten Landtagswahl in Sachsen Finanzminister in der ersten sächsischen Landesregierung. Gerhard Rohner war ein alter Vertrauensmann des Flick-Konzerns und besorgte auch unter den neuen Verhältnissen dessen Geschäfte. Bereits vor meinem Eintritt in die Landesverwaltung war Rohner von der Landesverwaltung zum Treuhänder für das damals schon beschlagnahmte Flick-Vermögen berufen worden. Es war eine geradezu groteske Situation, von der ich erst Kenntnis erhielt, als sie nicht mehr zu ändern war, daß ausgerechnet ein persönlicher Vertrauensmann von Friedrich Flick und seinen Konzernherren als Treuhänder des Volkes fungierte, und es blieb daher auch nicht aus, daß Rohner diese Funktion zu unreellen Manipulationen zugunsten des alten Flick-Vermögens ausnutzte. Es stellte sich eines Tages heraus, daß Rohner einer Flick-Agentur, die sich in Riesa als Abwicklungsstelle gebildet hatte und die von einem der Flick-Direktoren namens Odilo Burkard geleitet wurde, zum Zweck des Ankaufs von Schrott

– der in Riesa lagerte und beschlagnahmt war – einen Kredit der sächsischen Landesbank, also unserer Finanzzentrale, in Höhe von fünfeinhalb Millionen Mark einräumte. Rohner hatte die Unverfrorenheit, eines Tages auch noch über meinen Staatssekretär von mir zu fordern, diese Kreditmanipulation, die ja nichts anderes als eine Millionenschiebung war, durch meinen ehrlichen Namen zu decken und zu sanktionieren.

Gerhard Rohner war dann noch jahrelang Finanzminister des Landes Sachsen, bis er endlich am Anfang des Jahres 1951 zusammen mit Hickmann entfernt werden konnte. Die Aufdekkung der Rolle Gerhard Rohners erfolgte, als bekannt wurde, daß er beziehungsweise sein Ministerium einer ganzen Reihe von privaten Unternehmern riesige Summen an Steuerschulden erlassen und damit dem Lande Sachsen große Verluste zugefügt hatte, obwohl gerade er zur Wahrnehmung der Interessen des Landes als dessen Finanzminister verpflichtet gewesen wäre.

An der Spitze der Liberaldemokratischen Partei im Lande Sachsen stand zu jener Zeit Prof. Hermann Kastner. Kastner war ein rein bürgerlicher Politiker, der schon in der Weimarer Republik eine gewisse, wenn auch unbedeutende Rolle gespielt hatte. Er war der Typ des auf bürgerliche Wohlhabenheit und Anständigkeit stilisierten Kulissenpolitikers, der sich im übrigen auch in den wirklichen Kulissen des Theaters und des Balletts einen gewissen Ruf erworben hatte. Er war wohlbeleibt und erweckte dadurch den Eindruck der Seriösität und der Würde. Im übrigen war er aber ein zweideutiger Charakter, der sich ebenfalls jahrelang in führenden Parteifunktionen halten konnte und sogar noch der ersten provisorischen Regierung der DDR unter Otto Grotewohl angehörte und dort die Rolle eines Stellvertretenden Ministerpräsidenten spielte.

Er war in Wirklichkeit zu dieser Zeit aber schon ein Agent westdeutscher Geheimdienste, worüber zwei Jahrzehnte später ein westdeutsches Nachrichtenmagazin berichtete, womit uns allerdings nichts Neues gesagt wurde, da uns die Rolle, die Kastner spielte, schon lange vor seinem Abgang bekannt war.

Während seines Wirkens im Lande Sachsen beschränkte sich seine Tätigkeit noch auf vorsichtige Störmanöver gegenüber allen Schritten auf dem Wege der antifaschistisch-demokratischen Umwälzung. Ich selbst kannte schon damals die reaktionäre Tätigkeit Kastners und kenne eine Protokollnotiz, die über eine unvorsichtige Plauderei Kastners angefertigt worden war und die seine eigentliche politische Stellung kennzeichnet. In dieser „Kaminplauderei" hatte sich Kastner offen gegen die Enteignung der Kriegsverbrecher und Naziaktivisten ausgesprochen mit der Begründung, daß durch solche Aktionen in der Ostzone die Einheit des Reiches gefährdet sei und daß Maßnahmen zur Aufhebung oder Beschränkung des Privateigentums nur durch ein Reichsgesetz vorgenommen werden könnten. Auf dieses Reichsgesetz versuchte er in Sachsen und in der Ostzone zu vertrösten, wobei er auch über seine eigene Person Zielvorstellungen entwickelte; er wollte, wie er unvorsichtig äußerte, einmal in einem Parlament des Reiches der Führer der Opposition werden und erprobte diese Zukunftsstellung schon jetzt in endlosen Intrigen gegen die von ihm offiziell repräsentierte Politik der gesellschaftlichen Neuordnung.

Im übrigen hatte er keinerlei Bedenken, Politik und dunkle Finanzgeschäfte miteinander zu koordinieren. Während er im „Block der antifaschistisch-demokratischen Parteien" formell für die Enteignung der Kriegsverbrecher stimmen mußte, fungierte er als Rechtsvertreter für die Interessen der von der Enteignung bedrohten aktiven Nazis und Kriegsverbrecher. Als Parteiführer fügte er sich schließlich den Aufgaben als Repräsentant einer demokratischen Partei, zugleich aber vertrat sein Rechtsanwaltsbüro die finanziellen Interessen der anderen Seite, wofür er riesige Honorare bezog.

Mit diesen reaktionären Kräften mußte also bei der Vorbereitung der Enteignung der Kriegsverbrecher und aktiven Nazis gerechnet werden, wobei wir uns natürlich auf die auch in diesen Parteien vorhandenen fortschrittlichen Menschen stützen konnten. Zu ihnen gehörte in der LDP Johannes Dieckmann, den ich zum Direktor des neugegründeten Kohlenkontors berufen hatte und mit dem mich später eine enge Freundschaft verband. Eine andere Stütze hatten wir in der CDU in einem Mann namens Freitag, der ein kleiner Fabrikant war, aber entschieden die Politik der Enteignung der Kriegsverbrecher unterstützte. Ein wirklich ernst zu nehmender Gegner allen Fortschritts war. Dr. Friedensburg, der von der Sowjetischen Militäradministration in Deutschland (SMAD) zum Präsidenten der Zentralverwaltung der Brennstoffindustrie berufen worden war, seine Stellung aber ausschließlich zu reaktionären Zwecken mißbrauchte.

Mit Dr. Friedensburg hatte ich von Anfang an ständig Differenzen. Diese Differenzen beruhten auf meinem Mißtrauen gegenüber Friedensburg, den ich aus der Zeit vor 1933 kannte. Es gab schon im ersten halben Jahr meiner Tätigkeit als Leiter des Ressorts „Wirtschaft und Arbeit" wiederholt Zusammenstöße mit Dr. Friedensburg, die sich zum Beispiel in einem erbitterten Kampf um die Oberaufsicht über die Bergakademie Freiberg und die Geologische Zentralstelle in Freiberg äußerten. Dr. Friedensburg hatte sich auf Grund des Vertrauens, das er zu dieser Zeit noch bei den zentralen Stellen der Besatzungsmacht genoß, die Oberaufsicht über die Bergakademie Freiberg erschlichen und sofort begonnen, den Apparat der Bergakademie mit CDU-Leuten zu durchsetzen. Da ich in der ersten Zeit nicht in der Lage war, den Manipulationen von Friedensburg hinsichtlich der Bergakademie mit legalen Mitteln zu begegnen, mußte im Frühjahr 1946 sogar zu einem solchen Mittel gegriffen werden wie dem Abfangen des Kraftwagens von Friedensburg an der Grenze des Landes Sachsen und sein Geleit unter Polizeischutz bis in die Wohnung von Kurt Fischer und sein Festhalten dort, bis die von ihm in Freiberg vorgesehenen Maßnahmen der Eröffnung der Freiberger Akademie vorüber waren.

Am 11. April 1946 fand in Leipzig eine von der Zentralverwaltung der Brennstoffindustrie angesetzte Tagung der Kohlenindustrie des Landes Sachsen statt. Auf dieser Tagung wollte ursprünglich Dr. Friedensburg das Referat halten. Ich bestand jedoch darauf, daß das Referat von mir gehalten wurde. Dr. Friedensburg machte dann in der Diskussion Ausführungen, die ganz auf der Linie der Politik der SMAD lagen. Vor allen Dingen sang er ein Loblied auf meine eigene Arbeit und auf mein Referat und machte überhaupt eine ziemlich heuchlerische Figur. Zur gleichen Zeit tobte bereits ein harter Kampf zwischen Friedensburg und uns, daß heißt der Führung unserer Partei und der Landesverwaltung Sachsen, über die Frage der zukünftigen Gestaltung der Verwaltung der Betriebe der Brennstoffindustrie. Anfang März etwa hatte Dr. Friedensburg den Entwurf zu einem Befehl ausgearbeitet, der dem Chef der Sowjetischen Militäradministration vorgelegt wurde, in dem es im wesentlichen darum ging, vom 1. April 1946 an eine Generaldirektion des Kohlenbergbaus in der sowjetischen Besatzungszone zu bilden, die dem Präsidenten der Zentralverwaltung der Brennstoffindustrie, also Dr. Friedensburg, unterstehen sollte.

Ich verzichte darauf, den Entwurf von Dr. Friedensburg wörtlich wiederzugeben, da ich ihn in einer Stellungnahme von damals charakterisiert habe. Ich gebe den Teil meiner eigenen Stellungnahme wieder, der sich mit der grundsätzlichen Frage der Rolle des Dr. Friedensburg befaßt und der allen ausreichend Kenntnis über Leben und Treiben dieses ausgesprochenen Platzhalters der Reaktion vermittelt.

In meiner Stellungnahme zu dem Befehlsentwurf Friedensburgs wurde zunächst alles zusammengefaßt, was aus betriebstechnischen und ökonomischen Gründen gegen die Linie von Dr. Friedensburg ins Feld zu führen war. Ich beschränke mich auf die Wiedergabe des zweiten Teils meiner Stellungnahme.

„Die entscheidenden Gründe für die Ablehnung des Projektes von Dr. Friedensburg liegen auf politischem und wirtschaftspolitischem Gebiet:

a) Der heutige Zustand, der sich aus der Entwicklung der 10 Monate nach dem Zusammenbruch ergeben hat, ist der, daß die Unternehmen des Kohlenbergbaus restlos unter staatlicher Leitung arbeiten, wobei die Länder und Provinzen unter den Gesichtspunkten der zentralen Planung die in ihrem Gebiet gelegenen Unternehmen bereits mehr oder weniger wirtschaftlich und organisatorisch zusammengefaßt haben. Eine der Folgen dieser Entwicklung ist die Tatsache, daß die Unternehmen der großen Kohlenkonzerne aus ihren Konzernbindungen herausgelöst und in neue Bindungen rein wirtschaftlicher und verwaltungsmäßiger Art zur Kohlenwirtschaft des betreffenden Landes eingetreten sind.

Diese Zerschlagung der großen Kohlenkonzerne ist einer der entscheidenden positiven Faktoren der Entwicklung seit dem Zusammenbruch. Sie entspricht den Beschlüssen der Potsdamer Konferenz und den Erfordernissen einer auf friedlichen Aufbau gerichteten deutschen Wirtschaft. Würde das Projekt von Dr. Friedensburg verwirklicht, so würden damit sofort wieder alle früheren konzerngebundenen Unternehmen zu ihren alten Konzernbildungen zurückfinden und die große Arbeit fast eines ganzen Jahres der Zerschlagung der Kohlenkonzerne würde mit einem Schlage liquidiert. Jede Unterstützung des Projektes von Dr. Friedensburg bedeutet eine Sabotage der Beschlüsse der Potsdamer Konferenz und ein Verbrechen an der auf die Sicherung des Friedens gerichteten Entwicklung der deutschen Wirtschaft.

b) Alle Erfahrungen der Vergangenheit berechtigen zu der Annahme, daß Herrn Dr. Friedensburg diese Konsequenz seines Vorschlages bewußt und von ihm gewollt ist. Es ist auch nicht das erste Mal, daß Herrn Dr. Friedensburg gegenüber unmißverständlich zum Ausdruck gebracht wurde, daß nach Auffassung der in der deutschen Kohlenwirtschaft in der sowjetischen Zone tätigen fortschrittlichen demokratischen Wirtschaftler Herr Dr. Friedensburg die Rolle des Platzhalters der Reaktion spielt, dessen Plan es ist, die Grundlagen der alten Konzernherrschaft in der sowjetischen Zone so lange zu erhalten, bis durch eine von ihm erhoffte Änderung der politischen Konstellation die Reaktivierung der alten Konzerne wieder möglich ist. Für diese Behauptung sind eine Reihe von Beweisen zu erbringen. Dr. Friedensburg war es, der versuchte, durch die Bestallung eines Treuhänders für den gesamten Konzern der Brabag den Zusammenhalt dieses Konzerns zu erhalten. Dieser Plan Dr. Friedensburgs wurde durch die Initiative der Länder und Provinzen zunichte gemacht, die von sich aus die einzelnen Produktionsstätten der Brabag in ihre Verwaltung nahmen. Dr. Friedensburg war es, der die Beseitigung der als aktivistische Nazis und Kriegsverbrecher schwer belasteten Generaldirektoren der Unternehmen der Deutschen Erdöl AG und der Salzdethfurth AG und damit die Säuberung der Leitung riesiger Bergbauunternehmen von aktiven Nazis und Kriegsverbrechern zu verhindern suchte. Dr. Friedensburg war es, der bis zuletzt der Wirtschaftsgruppe Steinkohlenbergbau in Sachsen eine Existenzberechtigung zu erhalten suchte. Dr. Friedensburg war es, der durch monatelange Verschleppungsmanöver und Intrigen die endgültige Liquidierung der Kohlensyndikate hinausgezögert hat, obwohl er schon seit Monaten konkrete Befehle der SMA in Karlshorst hatte. – Diese Erfahrungen berechtigen zu der Feststellung, daß die Konsequenzen des Projektes von Dr. Friedensburg nicht etwa zufällige Ergebnisse sind, über deren Bedeutung Herr Dr. Friedensburg sich nicht klar wäre, sondern die Erhaltung der Substanz der Konzerne und der Grundlagen für ihre Reaktivierung unter veränderten politischen Verhältnissen ist das von Dr. Friedensburg mit Bewußtsein angestrebte Ziel seines scheinbar fortschrittlichen, in Wirklichkeit reaktionären Plans.

c) Dr. Friedensburg hat vor Monaten bereits ein Projekt durchzusetzen versucht, wonach ihm sämtliche unter treuhänderischer Verwaltung stehende Bergbauunternehmen, d. h. also der bergbauliche Besitz der aktivistischen Nazis und Kriegsverbrecher, in treuhänderische Verwaltung gegeben werden sollten. Dieses Projekt ist damals durchschaut und abgelehnt worden. Das jetzige Projekt Dr. Friedensburgs ist lediglich eine Wiederholung des gescheiterten Versuches, wobei Dr. Friedensburg allerdings bei seinem jetzigen Projekt über den Rahmen des früheren Versuches weit hinausgeht. Dr. Friedensburg versucht zwar, den Anschein zu erwecken, als ob es sich bei seinem Projekt darum handele, den gesamten Kohlenbergbau in den Besitz der öffentlichen Hand zu überführen, er weiß aber sehr gut, daß die von ihm vorgeschlagene Generaldirektion als Körperschaft öffentlichen Rechts ein so schwach fundierter Rechtsträger ist, daß eine Reprivatisierung des Kohlenbergbaus zu einem späteren, ihm günstig erscheinenden Zeitpunkt keinerlei Schwierigkeit bereiten würde.

Dies geht aus seiner Äußerung bei den Vorbereitungen hervor, wonach eine endgültige Regelung nur durch ein künftiges Reichsparlament vorgenommen werden könne. Herr Dr. Friedensburg möchte auf dem ihm unter den veränderten Verhältnissen allein gangbaren Wege das gleiche Ziel verwirklichen, das im Jahre 1919 durch die jahrelange Verschleppung der Frage der Sozialisierung des Kohlenbergbaus in der ‚Sozialisierungs-Kommission' erreicht wurde: Zeit zu gewinnen für die Rettung der monopolistischen Kohlenkonzerne.

d) Selbst unter der Voraussetzung, daß an der subjektiven Ehrlichkeit des Projektes von Dr. Friedensburg nicht gezweifelt werden könnte, würde seine Verwirklichung eine Katastrophe für den Kohlenbergbau in der sowjetischen Zone bedeuten. Seit Monaten ist die politische Linie von Dr. Friedensburg jedem, der über einige Erfahrungen in der deutschen Politik und über ein Mindestmaß an politischem Instinkt verfügt, völlig klar. Dr. Friedensburg versucht, auf dem ihm unterstellten Sektor ein zusammenhängendes System von Reichsbehörden zu schaffen, die der demokratischen Kontrolle der Selbstverwaltungsorgane der Länder und Provinzen entzogen sind. Eine solche Politik muß im Endeffekt der Erfüllung der nach den Potsdamer Beschlüssen anzustrebenden Schaffung der politischen und wirtschaftlichen Einheit Deutschlands im höchsten Maße abträglich sein. Sie muß alle in den westlichen Zonen latent vorhandenen Widerstände gegen die Einheit des Reiches verstärken, indem sie das heutige Institut der Zentralverwaltung in der sowjetischen Zone in den Verdacht einer bürokratischen und reaktionären Überzentralisation bringt. Dies müßte in noch stärkerem Maße der Fall sein, wenn die Ergebnisse einer solchen bürokratischen Zentralisierung zu Tage treten würden. Herr Dr. Friedensburg hat in einigen Fällen seine Pläne der Umwandlung von Landesinstitutionen in Organe seiner Zentralverwaltung verwirklichen können. So hinsichtlich der Bergakademie in Freiberg und der Zweigstelle der geologischen Landesanstalt in Freiberg. Schon heute liegen die Ergebnisse dieser geglückten Versuche zutage: Sowohl bei der Bergakademie als auch bei der geologischen Landesanstalt herrschen heute Zustände, die unter der Aufsicht einer verantwortungsbewußten Landesverwaltung niemals eingetreten wären.

e) Herr Dr. Friedensburg versucht, sein Projekt der Treuhänderschaft für die Interessen der deutschen Kohlenkonzerne zu verschleiern mit dem Versprechen, Vertreter der Arbeiterschaft an der Verwaltung der Bergbauunternehmen zu beteiligen. Die Erfahrung hat zur Genüge gelehrt, welchen Wert Versprechungen und Zusagen von Dr. Friedensburg haben. Dr. Friedensburg hat in einer Verhandlung mit der Landesverwaltung Sachsen ein völlig klares und unmißverständliches Übereinkommen getroffen hinsichtlich der Zukunft der in der sowjetischen Zone zu errichtenden Kohlenkontore. Obwohl diese Übereinkunft teilweise nach dem selbständigen Diktat von Dr. Friedensburg niedergelegt und diese Niederschrift von ihm unterschrieben wurde, hat er schon nach wenigen Tagen diese Übereinkunft gebrochen. Dr. Friedensburg hat hinsichtlich der Bergakademie Freiberg den Mitgliedern des Präsidiums der Landesverwaltung Sachsen gegenüber zu verschiedenen Malen Zusicherungen gegeben, die von ihm bei der ersten sich bietenden Gelegenheit einfach gebrochen wurden. Er hat sich in einer für einen im öffentlichen Leben stehenden Mann geradezu beschämenden Weise den Vorwurf der Unehrlichkeit und Unwahrhaftigkeit gefallen lassen müssen. Nach diesen Erfahrungen besteht kein Grund, den jetzigen Versprechungen Dr. Friedensburgs auch nur im geringsten Glauben zu schenken. Daß die Bergarbeiter in der sowjetischen Zone und zum mindesten im sächsischen Kohlenbergbau zu Dr. Friedensburg und seinen Projekten auch nicht das geringste Vertrauen haben, steht außer allem Zweifel. Es dürfte schon heute sicher sein, daß bei einer Verwirklichung des Projektes von Dr. Friedensburg, selbst von allen objektiven Erschwernissen der Arbeit abgesehen, schon allein aus der subjektiven Einstellung der Bergarbeiter zu Dr. Friedensburg und seinen Plänen eine wesentliche Beeinträchtigung der Leistung des Kohlenbergbaues zu erwarten ist."[22]

Im Mai 1946 fand die erste Leipziger Frühjahrsmesse statt. Über diese Messe, ihre Vorbereitungen und ihre Durchführung habe ich später in einem Artikel berichtet, wobei ich ausging von der zehnjährigen Wiederkehr dieses Erinnerungstages. Am Anfang des Artikels stand die Frage: „Wer war damals dabei?" Und ich schrieb dann:

„Ich war dabei! Ich war sogar sehr dabei – ich war der letzthin Verantwortliche für dieses in höchstem Maße und nach allen Seiten spannende und risikoreiche Unternehmen!

Jahrelang, schon während der letzten Kriegsjahre, hatte es keine Leipziger Messe mehr gegeben. Die Hallen auf dem Messegelände und die Messehäuser in der Innenstadt waren fast alle zerstört. Vierzig Prozent des Wohnraums in Leipzig waren im Bombenregen vernichtet worden. Die Wirtschaft, die die Messe tragen mußte, lag ein Jahr nach dem Ende des Krieges noch immer zu großen Teilen am Boden.

Der eifrigste Befürworter, ja der eigentliche Initiator dieser ersten Messe nach dem Krieg war Leipzigs Oberbürgermeister Dr. Erich Zeigner. Schon im Oktober 1945 hatte Leipzig eine Industrie- und Handwerksmusterschau durchgeführt, auf der allerdings noch vieles von der berühmten ‚Um-jeden-Preis-Produktion' der halben Verzweiflung und der halben Hoffnung ausgestellt war: Kohlenschaufeln, Feuerzeuge, Kochtöpfe aus alten Stahlhelmen, Bratpfannen und an ein paar Ständen Textilien, um die sich ganz Leipzig die Beine in den Bauch stand.

Nun sollte aber die alte berühmte Leipziger Messer wiederkommen. Die Landesverwaltung Sachsen beschloß es Anfang des Jahres 1946, und nun überfiel es die sächsische Wirtschaft und die der sowjetischen Besatzungszone, auf die es ja in erster Linie als Aussteller ankam, wie ein Fieber. Wiedereröffnung der Messe – wenn das möglich war, dann war auch sonst noch oder wieder Hoffnung auf bessere Zeiten!

Allerdings, der Beschluß der Landesverwaltung allein konnte noch keine Messe auf die Beine stellen. Die Besatzungsmacht mußte sich dahinter stellen. Wir warteten wochenlang auf den Befehl der SMA, wir drängten täglich, während die Vorbereitungen in den ausstellenden Betrieben und in Leipzig schon auf vollen Touren liefen. Endlich kam der Befehl, er kam kurz vor dem vorgesehenen Eröffnungstermin, aber er hatte es dann auch in sich. An alles war gedacht: an die Sonderzüge, an das Baumaterial für die Messehallen, an die erhöhten Lebensmittel- und Benzinzuteilungen, sogar an die Lieferung von 60 000 Biergläsern, die Leipzig für seine Gaststätten gefordert hatte.

Für die ordnungsgemäße Durchführung der Messe war die Landesverwaltung Sachsen verantwortlich gemacht, für die Kontrolle darüber der Chef der SMA im Land Sachsen, General Dubrowsky. Der letzte aber, den bei einem ‚Durchfall' die Hunde nicht nur gebissen, sondern regelrecht aufgefressen hätten, war ich, der Leiter des Ressorts Wirtschaft in der Landesverwaltung.

Unvergeßlich bleibt mir die letzte Tatortbesichtigung drei Tage vor der Eröffnung durch General Dubrowsky, seinen Wirtschaftsoffizier und mich. Auf dem Messegelände und in den Messehäusern sah es aus wie am ersten Schöpfungstage. Nichts war fertig, ja, es sah nicht danach aus, als ob bis zur Eröffnung noch irgend etwas fertig werden würde. General und Oberst waren entsetzt, ich aber, als ‚alter Leipziger' verwies auf Erfahrungen mit Messen der alten Zeit und verbürgte mich für die rechtzeitige Fertigstellung. Und dann saßen wir in einem Appartement im Hotel ‚International' und tranken Wodka, viel Wodka, aßen kleine Heringshappen dazu und dachten alle drei an das Chaos auf dem Messegelände.

Dann kam die Eröffnung im Schauspielhaus. Dr. Zeigner eröffnete, es sprachen Dr. Friedrichs, Präsident der Landesverwaltung und Dr. Buschmann, Präsident der Zentralverwaltung Handel und Versorgung. Und unter all den Präsidenten und Ehrengästen, darunter die Chefs der alliierten Militärregierungen, saß ich und bemühte mich, gegenüber General Dubrowsky und seinem Oberst, die mich mißtrauisch beobachteten, Optimismus vorzudemonstrieren.

Am anderen Morgen begann dann der erste Rundgang. Und siehe da, es war in der Nacht alles fertig geworden: nichts fehlte, kein Ausstellungsstück, keine Koje, kein Firmenschild!

Es war ein großes Ereignis: Die Zahl der Aussteller betrug 2746, die der Besucher 172 000, davon aus den Westzonen 13 000. Es war eine bemerkenswerte und weit beachtete Demonstration der wiedergeschaffenen Leistungsfähigkeit der Wirtschaft, besonders der sowjetischen Besatzungszone, und der völkerverbindenden Aufgabe der wiedererstandenen Leipziger Messe."[23]

Wir kehren nunmehr zur Frage der Aktion zur Enteignung der Kriegsverbrecher und Naziaktivisten zurück. Es gab in unseren Reihen von Anfang an keineswegs einheitliche Auffassungen, wie die Enteignung durchzuführen sei und was danach erfolgen werde. Es fanden hierüber wochenlange Auseinandersetzungen innerhalb der Führungsorgane der Parteien und der demokratischen Selbstverwaltungen statt.

Die Entscheidung über den einzuschlagenden Weg wurde dringlich, nachdem die Sowjetische Militäradministration durch den Befehl 154 vom 21. Mai 1946 die nach Befehl 124 beschlagnahmten Objekte in die Obhut der Landesverwaltung übergeben und damit die endgültige Entscheidung über die weitere Behandlung der sequestrierten Betriebe geradezu gefordert hatte.

Am 25. Mai erließen auf Grund der Initiative der SED die antifaschistisch-demokratischen Parteien und die Gewerkschaften den geschichtlich bekannten Aufruf zur Durchführung des Volksentscheids über die Enteignung der Betriebe der Kriegsverbrecher und Naziaktivisten. Mit dem Beschluß zur Durchführung eines Volksentscheids war ein Rückgriff auf eine Bestimmung der alten Landesverfassung des Freistaates Sachsen aus der Weimarer Zeit erfolgt. Es gab in der sächsischen Verfassung - wie übrigens auch in der Verfassung der Weimarer Republik - bereits die Bestimmungen über die Durchführung von Volksbegehren und Volksentscheid. Wir konnten in Übereinstimmung mit den Verfassungsgrundsätzen auf ein dem Volksentscheid vorhergehendes Volksbegehren verzichten, da der Antrag auf Durchführung des Volksentscheids von allen Parteien einheitlich gestellt wurde.

Der Aufruf zur Durchführung eines Volksentscheids über die Enteignung stützte sich also auf eine Verfassungsbestimmung aus der Zeit vor der Naziherrschaft und entsprach in jeder Hinsicht demokratischen Erfordernissen und Gepflogenheiten. Das ganze Volk sollte durch seine wahlberechtigten Bürger, von denen ausdrücklich nur einige tausend schwer belastete Nazis ausgenommen waren, über das weitere Schicksal der beschlagnahmten Betriebe und Unternehmen entscheiden.

Unmittelbar nach der Beschlußfassung der Parteien und Gewerkschaften vom 25. Mai wurde zunächst der Text für die Volksabstimmung festgelegt. Dieser Text war kurz und enthielt keine Passagen, die irgendwie zu Unklarheiten oder zu zweifelhaften Entscheidungen Anlaß gegeben hätten. Es war im Grunde ein einziger Artikel in diesem Gesetz, der von Bedeutung war, er hatte folgenden Wortlaut:

„Artikel 1

Das ganze Vermögen der Nazipartei und ihrer Gliederungen und die Betriebe und Unternehmen der Kriegsverbrecher, Führer und aktiven Verfechter der Nazipartei und des Nazistaates wie auch die Betriebe und Unternehmen, die aktiv den Kriegsverbrechern gedient haben und die der Landesverwaltung Sachsen übergeben wurden, werden als enteignet erklärt und in das Eigentum des Volkes übergeführt."

Es war nun keineswegs so, daß die Formulierung dieses einen Gesetzesartikels ohne Schwierigkeiten erfolgt wäre. Es fand im Gegenteil ein heftiger Kampf um seine Formulierung statt. Dieser Kampf wurde zwischen den Spitzen der politischen Führungsorgane ausgetragen, und allein die Festlegung des Wortlautes dieses Artikels nahm eine ganze lange Nacht in Anspruch, in der die politischen Führungs-kräfte um jedes einzelne Wort einen heftigen Kampf führten. An dieser langen Nachtsitzung zur Feststellung dieses einen Gesetzesartikels nahmen teil: von der SED der Präsident der Landesverwaltung Rudolph Friedrichs, der Bezirkssekretär der SED Wilhelm Koenen, ferner Kurt Fischer und ich; von der LDP waren anwesend Prof. Hermann Kastner und Johannes Dieckmann, während die Landesorganisation der CDU durch Prof. D. Hickmann und Gerhard Rohner vertreten war.

Es war eine von harten Auseinandersetzungen erfüllte Nachtverhandlung, bei der zwischen den Vertretern der SED und denen der kleinbürgerlichen Parteien, außer Johannes Dieckmann, um jedes einzelne Wort im Gesetz gerungen wurde, so daß erst in den späten Morgenstunden des nächsten Tages das zur Volksabstimmung stehende Gesetz seine endgültige Fassung hatte.

Ein ebenso harter und schwieriger Kampf zwischen den Vertretern der verschiedenen Parteien und Organisationen, bei dem es ja auch um weltanschauliche Grundprobleme ging, spielte sich ab, als danach die notwendige Festlegung der Richtlinien über die Kennzeichnung der zum Volksentscheid anstehenden Betriebe vorgenommen wurde. Es mußte schließlich ja bereits vor dem Volksentscheid genau definiert werden, welche der beschlagnahmten Betriebe unter die Enteignung fielen, das heißt, es mußten allgemeingültige Grundsätze formuliert werden, die von allen politisch führenden Kräften gestützt wurden und der Bevölkerung, die zur Stimmabgabe aufgefordert wurde, bekanntzumachen waren. Diese für den ganzen Volksentscheid entscheidende Auseinandersetzung fand in einer Kommission statt, die wiederum unter meiner Leitung stand und der Johannes Dieckmann und der CDU-Vertreter Freitag angehörten. Die Kommission erarbeitete nachstehende Richtlinien für die vorgesehene Volksabstimmung.

„Im Sinne der Verordnung über die Enteignung von Naziverbrechern gelten als:

1. Naziverbrecher

a) alle Personen, die Verbrechen gegen die Menschlichkeit im Sinne des Gesetzes Nr. 10 des Alliierten Kontrollrates begangen haben oder diese unterstützt haben;

b) alle Personen, die unter Ausnutzung der ihnen infolge ihrer Anhängerschaft an das nationalsozialistische Regime zugekommenen politischen und wirtschaftlichen Machtstellungen sich Vorteile verschafft oder andere benachteiligt haben;

c) alle Personen, die durch Denunziation anderer deren Verfolgung durch das Naziregime veranlaßt haben.

2. Aktive Nazis

a) ehemalige Angehörige der SS – mit Ausnahme solcher Angehörigen der Waffen-SS, die zwangsweise in sie eingereiht worden sind und sich nicht als aktive Faschisten betätigt haben –, des Sicherheitsdienstes (SD) und der Geheimen Staatspolizei (Gestapo) und ihre Agenten;

b) der Nationalsozialistischen Deutschen Arbeiterpartei vom Ortsgruppenleiter an aufwärts;

c) der Nationalsozialistischen Frauenschaft von der Ortsfrauenschaftsleiterin an aufwärts;

d) der SA, des Nationalsozialistischen Kraftfahrerkorps (NSKK) und des Nationalsozialistischen Fliegerkorps (NSFK) vom Truppführer oder Funktionär gleichen Ranges an aufwärts;

e) der Hitlerjugend vom Gefolgschaftsführer an aufwärts;

d) des Bundes Deutscher Mädchen (BDM) von der Gruppenführerin an aufwärts.

3. Kriegsinteressenten

a) alle Personen, die in der Zeit vom 1. September 1939 bis zum 8. Mai 1945 eine führende Stellung in kriegswichtigen Wirtschaftsorganisationen der deutschen Wirtschaft oder in den Verwaltungsorganisationen der von der deutschen Wehrmacht besetzten Länder innegehabt haben;

b) alle natürlichen oder juristischen Personen, die vor Ausbruch des Krieges aus Gewinnsucht an der Aufrüstung der deutschen Wehrmacht aktiv teilgenommen haben und sich insbesondere um die wirtschaftliche Nutzbarmachung der von ihnen geführten oder verwalteten Unternehmen für die Zwecke des Krieges eingesetzt haben;

c) alle natürlichen oder juristischen Personen, die während des Krieges sich in besonderem Maße um die Ausführung von Rüstungsaufträgen bemüht und sich für die Steigerung der Produktion von Kriegsmaterialien eingesetzt haben;

d) alle natürlichen oder juristischen Personen, die während des Krieges sich an der wirtschaftlichen Ausbeutung der von der deutschen Wehrmacht besetzten außerdeutschen Länder beteiligt haben, insbesondere durch die Unterhaltung von wirtschaftlichen Unternehmen in diesen Ländern, durch die gewinnsüchtige Wegführung von Rohstoffen, Fertigwaren und Maschinen aus diesen Ländern oder durch die Vernichtung von wirtschaftlichen Werten in den von der deutschen Wehrmacht besetzten außerdeutschen Gebieten;

e) alle natürlichen und juristischen Personen, die sich während des Krieges in besonderem Maße um die Zuweisung von ausländischen Arbeitskräften für Rüstungszwecke, die den von der deutschen Wehrmacht besetzten außerdeutschen Ländern angehörten, bemüht und sie in erheblichem Umfange in der Rüstungsproduktion beschäftigt haben oder sich einer menschenunwürdigen Behandlung von ausländischen Arbeitskräften, die aus den von der deutschen Wehrmacht besetzten außerdeutschen Gebieten deportiert wurden, schuldig gemacht haben."[24]

Die wichtigste Bestimmung in dieser Richtlinie, um die auch am längsten und heftigsten gekämpft wurde, war die Hereinnahme der Kategorie „Kriegsinteressenten" in die Liste der zu enteignenden Personen. „Kriegsinteressent" war ein sehr weitgehender Begriff, der auf alle Personen und Unternehmen angewandt werden konnte, die irgendwie am Krieg und an der faschistischen Politik interessiert waren und zu ihrer Realisierung beigetragen hatten. Es war verständlich, daß die Vertreter der kleinbürgerlichen Parteien befürchteten, dieser Begriff könne zu weitgehend ausgelegt werden. Wir mußten aber auf der Beibehaltung dieser Kategorie bestehen, um zu verhindern, daß die Betriebe und Unternehmen, die unbedingt zur Enteignung stehen mußten, sich durch juristische Manipulationen dem Urteil durch den Volksentscheid entzögen.

Nachdem also diese Richtlinien durch einstimmigen Beschluß der Kommission festgelegt waren, konnte an die konkrete, mit Namen und Adresse versehene Aufstellung der Enteignungslisten herangegangen werden. Die durch den Befehl 124 der SMAD beschlagnahmten Betriebe und Unternehmen wurden in drei Kategorien eingeteilt. Danach gab es eine Liste A: Das waren jene Betriebe, die auf jeden Fall enteignet wurden. Die Liste B enthielt die große Zahl kleiner und kleinster und auch volkswirtschaftlich nicht sehr wichtiger Betriebe, die in der Mehrzahl minderbelasteten Nazis gehört hatten, die an ihre Vorbesitzer zurückgegeben werden sollten.

Es war dies eine sehr große Zahl von Betrieben, da wir kein Interesse daran haben konnten, die vielen hundert kleinen und unwirtschaftlichen Geschäfte und Unternehmen dem Staat zu übereignen. Dies hätte nur zu einer unnötigen bürokratischen Belastung geführt. Es wurden auf diese Weise mehr als zweitausend kleine Betriebe auf die Liste B gesetzt, von denen von vornherein feststand, daß sie nach dem Volksentscheid ihren Besitzern zurückgegeben werden sollten. Dies führte zu einer außerordentlichen Beruhigung unter den kleinen Geschäftsleuten und Betriebsinhabern und verstärkte die Erfolgsaussichten des Volksentscheids. Es gab schließlich noch die Liste C, das waren Betriebe, meist größere Unternehmen und Kombinate, über die sich die Besatzungsmacht die Entscheidung vorbehalten hatte, von denen schon kurze Zeit später ein großer Teil ebenfalls dem Land Sachsen als Eigentum übergeben wurde. Eine größere Zahl dieser Betriebe von Liste C verblieb unter der Verfügung der Besatzungsorgane. Sie wurden entweder zur Demontage oder zur Weiterführung als sowjetisches Eigentum bestimmt.

Den größten Aufwand bis zum Volksentscheid nahm die genaue Feststellung der zur Enteignung kommenden Betriebe ein, die wiederum durch eine Kommission unter meiner Leitung vorgenommen wurde - es war die Zeit der Hochkonjunktur der Kommissionen. Der Kommission gehörten außer mir an: der Genosse Wilhelm Koenen für die Landesleitung der SED, Johannes Dieckmann für die LDP, der CDU-Vertreter Freitag, ein kleiner privater Industrieunternehmer, und die Genossin Grete Groh-Kummerlöw als Vertreter der Freien Gewerkschaften. In dieser Kommission wurde in ungezählten Tag- und Nachtsitzungen die Liste A für den Volksentscheid fertiggestellt. Die Betriebe mußten genau mit Firmenbezeichnung und allen anderen Angaben in den Listen erscheinen und für jeden Betrieb mußte eine ausführliche Begründung der Rechtmäßigkeit der Enteignung gegeben werden. Während bei den meisten der Betriebe dies ohne Schwierigkeiten vor sich ging, weil allzu eindeutige Tatsachen zutage lagen, gab es andere und manchmal sogar große Betriebe, um die stundenlange Diskussionen geführt werden mußten, bevor ihre Festlegung auf der Liste A sicherstand. Es war ein harter politischer Kampf der Meinungen, der sehr viel Zeit und Arbeit, aber natürlich auch Kraft, Mut, Festigkeit und Entschlossenheit verlangte.

Alle Vorbereitungen für den Volksentscheid mit der Aufstellung der Enteignungslisten waren getroffen und rechtzeitig abgeschlossen, so daß am 30. Juni 1946 die wahlberechtigte Bevölkerung des Landes Sachsen an die Wahlurnen gerufen werden konnte. Das Ergebnis des Volksentscheides ist bekannt, mehr als siebenundsiebzig Prozent der stimmberechtigten Bevölkerung stimmten mit „ja" und entschieden damit über die Enteignung der Kriegsverbrecher- und Nazibetriebe. Es ist unschwer zu verstehen, daß ich nach Bekanntwerden der Abstimmungsresultate mit Gefühlen der Erleichterung und Befriedigung von dem Ergebnis Kenntnis nahm, obwohl ich schon wieder mit der Vorbereitung von Maßnahmen, die sich aus dem Volksentscheid ergaben, vollauf beschäftigt war.

Der Volksentscheid war ein erster Sieg der Volkskräfte über die früher in der Wirtschaft herrschenden reaktionären Mächte. Mit dieser demokratischen Entscheidung vom 30. Juni 1946 waren Tausende von Betrieben, darunter viele kleine und mittlere Betriebe, aber auch eine große Zahl von Großunternehmen in das Eigentum des Landes Sachsen übergegangen. Damit aber war der neuen antifaschistisch-demokratischen Verwaltung des Landes eine gewaltige Aufgabe gestellt. Es konnte ja nicht nur darum gehen, diese enteigneten Betriebe, etwa zweitausend an der Zahl, dem Landeseigentum beizufügen, sondern es handelte sich hierbei um Milliardenwerte an Produktions- und Arbeitsmitteln, die keinen Augenblick lang brachliegen durften. Die Betriebe wurden in der Mehrzahl bisher schon von Treuhändern der Landesverwaltung geleitet, aber die Situation hatte sich insofern vollkommen geändert, als diese Betriebe nun nicht mehr als beschlagnahmt zu gelten hatten, sondern Eigentum des Landes waren. Das erhöhte die Verantwortung der Landesverwaltung für die Verwertung und Nutzung dieser Betriebe und stellte auch erhöhte Anforderungen an die Organisation und die Qualität der Leitungsorgane.

Es gab in der Geschichte kein Beispiel für die Aufgaben, die nun an uns herantraten. Bisher war noch nie in einem industriell hochentwickelten Land die politische Macht den Händen der Bourgeoisie entrissen und in die der Arbeiterklasse gelegt worden. Das Beispiel der Sowjetunion konnte zwar in großen Zügen genutzt werden, aber doch nur insoweit, als die allgemein gültigen Grundsätze der Leninschen Revolutionstheorie auch bei uns zur Anwendung gelangten. Rußland zur Zeit der Oktoberrevolution und auch nach Beendigung des Bürgerkrieges hatte nur eine schwach entwickelte Industrie mit wenigen großen Betrieben. Die Prinzipien der Inbesitznahme und der Organisierung der Verwaltung der Industrie durch Organe des Volkes wurden teilweise ad hoc, das heißt unter Bezugnahme auf die jeweilige Situation, auf die Lage und Größe des Betriebes und die Art seiner Produktion, entwickelt. Im übrigen war das ökonomische Hauptproblem nach der Oktoberrevolution nicht die Übernahme schon vorhandener Betriebe einer großen Industrie, sondern zunächst der Aufbau einer solchen Industrie überhaupt. Sowjetische Erfahrungen konnten also bei der Lösung der Aufgaben, die an uns nach dem Volksentscheid herantraten, nur bedingt genutzt werden.

Was die übrigen volksdemokratischen Länder betraf, so handelte es sich bei ihnen größtenteils um Agrar- oder Industrie-Agrarstaaten und nicht um industriell hochentwickelte Länder. Irgendwelche angewandten marxistischen Theorien für den Übergang eines hochindustrialisierten Landes zum Sozialismus, noch dazu auf einem für uns bindenden Umweg, waren nirgends vorhanden. Wir waren also genötigt, unter Beachtung von anwendbaren theoretischen Grundsätzen und unter Heranziehung brauchbarer Vergleiche ein eigenes Modell für die Verwendung und Nutzung der ins Eigentum des Landes übergegangenen Betriebe zu entwerfen. Dabei erhielten wir allerdings in weitestem Umfang Hilfe und Unterstützung durch die Organe der Besatzungsmacht.

Mit dieser Aufgabe fing ich schon in den letzten Wochen vor dem Volksentscheid an, mich zu beschäftigen. Das mir unterstehende Ressort Wirtschaft und Arbeit erarbeitete einen „Plan für die Eingliederung der durch den Volksentscheid enteigneten gewerblichen Unternehmen zum Aufbau der Friedenswirtschaft“. Dieser Plan hatte folgenden Wortlaut:

„Durch den Volksentscheid werden eine große Anzahl gewerblicher Unternehmungen in das Eigentum des Volkes übergeführt. Die Landesverwaltung wird im Einvernehmen mit den Blockparteien und dem FDGB die Maßnahmen festlegen, die sich aus der Übereignung der Betriebe ergeben. Maßgebend dabei sind folgende Gesichtspunkte:

1. Sicherung des normalen Wirtschaftsablaufes;

2. Entscheidung über die Verwendung der der Landesverwaltung übereigneten Betriebe;

3. Festlegung der Richtlinien über die besondere volkswirtschaftliche Rolle der in das Eigentum des Volkes übergegangenen Betriebe;

4. Sicherung der Existenzgrundlage für die in diesen Betrieben beschäftigten Arbeiter und Angestellten;

5. Nutzbarmachung der in das Eigentum des Volkes übergegangenen Betriebe zur Einleitung einer großen sozialpolitischen Betriebsreform.

Im einzelnen gelten für die Erfüllung dieser Aufgaben folgende Gesichtspunkte:

1. Sicherung des normalen Wirtschaftsablaufes

Die Übereignung der Betriebe der aktivsten Faschisten und Kriegsverbrecher in die Hand des Volkes muß durchgeführt werden, ohne daß der normale Wirtschaftsablauf, die Erzeugung in den Betrieben und die Durchführung aller Maßnahmen zur Sicherung der Produktion ins Stocken geraten. Dazu ist es notwendig, Vorkehrungen zu treffen gegen alle Versuche von früheren faschistischen Betriebseigentümern, den Produktionsablauf zu stören durch Sabotagemaßnahmen, durch Entziehung von Barmitteln, die zum Betriebsvermögen gehören, usw. Zu diesem Zweck muß im Betrieb selbst die Wachsamkeit der Betriebsräte und Gewerkschaftsfunktionäre sowie aller aktiven Antifaschisten mobilisiert werden. In allen Fällen, in denen Störungsmaßnahmen zu erwarten sind, muß von den unteren Verwaltungsbehörden in Zusammenarbeit mit den Blockparteien und den Gewerkschaften die Einsetzung von Kontrollorganen in die der Enteignung unterliegenden Betriebe in Erwägung gezogen und durchgeführt werden. Diese von den unteren Verwaltungsbehörden einzusetzenden Kontrollorgane sollen nicht die Aufgabe haben, die Leitung des Betriebes unmittelbar zu übernehmen, sofern sich dies nicht aus der besonderen Lage des Betriebes ergibt, sondern ihre Aufgabe soll darin bestehen, eine wirksame Kontrolle der Führung des Betriebes durchzuführen, um Störungen der Produktion und unrechtmäßige Verwendung der Betriebsmittel zu verhindern. Sie sollen dazu aufs engste mit den Betriebsräten und Gewerkschaftsfunktionären der betreffenden Betriebe und mit allen aktiven Antifaschisten besonders in leitenden Stellen zusammenarbeiten.

2. Entscheidung über die Verwendung der der Landesverwaltung übereigneten Betriebe

Im Gesetz über den Volksentscheid ist vorgesehen, daß die enteigneten Betriebe sowohl der Landesverwaltung als auch unteren Organen übereignet werden können. Ferner ist vorgesehen, daß eine Anzahl von gewerblichen Unternehmen, die dafür geeignet sind, an private Besitzer verkauft oder verpachtet werden sollen. Die Landesverwaltung wird noch vor dem Abschluß des Volksentscheids einen vollständigen Plan ausarbeiten, aus dem hervorgeht, welche Betriebe unmittelbar im Eigentum des Bundeslandes Sachsen verbleiben und welche Betriebe an andere Eigentümer abgegeben werden sollen. Maßgebend dafür ist der Gesichtspunkt, daß unmittelbar in das Eigentum des Landes übergehen können nur diejenigen Betriebe, die sich für eine Bewirtschaftung durch Organe des Bundeslandes eignen. Im wesentlichen werden es also die Betriebe des Bergbaues, der Chemie, der Metallbearbeitung, der Textil- und Trikotagenindustrie und der Papier- und Zelluloseherstellung sein, die von den Organen des Landes Sachsen selbst in Verwaltung genommen werden. Auch hierbei wird es sich im wesentlichen um die großen

Betriebe handeln. In die Hände der Kreis- und Gemeindeverwaltungen werden im wesentlichen übergehen alle die Betriebe, die einen ausgesprochenen Versorgungscharakter tragen, die also den kommunalen Bedürfnissen im weitestgehenden Maße nutzbar gemacht werden müssen. Dabei handelt es sich vor allem um die reinen Versorgungsbetriebe, um Baubetriebe, die zu kommunalen Bauhilfen zusammengeschlossen werden können, um Verkehrsbetriebe, Film- und Theater-Unternehmen usw. Diese Betriebe sollen nach Vereinbarung der Landesverwaltung mit den Blockparteien und dem FDGB unmittelbar nach dem Volksentscheid der Verwaltung der entsprechenden Selbstverwaltungsorgane übergeben werden. Ein großer Teil der durch den Volksentscheid zu übereignenden Betriebe ist weder für die staatliche Verwaltung noch für die Ausnutzung als kommunaler Versorgungsbetrieb geeignet. Es handelt sich dabei im wesentlichen um die kleineren Betriebe der Metall- und Textilindustrie, um die Betriebe der Holz- und Spielwarenindustrie, des Nahrungs- und Genußmittelgewerbes, der Land- und Forstwirtschaft usw. Diese Betriebe werden an Organisationen vergeben, die ihrem Charakter nach die Bewirtschaftung dieser Unternehmen mit dem größten volkswirtschaftlichen Nutzen betreiben können, Genossenschaften, Gewerkschaften usw., oder aber sie werden - sofern sie dafür geeignet sind - an private Eigentümer verkauft oder verpachtet. Als solche private Eigentümer kommen in Frage Personen, die als einwandfreie Antifaschisten bekannt sind und bei denen besondere Umstände vorliegen, die die Ermöglichung einer Existenzgründung auf diesem Wege rechtfertigen. Gedacht ist dabei an Umsiedler, Bombengeschädigte, Opfer des Faschismus usw., die ihre Existenz durch die Wirkung des Krieges und des Naziregimes verloren haben und von denen zu erwarten ist, daß in ihren Händen die ihnen übereigneten Unternehmen nicht zu reaktionären und kriegshetzerischen Zwecken mißbraucht werden. Die Feststellung der Personen, die für eine Übertragung solcher Betriebe als Privateigentum in Frage kommen, soll von den unteren Selbstverwaltungsorganen gemeinsam mit den Blockparteien und den Gewerkschaften erfolgen.

3. Festlegung der Richtlinien über die besondere volkswirtschaftliche Rolle der in das Eigentum des Volkes übergegangenen Betriebe

Die in die Hände des Bundeslandes Sachsen übergehenden gewerblichen Unternehmen stellen in den betreffenden Industriezweigen einen erheblichen Anteil des gesamten industriellen Volumens dar. Sie werden deshalb auch eine besondere Rolle spielen in dem Prozeß des Aufbaues einer neuen, nach Plangesichtspunkten organisierten Wirtschaft. Sie werden gewissermaßen das Rückgrat der neuen Wirtschaftsplanung werden. Es wird das Bestreben der Landesverwaltung sein müssen, diese Betriebe in produktionstechnischer Hinsicht zu den in jeder Weise führenden und vorbildlichen Produktionsstätten zu machen. Die Landesverwaltung als das ausführende Organ des Volkes wird sich verpflichtet fühlen, diesen Betrieben eine führende Rolle zuzuweisen in der Gesamtproduktionsplanung, in der Erarbeitung neuer Produktionsmethoden, in der bestmöglichen Ausstattung mit Betriebsmitteln und in der Ermittlung der Normen für Qualität, Selbstkostengestaltung usw. Durch die Übereignung dieser Betriebe in die Hände des Volkes und in die Verwaltung des Bundeslandes wird die Möglichkeit gegeben sein, die augenblicklich bestehenden Schwierigkeiten in der Versorgung der Betriebe mit Maschinen und Rohstoffen und vor allen Dingen mit Kreditmitteln leichter zu überwinden, nachdem alle Hemmungen, die sich aus den Privatinteressen der bisherigen Eigentümer ergeben, beseitigt sind. Die Betriebe der öffentlichen Hand sollen vorbildlich und beispielgebend für die gesamte Industrie werden und sollen die wichtigsten Stützpunkte für die Durchführung einer auf das Wohl des Volkes gerichteten volkswirtschaftlichen Planung sein. Besonderes Augenmerk wird die Landesverwaltung darauf richten, daß mit der Überführung eines Teiles der großen Industriebetriebe in die öffentliche Hand kein System des Wirtschaftsbürokratismus entsteht. Aus diesem Grunde wird die Landesverwaltung darauf bedacht sein, daß die in die öffentliche Hand übergehenden Betriebe unter verantwortliche Leiter gestellt werden, die nach besten kaufmännischen Grundsätzen ihr Unternehmen zu leiten und für volkswirtschaftliche Ausnutzung zu sorgen haben. An die Spitze der Unternehmen werden fachlich aufs höchste qualifizierte Angestellte und Arbeiter treten, die in der Lage sind, die ihnen anvertrauten Betriebe unter voller Eigenverantwortung zu führen. Zur Lenkung der Betriebe, die in die öffentliche Hand übergehen, werden jedoch über den Rahmen des Einzelbetriebes hinaus in den einzelnen Bezirken des Landes Industrieverwaltungen aufgebaut, die die öffentlichen Betriebe einheitlich leiten, ohne dabei die Verantwortung und Initiative der betrieblichen Führung zu beeinträchtigen. Die Leitungen dieser Industrieverwaltungen werden besetzt sein mit den besten antifaschistischen Kräften, die dafür zur Verfügung stehen, wobei in jedem Falle die Vertretung der Arbeiter aus den Betrieben durch ihre Betriebsvertretungen und Gewerkschaftsleitungen in den Industrieverwaltungen gesichert wird.

Die Aufgaben dieser Industrieverwaltungen werden im wesentlichen bestehen in der allgemeinen Planung, der Aufsicht über die kaufmännische und finanzielle Entwicklung und in der Versorgung der zu den Industrieverwaltungen gehörenden Betriebe mit Betriebsmitteln, Rohstoffen, Maschinen und Kreditmitteln.

Diese Industrieverwaltungen werden ebenfalls gesichert werden gegen eine Entwicklung zu bürokratischen Institutionen. Dieser Zweck wird erreicht werden durch die weitgehende Beteiligung von Arbeitern aus den Betrieben, Betriebsräten und Gewerkschaftsfunktionären an den Betriebsverwaltungen.

4. Sicherung der Existenzgrundlage für die in diesen Betrieben beschäftigten Arbeiter und Angestellten

Die Befürchtungen, daß durch die Übereignung der Betriebe

die Existenz und die Beschäftigungsmöglichkeit der in den Betrieben beschäftigten Arbeiter und Angestellten irgendwie beeinträchtigt würde, ist unbegründet. Die Betriebe, die in die Hand des Volkes übergehen, werden nicht nur in ihrem bisherigen Umfange fortgeführt, sondern sind für die Zukunft gegen alle Angriffe von außen gesichert. Die Beschäftigungsmöglichkeiten in diesen Betrieben werden zu keinem Zeitpunkt mehr beeinträchtigt werden durch private Einflüsse, durch schlechten Willen oder Unfähigkeit faschistischer Betriebsinhaber, sondern sie werden von allen diesen z. Z. noch hemmenden Einflüssen befreit und einer ungehinderten Entfaltung zugeführt. Insbesondere werden die Betriebe der öffentlichen Hand größere Möglichkeiten haben, Schwierigkeiten aus dem Wege zu räumen, als dies den privaten Eigentümern möglich war. Das Interesse des Landes selbst macht es erforderlich, für die weitestgehende Vollbeschäftigung dieser Betriebe besorgt zu sein, so daß jede Befürchtung, daß durch die Übereignung dieser Betriebe in die Hand des Volkes die Existenzmöglichkeiten der Arbeiter und Angestellten beeinträchtigt werden würden, unbegründet ist.

5. Nutzbarmachung der in das Eigentum des Volkes übergegangenen Betriebe zur Einleitung einer großen sozialistischen Betriebsreform

Die Möglichkeiten zur Verbesserung der sozialen Lage der Arbeiter und Angestellten sind bei der heute durch das Naziregime verschuldeten Notlage noch in vieler Hinsicht beschränkt. Trotzdem ist es immer das Bestreben der neuen demokratischen Selbstverwaltung gewesen, zusammen mit dem Neuaufbau der Wirtschaft auch die soziale Lage der Arbeiter und Angestellten im Rahmen des Möglichen zu verbessern. Diesem Bestreben standen bisher nicht nur objektive Schwierigkeiten im Wege, sondern es wurde auch sehr oft gehemmt durch die Rücksichtnahme auf die privaten Besitzverhältnisse der faschistischen und reaktionären Betriebseigentümer. Mit der Übereignung dieser Betriebe in die öffentliche Hand fallen diese zusätzlichen Hemmungen für die Durchführung tiefgehender sozialpolitischer Verbesserungen fort. Aus diesem Grund wird mit der Übereignung der Betriebe in die Hand des Volkes auch die Möglichkeit gegeben sein, weitgehende sozialpolitische Verbesserungen, die in der heutigen Lage volkswirtschaftlich vertretbar sind, durchzuführen. Im einzelnen kann schon heute gesagt werden, daß alle sozialpolitischen Rechte der Arbeiter und Angestellten, die sie in den Betrieben bisher hatten, restlos gewährt und aufrechterhalten werden. Dies gilt insbesondere für die Versorgung der Arbeiter mit Wohnraum in Werkswohnungen, soweit sie bisher vorhanden waren, die Erhaltung von betrieblichen Versorgungseinrichtungen, wie betrieblichen Sozialeinrichtungen, Werksküchen, Kantinen, sanitären Anlagen usw. Es wird jedoch nicht nur der bisherige Stand der sozialen Versorgung der Arbeiter in den Betrieben gesichert, sondern die Übereignung der Betriebe in die Hand des Volkes wird die Möglichkeit zu weitgehenden Neueinrichtungen sozialpolitischer Maßnahmen möglich machen. Es wird das Bestreben der Selbstverwaltungsorgane des Landes, der Kreise und Städte, der Genossenschaften usw. sein, die mit dem Volksentscheid übereigneten Betriebe in sozialer Hinsicht zu vorbildlichen Betrieben auszubauen und damit auch der gesamten gewerblichen Wirtschaft Vorbild und Beispiel für eine fortschrittliche Sozialversorgung der Arbeiter in den Betrieben zu geben.

Die Sicherung aller dieser Maßnahmen wird erreicht werden durch die weitestgehende Beteiligung der Arbeiter und Angestellten an der Leitung ihres eigenen Betriebes und insbesondere an der wirtschaftlichen Ausgestaltung der betrieblichen Einrichtungen. Zu diesem Zweck werden in allen in die öffentliche Hand übergegangenen Betrieben die Betriebsräte mitwirken, sowohl bei der Betriebsführung, der Produktionsplanung und der Gestaltung des Arbeitsvorganges als auch maßgeblich an der Leitung der sozialen Betriebseinrichtungen. Das Ziel wird sein, die sozialen Einrichtungen der Betriebe völlig in die Hand der Selbstverwaltung der Arbeiter und Angestellten des Betriebes zu übergeben."[25]

Dieser Plan wurde ausgearbeitet, als die Kampagne zur Enteignung der Betriebe noch in vollem Gange war. Unmittelbar nach dem Volksentscheid war also in dem von mir geleiteten Ressort Klarheit vorhanden über die Art und Weise, wie die enteigneten Betriebe vom Land verwendet und verwaltet werden sollten. Der Plan war gewissermaßen die Generallinie der politischen und ökonomischen Arbeit in den ersten Monaten nach dem Volksentscheid. Seine Grundsätze waren pragmatisch erarbeitet und deckten sich vollkommen mit der realen Situation. Sie enthielten weder wirklichkeitsfremde perspektivische Zielstellungen noch ließen sie irgendwelche Spekulationen auf eine Umkehrung der durch die Volksabstimmung getroffenen Entscheidung zu.

Sie waren geeignet, das Land vor Verlusten an produktiven Vermögen durch Unklarheit und Verantwortungslosigkeit zu schützen und boten gleichzeitig Handhaben gegen einen von vielen Seiten befürchteten Wirtschaftsbürokratismus.

Der Plan wurde von mir in der vorliegenden Form dem Präsidium der Landesverwaltung vorgelegt und von diesem Organ am 2. August 1946 beschlossen. Gleichzeitig wurden an diesem Tage durch Beschluß des Präsidiums das Statut der landeseigenen Betriebe in Kraft gesetzt sowie die notwendigen Bestimmungen über die organisatorische Struktur der landeseigenen Betriebe.

Zunächst soll der Bericht über diese Periode der Enteignung der Kriegsverbrecher und Naziaktivisten abgeschlossen werden durch die Wiedergabe eines Artikels, den ich kurz vor der ersten demokratischen Wahl zu den Gemeindevertretungen und zum Sächsischen Landtag im Herbst 1946 schrieb und der gewissermaßen als Rechenschaftslegung der bisherigen Tätigkeit der Landesverwaltung ein Resümee der Entwicklung vom Tage des Zusammenbruchs an bis in diese Herbsttage 1946 hinein enthält, wobei die Enteignung der Nazibetriebe in die Hände des Landes und einer ihrer speziellen Aspekte eine besondere Rolle spielt.

„Privateigentum und Sozialisierung in Sachsen

Der Volksentscheid in Sachsen, der mit einem überwältigenden Sieg der demokratischen Kräfte des Neuaufbaus geendigt und die Übereignung der Betriebe der Kriegs- und Naziverbrecher in die Hände des Volkes gesetzlich entschieden hat, stand wochenlang im Mittelpunkt des politischen Interesses nicht nur des Landes Sachsen und ganz Deutschlands, sondern hat auch in der außerdeutschen Welt stärkste Beachtung gefunden. Dieses außergewöhnliche Interesse war berechtigt. Es handelte sich bei diesem Volksentscheid keineswegs nur um irgendeine demokratische Wahl, bei der der Wähler sich lediglich für ein Programm politischer Nah- oder Fernziele der einen oder anderen Partei zu entscheiden hatte, sondern es ging bei diesem ersten demokratischen Votum nach dem Zusammenbruch des Nazismus um Grundfragen des politischen und gesellschaftlichen Lebens. Neben der Entscheidung für eine Politik des Krieges oder des Friedens war es die Frage der Unversehrtheit des Eigentums an wirtschaftlichen Werten, die in diesem Volksentscheid zur Diskussion und zur Beantwortung stand.

Die Gegner des Volksentscheids, d. h. alle Kräfte der Reaktion, haben sich in ihrem Kampf gegen die Enteignung der Kriegs- und Naziverbrecher insbesondere des Argumentes bedient, daß dieser Volksentscheid ein Angriff gegen das Privateigentum überhaupt sei. Die Parteien des antifaschistischen Blocks und der FDGB haben in der Vorbereitung des Volksentscheids in voller Übereinstimmung und mit aller Eindeutigkeit dieses Argument zurückgewiesen. Wenn heute nach dem Siege des Volksentscheids die Erklärung über die Sicherheit des Privateigentums wiederholt wird, so erweist dies, daß diese Erklärung während der Vorbereitung zum Volksentscheid nicht aus demagogischen Gründen zur Beeinflussung der Wähler abgegeben wurde, sondern auf dem festen Boden einer einheitlichen, grundsätzlichen Meinung beruht.

Ein weiteres Argument der Reaktion war die Behauptung, daß der Volksentscheid den Anfang einer Politik der allgemeinen Sozialisierung darstelle. Alle Erklärungen der Blockparteien, insbesondere auch die grundsätzlichen Äußerungen maßgeblicher Vertreter der Sozialisten, haben die Wortführer der Reaktion, zu denen auch einige Berliner Zeitungen gehörten, nicht davon abzubringen vermocht, dieses Mittel des Bürgerschrecks zu verwenden.

Unsere Stellung zu der im Zusammenhang mit dem Volksentscheid aufgeworfenen Frage der Sozialisierung und der Liquidierung des Privateigentums basiert auf der grundsätzlichen strategischen Orientierung unserer Partei, wie sie in den ‚Grundsätzen und Zielen der Sozialistischen Einheitspartei' festgelegt ist. Die Verwirklichung des Sozialismus ist das Ziel der Politik unserer Partei. Dabei ist sich die Partei jedoch darüber klar, daß diese sozialistische Umgestaltung erst als Abschluß und Folgerung einer für eine ganze geschichtliche Periode zu berechnenden Entwicklung und Entfaltung der demokratischen Kräfte in unserem Volke anzusehen ist.

Die Politik unserer Partei geht von der Feststellung aus, daß durch den Zusammenbruch des Naziregimes mit all seinen Begleiterscheinungen (Zerschlagung der militärischen Machtmittel und des bürokratischen Verwaltungsapparates der Reaktion, Zusammenbruch aller staatlichen und wirtschaftlichen Organisationen, weitgehende Zerstörung der Fundamente des Wirtschaftslebens und vollkommene Zerrüttung des Geld- und Finanzwesens) in Deutschland eine eigenartige und ohne Beispiel in der Geschichte dastehende Situation entstanden ist, der die Strategie und Taktik der Partei Rechnung zu tragen hat. Wäre der Faschismus durch eine revolutionäre Erhebung der Arbeiterklasse als die fortschrittlichste Kraft der gesellschaftlichen Entwicklung gestürzt und beseitigt worden, so hätte sich daraus ohne weiteres ergeben, daß die Partei als die Vorhut der die Revolution tragenden proletarischen Klasse die sozialistische Umwandlung der Gesellschaft als ihr nächstes und unmittelbares Ziel proklamiert hätte. Der Faschismus ist jedoch nicht durch die revolutionäre Kraft der Arbeiterklasse beseitigt worden, sondern sein Sturz war das Ergebnis der militärischen Niederlage. Dieser Sachverhalt, Zusammenbruch der alten gesellschaftlichen Ordnung bei gleichzeitigem Fehlen einer die gesellschaftliche Umwandlung tragenden revolutionären Kraft, kennzeichnet die Eigenart der für Deutschland gegebenen und die Politik der Sozialistischen Einheitspartei bestimmenden Situation.

In dieser Situation sieht die Partei ihre unmittelbare Aufgabe darin, die Reste der alten faschistischen und reaktionären ‚Ordnung' zu liquidieren, den Prozeß der Entmachtung der Reaktion zu Ende zu führen und die demokratischen Kräfte des Volkes zum Neuaufbau einer dem Frieden und seinen Bedürfnissen dienenden Wirtschaft und eines neuen, auf der geschichtsbildenden Kraft der breitesten werktätigen Schichten beruhenden politischen und kulturellen Lebens zu entwickeln.

Die Erklärungen der Sozialistischen Einheitspartei zur Sicherung des Privateigentums und gegen alle Experimente einer ‚kalten Sozialisierung' und das Bekenntnis zur demokratischen Neugestaltung unseres politischen Lebens sind also weit entfernt von jeder demagogischen Tarnung geheimer Ziele, sondern sind das Resultat einer nüchternen realpolitischen Einschätzung der Lage. Der Vorwurf der insgeheim angestrebten Liquidierung des Privateigentums und der Ingangsetzung des Prozesses der ‚kalten Sozialisierung' wird am besten widerlegt durch einige Tatsachen bei der Vorbereitung und Durchführung des Volksentscheids. Mehr als 2200 Betriebe, die durch die Besatzungsmacht bereits beschlagnahmt und enteignet waren, wurden, da ihre Eigentümer nur nominelle Mitglieder der NSDAP waren, an diese zurückgegeben. Damit wurde im Grunde eigentlich sogar neues Privateigentum an Produktionsmitteln geschaffen. Von den 1885 Betrieben, die durch den Volksentscheid zur Übereignung an das Land Sachsen bestimmt wurden, wird noch eine weitere große Zahl von Betrieben, deren Bewirtschaftung durch private Unternehmer den höchsten wirtschaftlichen Nutzen verspricht, an private Eigentümer verkauft, auch dadurch wird also neues Privateigentum gebildet. Die Übergabe von Versorgungsbetrieben und Bauunternehmen in die Verwaltung der Städte und Kreise hat ebenfalls mit Sozialisierung nichts zu tun, sondern liegt einfach in der Linie der Kommunalisierung der für die unmittelbare Versorgung der Bevölkerung notwendigen Produktionsanlagen in die Selbstverwaltung der Städte und Kommunalverbände.

Niemand kann in der Einrichtung eines kommunalen Wasser- oder Elektrizitätswerkes oder eines städtischen Bauhofes einen Akt der Sozialisierung sehen. Dies gilt auch für die in die Verwaltung des Landes übergehenden Betriebe. Es werden etwa 900 Betriebe sein, die in landeseigene Verwaltung übergehen. Diese Betriebe verteilen sich auf eine größere Zahl von Industriezweigen, wobei es sich in der Mehrzahl allerdings um Betriebe des Bergbaus, der Metall- und Textilindustrie, der Papier und Zellulose- sowie der Glasherstellung und Keramik handelt. Hält man dem gegenüber, daß Sachsen insgesamt rund 170 000 gewerbliche Unternehmen hat, so ergibt sich allein daraus schon, auch wenn man berücksichtigt, daß es sich bei den übereigneten Betrieben meist um größere Unternehmen handelt, wie wenig berechtigt das Argument von der Sozialisierung der sächsischen Industrie ist.

Aber selbst die Überführung eines Teils der Industrie in das Eigentum der öffentlichen Hand hat mit Sozialisierung nichts zu tun. Vielen Sozialisten ist die bissige Abfertigung geläufig, die Marx und Engels zeitgenössischen Katheder-Sozialisten zuteil werden ließen, die die Verstaatlichung der Eisenbahn als Sozialismus zu deklarieren versuchten, womit dann Bismarck ins Lager der Sozialisten geraten wäre. Die Sozialisten müßten all ihre Kenntnisse der Entwicklung des wissenschaftlichen Sozialismus und alle ihre Erfahrungen aus hundert Jahren Geschichte der sozialistischen Bewegung vergessen haben, wenn sie die Übernahme einer beschränkten Anzahl von Betrieben aus den verschiedensten Industriezweigen, die nicht einmal nach wirtschaftlichen und wirtschaftspolitischen Gesichtspunkten, sondern nach den Merkmalen subjektiver Schuld ihrer Eigentümer ausgewählt wurden, in die öffentliche Hand als Sozialisierung ausgeben wollten.

Ein weiteres in der Berliner Presse aufgetauchtes Argument gegen den Volksentscheid war die Behauptung, daß durch die Übergabe der Betriebe in die Verwaltung des Landes ein wirtschaftsbürokratischer Apparat entstehen würde, der jede Initiative und Verantwortung in der Wirtschaft ersticken müßte. Niemand in Lande Sachsen denkt daran, eine solche Wirtschaftsbürokratie entstehen zu lassen oder sie zu fördern. Es wird sogar alles zur Verhinderung einer solchen Entwicklung getan werden. Die in die Verwaltung des Landes Sachsen übergehenden Betriebe werden als wirtschaftliche Unternehmen in voller betrieblicher Selbständigkeit von persönlich verantwortlichen Betriebsleitern, denen die Vertretungen der Arbeiter und Angestellten zur Seite stehen, geleitet werden. Die Grundsätze der ordentlichen kaufmännischen Verwaltung, der Rentabilität und des wirtschaftlichen Nutzens, der Initiative der Betriebsleitung und ihrer vollen Verantwortung für alle betrieblichen Vorgänge werden bei der landeseigenen Verwaltung dieser Betriebe verwirklicht werden. Die landeseigenen Unternehmen werden nicht in einer einzigen, ohne Berücksichtigung der fachlichen Gliederung aufgebauten landeseigenen Administration, sondern nach ihrer fachlichen Zusammengehörigkeit und ihrer regionalen Aufgliederung in einer großen Zahl von Industrieverwaltungen zusammengefaßt werden. Diese Industrieverwaltungen, die jeweils eine größere Zahl fachlich und gebietlich zusammengehörender Unternehmen umfassen, werden jede für sich eine wirtschaftliche Einheit darstellen, die selbständig bilanziert, Abschreibungen und Rückstellungen vornimmt, die Produktion einheitlich plant und lenkt und die frei sein wird von allem bürokratischen Ballast.

Ein letzter Einwand der Reaktion gegen den Volksentscheid bestand in der Unterstellung, daß nach Übergang eines Teils der Industrie in das Eigentum des Landes der gesunde Wettbewerb zwischen den landeseigenen Unternehmen und den Betrieben der privaten Industrie beseitigt werden würde. Der privaten Industrie wurde mit der Gefahr der einseitigen Bevorzugung der landeseigenen Betriebe hinsichtlich der Versorgung mit Rohstoffen, Hilfsmitteln, Krediten usw. gedroht. Dieses Argument widerlegt sich am besten durch den Hinweis, daß eine solche einseitige Bevorzugung der landeseigenen Unternehmen wirtschaftlich einfach dumm wäre. Gewiß bereitet die Versorgung der Industrie mit Rohstoffen noch mannigfaltige Schwierigkeiten, aber schon heute ist die Rohstofflage - vor allem für die Textilindustrie - durch das Hereinbringen großer Mengen sowjetischer Baumwolle und Wolle wesentlich besser geworden. Die Rohstoffzufuhren für die Textilproduktion sind so umfangreich, daß heute in Sachsen bereits ein fühlbarer Mangel an Spinnereikapazität besteht und die Spinnereien und Kämmereien durchweg in 2 und 3 Schichten arbeiten müssen. Was heute für die Textilindustrie gilt, kann morgen für die Metallindustrie gelten, während es für die Papier- und Zellulose- sowie für die keramische Industrie ein Rohstoffproblem überhaupt nicht gibt.

Angesichts der Tatsache also, daß die augenblicklichen Rohstoffsorgen zeitbedingt sind und eines Tages sicherlich ihre Bedeutung verlieren, wäre es wirtschaftlich einfach dumm, vorhandene Kapazität durch einseitige Bevorzugung eines Teils des Produktionsapparates zum Verkümmern und Erliegen kommen zu lassen. Der Mangel an Gütern des friedlichen Bedarfs ist so groß und wird auch für eine ganze Reihe von Jahren noch so groß sein, daß eine Wirtschaftspolitik, die zur Schmälerung der industriellen Kapazität führen würde, nicht nur unverantwortlich, sondern auch im höchsten Maße wirtschaftlich unklug wäre. Man sollte den fortschrittlichen demokratischen Kräften, die das große Werk der Übernahme der Betriebe der Kriegs- und Naziverbrecher in die Hände des Volkes eingeleitet und realisiert haben, eine solche Kurzsichtigkeit in wirtschaftlichen Dingen nicht zutrauen.

Der Volksentscheid hat mit einem großen Sieg geendet. Er ist jedoch kein Abschluß, sondern nur eine Zäsur im Prozeß der Entwicklung der Entmachtung der Reaktion und der wirtschaftlichen Fundierung einer fortschrittlichen demokratischen Ordnung. Er stellt den fortschrittlichen Kräften des demokratischen Aufbaus gewaltige neue Aufgaben. Die Sozialistische Einheitspartei als ein Teil des antifaschistischen Blocks der demokratischen Parteien wird mit allen ihren Kräften an der Lösung dieser großen Aufgaben mitarbeiten."[26]

Dieser vor der ersten demokratischen Wahl in Sachsen publizierte Artikel enthält schon einige zahlenmäßige Angaben über den Umfang der vom Volksentscheid betroffenen Betriebe, aber, was bedeutend wichtiger ist, er ist eine Stückdarlegung der strategischen und taktischen Ziele der mit der Enteignung der Kriegsverbrecherbetriebe eingeleiteten Entwicklung.

Die Grundlage für die Organisierung der Verwaltung der landeseigenen Betriebe waren die am 2. August vom Präsidium der Landesverwaltung gefaßten Beschlüsse. Wesentlich an diesen Beschlüssen war die Bestimmung über die Schaffung von Verwaltungsräten innerhalb des landeseigenen Sektors der Wirtschaft. Diese Verwaltungsräte wurden auf allen Ebenen der Verwaltung der landeseigenen Betriebe gebildet und sicherten einwandfrei die Mitwirkung der Arbeiter und Angestellten der landeseigenen Betriebe an der Leitung der Industrie. Es mutet den Zeitgenossen unserer Tage geradezu anachronistisch an, wenn ihm vor Augen geführt wird, daß diese Mitwirkung der Arbeiter selbst an der Führung der größten Betriebe in Westdeutschland bis heute noch nicht verwirklicht ist und darüber ein erschreckendes Gerangel zwischen den politischen Parteien sowohl als auch zwischen diesen und den Gewerkschaften vor sich geht. Was vor beinahe dreißig Jahren in der Ostzone verwirklicht wurde, nämlich die absolut gesicherte Mitwirkung und Mitbestimmung der in den Betrieben beschäftigten Menschen an der Leitung ihrer Betriebe und Industriezweige, ist heute in Westdeutschland noch ferne Zukunftsmusik und kennzeichnet den ganzen Unterschied zwischen der Entwicklung dort und der in unserem Teil Deutschlands.

Die Beschlüsse über Organisation und Verwaltung der landeseigenen Betriebe trugen damals noch weitgehend experimentellen Charakter. Ein solch typisches Experiment war die Schaffung der Verwaltungsräte bei den höheren Führungsinstanzen der Industrie. Es wurden von uns Verwaltungsräte nicht nur bei den Betrieben geschaffen, sondern auch bei den Industrieverwaltungen, die meistens mehrere Dutzend Betriebe umfaßten, und auch bei der zentralen Verwaltungsinstanz. Dieser „oberste" Verwaltungsrat setzte sich zusammen aus drei Ministern der Landesregierung, und zwar waren es außer mir die Minister Prof. Hermann Kastner und Gerhard Rohner, ferner aus drei Direktoren von landeseigenen Handelsunternehmen, darunter Johannes Dieckmann, sowie Vertretern der Gewerkschaften, Betriebsräte und in den Betrieben gewählte Arbeiter, die die Mehrheit in diesem Verwaltungsrat darstellten.

Dieser „oberste" Verwaltungsrat führte nur zwei Sitzungen durch, die in ihrem äußeren Ablauf noch ganz dem Vorbild von Aufsichtsratstagungen großer Konzerne entsprachen. Es wurden Berichte der Generaldirektoren entgegengenommen, es wurden Bilanzen vorgelegt, die auf Heller und Pfennig Auskunft über das Vermögen gaben, das die landeseigenen Betriebe repräsentierten, sowie ihre Umsatz-, Gewinn- und Verlustzahlen nannten.

Die zweite und letzte Sitzung dieses Organs fand Ende des Jahre 1947 statt und beschäftigte sich eigentlich nur mit zwei wesentlichen Beschlußvorlagen.

Prof. Kastner beantragte in dieser letzten Verwaltungsratsitzung, daß die Leitungen der landeseigenen Betriebe paritätisch aus Vertretern aller politischen Parteien gebildet werden sollten. Von mir lag ein Beschlußantrag vor, die bisherigen „landeseigenen Betriebe" umzubenennen und sie von nun an als „volkseigene Betriebe" zu bezeichnen. Der Antrag von Prof. Kastner wurde abgelehnt, der von mir gestellte Antrag wurde angenommen. Es war die letzte Beschlußfassung des Verwaltungsrates der landeseigenen Betriebe, eine weitere Sitzung fand nicht statt.

Noch einmal nahm ich zur Entwicklung der landeseigenen Betriebe im abgelaufenen Jahr Stellung, und zwar in einem Vortrag, den ich am 27. Januar 1947 in einer großen Versammlung vor Vertretern aller landeseigenen Betriebe hielt. In diesem Vortrag beschäftigte ich mich insbesondere mit den neuen Aufgaben der Wirtschaftspolitik im Land Sachsen und überhaupt der politischen und wirtschaftlichen Entwicklung. In einem Schlußteil dieses Vortrages aber zog ich noch einmal eine Bilanz der Entstehung und der Entwicklung der landeseigenen Industrie in Sachsen, und ich ziehe diesen Schlußabschnitt meines Vortrages vor, da er mit der bisher behandelten Materie zusammenhängt, und werde den Hauptteil dieses Vortrages im nächsten Abschnitt der Geschichtsdarstellung vorlegen. Der die landeseigenen Betriebe betreffende Schlußteil des Vortrages (mit geringfügigen Kürzungen) hatte folgenden Wortlaut:

„Bilanz der landeseigenen Industrie

Nun darf ich schließlich meinen Rechenschaftsbericht über die landeseigene Industrie für die Zeit vom 30. Juni 1946 bis 1. Januar dieses Jahres vorlegen, um Ihnen einen Überblick zu geben. Es ist das erstemal, daß in dieser umfassenden Weise Zahlenmaterial über die landeseigenen Betriebe bekanntgegeben wird. In der Vergangenheit ist manchmal über Einzelheiten berichtet worden, manchmal auch über Dinge, die mir nicht gefielen. Manchmal hatte ich den Eindruck, es gebe bei uns viele Hennen, die bei jedem Ei sofort gackern müssen.

Zunächst gestatten Sie mir, eine Kapitalübersicht der landeseigenen Betriebe nach der Eröffnungsbilanz vom 1. Juni vorigen Jahres zu geben:

Das Anlagevermögen der landeseigenen Betriebe in Sachsen beträgt 525 265 000,- RM; das Umlaufvermögen 439 687 000,- RM; der Gesamtbetrag ist also 964 952 000,- RM. Das Eigenkapital der landeseigenen Industrie beträgt 880 088 000,- RM; das Fremdkapital 136 864 000,- RM; das Gesamtkapital der staatlichen Industrie in Sachsen 1 016 952 000,- RM

Zu der Verwaltung der staatlichen Industrie gehört auch die Verwaltung der Beteiligungen an Industriebetrieben.

Die durch den Volksentscheid in unsere Hände gekommenen Anteile betragen 414 045 500,- RM

Staatliche Betriebe und Beteiligungen, die schon früher im Besitz des Landes waren, haben einen Wert von 22 291 400,- RM

Zusammengefaßt werden von der Hauptverwaltung die staatlichen Industrievermögenswerte in Höhe von 1 061 289 049,35 RM verwaltet.

Diese Bilanzzahlen sind nicht über den Daumen gepeilt, sie beruhen auf sorgfältiger Aufstellung der einzelnen Bilanzen aller Betriebe. Wir sind verantwortlich für jeden Pfennig, der in diesem Vermögenswert vermerkt ist.

Wozu ich mich für verpflichtet hielt, war, der Öffentlichkeit einmal den Gesamtumfang des Vermögens, das das Land Sachsen in seiner staatlichen Industrie zur Verfügung hat und bewirtschaftet, bekanntzugeben.

Das zweite, was ich Ihnen vorzutragen für richtig halte, sind einige Zahlen aus der Betriebsstatistik der landeseigenen Industrie. Ich betone auch hier, daß es sich nicht um gegriffene oder gepeilte Zahlen handelt, sondern um genaue, statistisch ermittelte Unterlagen. Sie wissen, daß die Zahl der Betriebe der landeseigenen Industrie acht Prozent der gesamten Indistriebetriebe des Landes Sachsen ausmacht. Vielleicht darf ich Ihnen einiges über die Umsatzzahlen unserer Industrie sagen. Der Gesamtumsatz betrug im Juli 88 Millionen RM, August 89, September 93, Oktober 100, November 94, Dezember 106,8 Millionen RM. Der Gesamtumsatz in einem halben Jahr also 570,8 Millionen RM, das heißt, wir haben einen Umschlag unseres Kapitals in der landeseigenen Industrie von 111 Prozent, das ist bei den heutigen anormalen Verhältnissen nach meiner Meinung keineswegs ein sehr ungünstiges Bild des Umschlages.

Wir betrachten es als eine Pflicht der landeseigenen Industrie, auch in der Entwicklung der sozialen Einrichtungen im Betrieb Vorbild zu sein für die gesamte Industrie. Wir wissen, daß wir heute dazu noch nicht alle Möglichkeiten haben, aber wir ersehen aus dem uns gegebenen Geschäftsbericht, daß auch hier eine Aufwärtsentwicklung zu verzeichnen ist.

Ich darf noch einige Tatsachen mitteilen, die ich aus Beispielen nehme, die ebenfalls wichtig sind:

Sie wissen, daß in einem der Vorwürfe, die vor dem Volksentscheid zu einem Argument gegen uns benutzt wurden, gesagt wurde, die staatliche Industrie habe einen größeren Verwaltungskostenaufwand als die Privatindustrie. Ich zeige Ihnen am Beispiel einer einzigen Industrieverwaltung, wie sich die Verwaltungskosten entwickelt haben. Wir haben in dieser einen Industrieverwaltung im August 1946 einen Verwaltungskostenanteil von 6770 RM, das sind 0,41 Prozent des Gesamtumsatzes, im September 8201 RM, das sind 0,46 Prozent, im Oktober 8593 RM, das sind 0,45 Prozent des Gesamtumsatzes. Es hat wohl in der Geschichte nie einen Konzern gegeben, der mit geringerem Verwaltungskostenanteil als einem halben Prozent eine solche Verwaltungsarbeit geleistet hat.

Aber auch das Ergebnis der Initiative in den Betrieben zeigt sich gerade in den landeseigenen Betrieben. Als Beispiel diene ein Bericht über den Wiederaufbau der Baumwollspinnerei Falkenau. Diese sollte zu hundert Prozent demontiert werden. Durch unsere Bemühungen blieb ein Teil der Spindeln erhalten, und die Fabrik arbeitet heute wieder voll, da die Belegschaft des Betriebes sich für die Beschaffung der notwendigen Spindeln eingesetzt hat. Es zeigt sich hier, was die Initiative der Arbeiter im Betrieb auch beim Wiederaufbau der demontierten Betriebe leisten kann.

Aber natürlich, es gibt auch Schwächen und Mängel. Bei einer solchen großen Zusammenfassung von wirtschaftlichen Kräften, wie es unsere staatliche Industrie ist, ist es unvermeidlich, daß die Entwicklung nicht gleichmäßig verläuft. Wir haben manche Industrieverwaltung, die nicht ganz ihren Aufgaben gerecht wird. Innerhalb der einzelnen Industrieverwaltungen gibt es Betriebe, die eine vorbildliche und glänzende Entwicklung haben, andere wiederum, die in der Entwicklung zurückbleiben. Als Beispiel diene die Industrieverwaltung Leder, Schuhe, Koffer in Großharthau. Wenn ich aufzeichne, daß zum Beispiel bei Rau & Vogel, Großharthau, der Unkostensatz auf weniger als 22 Prozent herabgedrückt ist, während ein anderer Betrieb, der größer ist, der Betrieb Moritz Stecher, Freiberg, mit mehr als 50 Prozent rechnen muß, so liegen hier Unterschiedlichkeiten, die man beseitigen muß. Wir müssen dahin kommen, daß in den Betrieben beste und rationellste Methoden angewendet werden. Dazu ist notwendig, daß unsere Betriebsleiter und Direktoren sich aktiv einsetzen. Ein Betriebsleiter, der 20 oder 30 Jahre in dem Betrieb ist, der hat früher für die Kapitalisten arbeiten müssen, heute arbeitet er für unser Volk. Er mußte früher um sechs Uhr an seinem Arbeitsplatz sein, heute kann er als Betriebsleiter nicht erst um neun oder halb zehn Uhr in den Betrieb kommen. Das sind solche Mängel, die man beseitigen muß.

Ich bin der Meinung, daß sich in der letzten Zeit eine allgemeine Schwäche gezeigt hat, nämlich die ungenügende Aufmerksamkeit, die in den Betrieben den notwendigen Schutzmaßnahmen zugewendet wird. Wir haben einen Bericht der Kriminalpolizei über Beobachtungen in landeseigenen Betrieben, der die ungenügende Beachtung der Feuerschutzmaßnahmen erkennen läßt. Auch hier ist es erforderlich, daß jeder Betriebsleiter und jeder in Verantwortung stehende Mensch im Betrieb sich dessen bewußt wird: Wir haben die Aufgabe, nicht nur für die Produktion zu sorgen, sondern auch für den Schutz und für die Sauberhaltung in unseren Betrieben.

Das sächsische Experiment gelungen

Vor einem halben Jahr hat es viele Leute gegeben, und ich glaube, daß sich darunter besonders solche Leute befunden haben, die etwas von Wirtschaft verstehen, die sagten, das, was man in Sachsen macht, ist ein großes Experiment. Heute glaube ich, wenn es ein Experiment war, dann ist es gelungen. Deshalb können wir heute auch zahlenmäßig über unsere Arbeit sprechen. Es besteht keine Gefahr mehr, daß das rückgängig gemacht wird, was wir in einem halben Jahr in Sachsen geleistet haben. Man hat uns mit großen Besorgnissen geängstigt, aber ich glaube, wir sind der Gefahren Herr geworden. Wir wissen, es gab genug Gefahren. Man hat uns prophezeit, was man in Sachsen macht, dieses Herausgreifen eines großen Sektors aus der Gesamtwirtschaft und seine Verstaatlichung, das muß dazu führen, daß sich in diesem staatlichen Sektor der Wirtschaft ein Bürokratismus entwickelt, der jedes Eigenleben und jede Verantwortung erstickt und der es unmöglich macht, daß alle wirtschaftlichen Möglichkeiten ausgenutzt werden. Ich weiß, diese Gefahr des wirtschaftlichen Bürokratismus war sehr groß, aber ich glaube, daß durch die Art, wie wir die staatliche Industrie organisiert haben, wie wir das Verhältnis zwischen Industrieverwaltung und Betriebsleiter gesichert haben, ohne deshalb ein Auseinanderfallen der Industrieverwaltungen in Kauf nehmen zu müssen, es gelungen ist zu erreichen, daß sich nicht ein wirtschaftlich bürokratischer Apparat gebildet hat. Wir haben Eigenleben in unseren Betrieben, und wir haben Entwicklungsmöglichkeiten für jeden schöpferischen Menschen in den Betrieben und haben trotzdem eine starke, einheitliche Führung.

Es gab welche, die haben gesagt, was ihr macht, ist der Aufbau eines Riesenkonzerns, und mancher ehrliche Kritiker hat vor der Gefahr gewarnt, daß sich kapitalistische Einflüsse auch in diesen staatlichen Betrieben wieder bemerkbar machen. Das waren ernste Besorgnisse, die Gefahr bestand, daß unsere staatliche Industrie wieder so etwas werden könnte wie die privatkapitalistischen Monopolverbände Weimarer Prägung. Das war die große, ernste Gefahr, daß sich in unserer landeseigenen Industrie ein solcher Staatskonzern entwickelt, der sich von den alten Privatkonzernen in nichts unterscheidet. Dieser Gefahr habe ich monatelang die größte Aufmerksamkeit gewidmet. Sie war ernst. Es gab auch in unserer Organisation der staatlichen Industrie verantwortliche Männer, die nicht nur einmal versuchten, den Kurs der Entwicklung in diese Richtung zu drängen und eine neue staatliche Industrie in den alten Formen staatskapitalistischer Konzerne zu entwickeln mit einer allmächtigen Generaldirektorenspitze und offen allen Möglichkeiten der Beeinflussung durch reaktionäre und kapitalistische Kräfte. Ich sage an dieser Stelle, wenn man eine Gefahr erkannt hat, ist sie schon halb überwunden. Ich kenne die Gefahr. Ich sage also, unsere staatliche Industrie wird keine Neuauflage privatkapitalistischer Konzerne werden. Sie wird etwas ganz Neues werden. Wir sind nicht nur Betriebe des Staates, sondern wir sind Betriebe des Volkes.“[27]

4. Bild

1947

Die schwere Wirtschaftslage

Es begann das Jahr 1947. Die Problematik der Situation und der Geschehnisse am Anfang und im ersten Teil dieses Jahres ist gekennzeichnet in dem Vortrag, den ich am 27. Januar 1947 vor den Vertretern aller landeseigenen Betriebe hielt und von dem der speziell auf die landeseigenen Betriebe bezügliche Schlußteil bereits in der vorhergehenden Darstellung enthalten ist.

„Eine bedeutsame Erklärung

Ich glaube, auf dieser Tagung, auf der mehr als 170 000 Arbeiter durch ihre verantwortlichen Betriebsleiter vertreten sind, ist es notwendig, zu den wichtigsten wirtschaftspolitischen Ereignissen der letzten Tage einige Bemerkungen zu machen. Das wirtschaftlich bedeutsamste Ereignis der letzten Tage ist die Erklärung des Marschalls Sokolowski, die dieser bei den Verhandlungen zwischen dem Zentralvorstand der SED und der Leitung der Sowjetischen Militärverwaltung in Deutschland abgegeben hat. Ich erachte als das wichtigste bei den Erklärungen des Marschalls Sokolowski folgende Punkte: Einmal halte ich für außerordentlich bedeutsam die Frage der weiteren Fortführung der Demontagen, zweitens die Frage der Versorgung der Zivilbevölkerung der sowjetischen Zone und drittens die Frage des zukünftigen Standes der Industrieproduktion in unserer Zone. Diese drei Punkte sind die wesentlichsten vom wirtschaftlichen und wirtschaftspolitischen Standpunkt aus gesehen.

Wir alle waren uns von Anfang an darüber klar, daß die Demontagen in Deutschland aus Gründen politischer, moralischer und wirtschaftlicher Natur akzeptiert und vertreten werden müssen. Es hat nie einen Zweifel gegeben, daß die Liquidierung des deutschen Kriegspotentials eine Voraussetzung dafür ist, daß Deutschland nicht wieder zum Herd der Aggression gegen andere Völker werden kann, daß durch die Abrüstung des deutschen Kriegspotentials eine der Voraussetzungen für die wirkliche Befriedung der Welt geschaffen wird. Wir waren uns immer darüber klar, daß nach den ungeheuren Zerstörungen wirtschaftlicher Art, die der Krieg den anderen Völkern zugefügt hat, dieser Krieg, für den Hitler und mit ihm der größte Teil des deutschen Volkes die Schuld tragen, daß diese wirtschaftlichen Schäden wiedergutgemacht werden müssen, soweit wir dazu in der Lage sind. Wir waren uns klar, daß eine volle Wiedergutmachung der wirtschaftlichen Schäden, die der Krieg anderen Völkern, besonders der Sowjetunion, zugefügt hat, nicht möglich ist. Aber das bedeutet auch, daß wir die Verpflichtung, an der Wiedergutmachung dieser Schäden mitzuhelfen, unter allen Umständen anerkennen müssen. Das bedeutet nicht, daß wir die Demontagen, die Entnahme aus deutschen Produktionskapazitäten nicht in sehr vielen Fällen für außerordentlich schmerzlich gehalten haben. Wir haben in sehr vielen Fällen versucht, und teilweise mit Erfolg, die Demontagemaßnahmen entweder rückgängig zu machen oder auf ein Minimum zu beschränken. In sehr vielen Fällen haben wir erreicht, daß statt vollkommener Demontagen nur eine Demontage erfolgte, die ein technologisches Minimum in den Betrieben beließ, um uns einen Wiederaufbau des Betriebes zu ermöglichen.

Die Demontagen von Betrieben sind eine Erscheinung, die sich nicht nur auf die sowjetische Zone beschränkt. Die Tatsache, daß im Westen die Demontagen sehr viel später angelaufen sind, hat teilweise zu psychologischen Fehlleistungen geführt, hat teilweise dazu geführt, daß die Meinung entstand, die Demontagen würden nur in der sowjetischen Zone durchgeführt. Die Tatsache, daß vor kurzem in allen deutschen Zonen durch eine alliierte Kontrollkommission eine Überprüfung des Abbaues des deutschen Rüstungspotentials durchgeführt worden ist, die Tatsache, daß diese Kommission in diesem Bericht festgestellt hat, daß der Abbau des deutschen Rüstungspotentials in der sowjetischen Zone vorbildlich durchgeführt wird, die Tatsache, daß er in der amerikanischen Zone in Übereinstimmung mit den Plänen durchgeführt wird, daß in der englischen Zone Mängel in der Demontage bestehen und in der französischen Zone ein erheblicher Rückstand beim Abbau des Kriegspotentials festzustellen ist, diese Tatsachen sind wichtig und interessant.

Und wenn heute Marschall Sokolowski die Erklärung abgibt, daß bis auf den Abbau von sieben Betrieben der Kohlenindustrie, der bereits seit längerer Zeit vorgesehen und geplant war und teilweise im Gange ist, in der sowjetischen Zone weitere Demontagen nicht durchgeführt werden, so ist das einmal die Schlußfolgerung daraus, daß die Zerstörung des Kriegspotentials in der sowjetischen Zone ihren Abschluß gefunden hat, und daß zum anderen nunmehr der Zeitpunkt gekommen ist, wie Marschall Sokolowski ausdrücklich erklärt, daß die Deutschen beginnen können, ihre Industrie wieder aufzubauen. Ich sage, die Erklärung über die Einstellung der Demontage ist besonders wichtig angesichts der Tatsache, daß ja diese Frage nicht nur eine Bedeutung für die sowjetische Zone hat, sondern besonders auch für die Westzonen. Wenn in den Westzonen im Zusammenhang mit Demontagen und Reparationen eine scharfe Polemik gegen die sowjetische Zone in der Weise geführt wird, mit der Tendenz, die Russen demontieren und nehmen aus der laufenden Produktion Reparationsleistungen in Anspruch, so, als ob das im Westen nicht der Fall sei, dann ist es notwendig, dazu einige Wort zu sagen.

Es ist richtig, daß im Westen nicht in der gleichen Form Reparationen aus der laufenden Produktion entnommen werden. Aber es ist völlig falsch, zu glauben, daß das Ergebnis der industriellen Tätigkeit im Westen ausschließlich der deutschen Bevölkerung zur Verfügung steht. Auch im Westen finden umfangreiche Lieferungen von Industriefertigwaren an die Besatzungsmacht und an Organisationen statt. Was aber viel wichtiger ist: Im Westen finden Entnahmen aus der Produktion statt, die sich nicht auf Fertigerzeugnisse beschränken, sondern die tief eingreifen in die Rohstoff- und Produktionsbasis des ganzen Westens. Ich möchte Ihnen eine Notiz zur Kenntnis bringen, die ich vor kurzem in der ‚Times' gelesen habe, daß die Kohlenausfuhr von September 1945 bis September 1946 rund 12 660 000 Tonnen betragen hat, wovon 2 100 000 Tonnen nach Österreich gingen. ...

Allein die Ausfuhr von Kohle aus dem Ruhrgebiet hat bisher einen Erlös von mehr als einer Milliarde RM gebracht, der der deutschen Industriekapazität im Westen an der gefährlichsten Stelle entnommen wurde, nämlich an der Kohlenproduktion. Aber damit ist das Problem noch nicht zu Ende. Der Wert der Ausfuhr von April bis August 1946, also in knapp vier Monaten, betrug aus der britischen Zone mehr als 14 Millionen Pfund Sterling, das sind eine halbe Milliarde RM. Davon allein 80 Prozent für Kohlenlieferungen. Und nun kommt ein sehr interessantes Problem: Der Preis für eine Tonne Kohle, die aus dem Ruhrgebiet ausgeführt wird, beträgt 43 englische Schilling, das sind 9 Dollar oder 90 RM. Die deutschen Zechen im Ruhrgebiet erhalten von diesem Verkaufserlös den Preis, der im Inland gültig ist, d. h., sie erhalten für die Tonne Kohle 15 RM, das sind 75 RM weniger als der Erlös der deutschen Kohle auf dem Weltmarkt. Diese Verlustwirtschaft, die die Folge einer solchen Exportpolitik im Westen sein muß, hat bisher dazu geführt, daß die Ruhrkohlenzechen einen monatlichen Zuschuß von 50 Millionen RM erhalten müssen, daß sie bis jetzt einen Betrag von mehr als 700 Millionen RM als Zuschüsse oder als Kredit in Anspruch nehmen mußten. Was ergibt sich daraus? Es ergibt sich daraus, daß die deutsche Kohle, die für die gesamte deutsche Industrie von ungeheurer Bedeutung ist angesichts des katastrophalen Kohlenmangels in ganz Deutschland, exportiert wird und daß fünf Sechstel des Verkaufserlöses nicht an die deutschen Zechen gegeben werden, sondern auf dem Wege von Krediten den Zechen wieder zugeführt werden müssen. ...

In der Erklärung des Marschalls Sokolowski ist noch eine wichtige Tatsache festgehalten, nämlich die, daß die Sowjetunion auf ihrer Forderung nach Reparationen, auch in der angekündigten Höhe, bestehen bleibt, aber daß sie bereit ist, alles, was geliefert worden ist, auf diese Reparationen anzurechnen, d. h., es werden auch die Werte der demontierten Betriebe in der sowjetischen Zone auf Reparationskonto angerechnet.

Die zweite Frage ist die der Versorgung der deutschen Zivilbevölkerung. Die Erklärung des Marschalls Sokolowski hat eine ungeheure Bedeutung deshalb, weil hierbei endgültig festgestellt worden ist, daß die Rohstoffe und Hilfsmaterialien unseres Landes für die Versorgung unserer eigenen Bevölkerung im großen und ganzen zur Verfügung stehen werden.

Dadurch, daß wir die Möglichkeit erhalten, einige einheimische Rohstoffe für Reparationswaren zu verarbeiten und dafür als Ersatz ausländische, insbesondere sowjetische Rohstoffe erhalten werden, wie dies besonders bei Baumwolle und Wolle der Fall sein wird, dadurch werden wir in der Lage sein, unsere eigenen Rohstoffquellen zu entwickeln, und das Ergebnis dieser Arbeit wird der Versorgungsbasis unseres eigenen Volkes zugute kommen.

Die dritte Frage ist die des zukünftigen Standes der industriellen Produktion der sowjetischen Zone. Ich betrachte diese Erklärung als die entscheidende, weil sie in der offensichtlichsten Weise den Zusammenhang offenbart zwischen der Erklärung des Marschalls Sokolowski und den demnächst beginnenden Friedensverhandlungen über Deutschland. Ich weiß nicht, ob es Ihnen bekannt ist, daß kurz nach dem Herauskommen der Erklärung des Marschalls Sokolowski die übrigen Vertreter im Kontrollrat zwar nicht protestierten, aber ausführliche Erklärungen der Sowjetunion über den von ihr beabsichtigten Kurs verlange haben. Diese Tatsache demonstriert, welche ungeheure Bedeutung diese Frage hat. Sie demonstriert auch, daß diese Erklärung über das zukünftige Industriepotential in der sowjetischen Zone eine im voraus erfolgte Festlegung des Standpunktes der Sowjetunion bei den zukünftigen Friedensverhandlungen ist. Die Erklärung des offiziellen Vertreters der Sowjetregierung: wir werden trotz Vorhandensein des Reparationsplanes der Alliierten in unserer Zone einen Stand der industriellen Produktion zulassen, der das Zwei- bis Dreifache dessen betragen wird, was im Reparationsplan festgelegt ist, ist von allergrößter internationaler Tragweite. ...

Über eines müssen wir uns klar sein. Der Wirtschaftsplan ist kein Allheilmittel, er ist keine Universalarznei, die man dem Kranken nur einzugeben hat. Der Plan ist nicht das Allheilmittel gegen alle wirtschaftlichen Schwierigkeiten. Wenn es in der östlichen Zone nur Produktionsmöglichkeiten für 2 ½ Millionen Tonnen Steinkohle gibt, dann kann kein Plan mehr Kohlen im Osten fördern. Kein Plan kann eine Tonne Stahl oder Eisen mehr schaffen, und wir werden im Osten keine Baumwolle anbauen können. Es wäre falsch, den Plan als ein Allheilmittel anzusehen. Es besteht die Gefahr, daß draußen eine solche Auffassung entsteht: Es liegt eben einfach am Plan. Seien wir uns darüber klar, daß der Gegner auf solche Dinge wartet, wo er dem Gedanken der Wirtschaftsplanung aus den tatsächlichen Schwierigkeiten heraus Abbruch tun kann. Wenn in Leipzig Wasch- und Gemüsefrauen erzählen, daß wir keine Butter haben, daß Selbmann sie nach England schickt, um Rohstoffe zu bekommen, dann ist das eine Form, in der unsere volkswirtschaftliche Planung diskreditiert werden soll. Ich betone deshalb ausdrücklich, Wirtschaftsplanung ist kein Allheilmittel. Aber sie bietet die Grundlage für eine maximale Ausschöpfung der uns gegebenen Möglichkeiten. Das ist das Entscheidende. Sie bietet die Handhabe für die volkswirtschaftlich wertvollste Einsetzung der Kapazität unserer Rohstoffe und auch die Möglichkeit, die uns fehlenden Rohstoffe durch eine vernünftige Wirtschaftspolitik hereinzubringen. Darin liegt die Bedeutung des Planes als Mittel zur maximalen Ausschöpfung aller wirtschaftlichen Möglichkeiten in unserem Lande und in unserer Zone.

Wir haben schon einige Erfahrungen in der Planung. Es ist keineswegs so, daß wir mit dem Plangedanken auf völligem Neuland stehen. Wir haben schon 1 ½ bzw. 1 ¼ Jahr geplant, und unsere Pläne sehen heute schon ganz ordentlich aus, zumindest im Vergleich zu dem ersten Plan, den ich mit Direktor Dr. Lang von der Industrieverwaltung 7, der damals mein Staatssekretär war, gemacht habe. Und wir haben schon einige Ergebnisse der Planung. Das wird manchmal einfach übersehen. Wenn wir z. B. in der Kohlenindustrie im Jahre 1946 unseren Plan erfüllt und übererfüllt haben, dann ist das der beste Beweis dafür, daß man die Wirtschaftsvorgänge wirklich planen kann. Wenn ich einige Zahlen nennen soll: Wir haben im Jahre 1946 im Steinkohlenbergbau geplant eine Förderung von 2 448 000 Tonnen, gefördert wurden 2 480 000 Tonnen gleich 101,3 Prozent. Im Braunkohlenbergbau wurden geplant: Rohbraunkohle 30 966 000 Tonnen, gefördert wurden 31 752 000 Tonnen gleich 102,5 Prozent. In der Brikettherstellung wurden geplant: 9 325 000 Tonnen, erzeugt wurden 9 436 000 Tonnen gleich 101,2 Prozent. In der Erzeugung von Schwelkoks wurden geplant: 2 637 000 Tonnen, erzeugt wurden 2 611 000 Tonnen gleich 99 Prozent.

Diese Zahlen beweisen eines: Man kann für ein Jahr, also für einen verhältnismäßig großen Abschnitt, die Produktion in einem Wirtschaftszweig auf jeden Fall planen. Es wird damit die Behauptung widerlegt, daß eine Planung der Wirtschaftsvorgänge über einen längeren Zeitraum überhaupt unmöglich sei. Ein Beispiel dafür, wie man durch Planung außerordentlich ernste Probleme lösen kann: Das Problem des Hereinströmens von Millionen von Menschen in unser Land, die untergebracht werden mußten, konnte im Jahre 1946 nur gelöst werden durch Planung der Wirtschaftsvorgänge, durch Planung der Arbeitslenkung, durch planmäßige Beschaffung von Arbeit und Unterbringungsmöglichkeit. Und wenn wir im Jahre 1946 die Zahl der Arbeitslosen in Sachsen von 204 000 auf 37 000 herabdrücken konnten, wenn wir die Zahl der tätigen Menschen von 1 981 000 auf 2 405 000 steigern konnten, also um 420 000, wenn wir mehr als 700 000 Umsiedler, Männer, Frauen und Kinder, im vergangenen Jahr in Arbeit und Brot unterbringen und gleichzeitig die Arbeitslosigkeit beseitigen konnten, so ist dies der beste Beweis dafür, daß eine sorgfältige Planung der Wirtschaftsvorgänge außerordentlich große volkswirtschaftliche Resultate zeitigt.

Mängel unserer Planungsarbeit

Wir haben schon einige Erfahrungen in der Planungsarbeit, positive und auch negative. Ich stehe nicht an, einige negative Erscheinungen aufzuzeigen.

Wir haben noch eine ungenügende Abstimmung der Pläne der einzelnen Zweige der Wirtschaft. Man kann nicht Industrieproduktion planen, ohne gleichzeitig die Frage der Transportplanung einzubeziehen. Industrieplanung ohne sorgfältige Abstimmung der Transportplanung muß immer wieder zu Schwierigkeiten führen. Man kann nicht einen Industrieplan ohne gleichzeitige Planung der Verteilung der Fertigwaren der Industrie machen. Man kann nicht die Wirtschaft auf dem industriellen Sektor planen, ohne gleichzeitig die Wirtschaftsvorgänge auf dem Gebiete der Landwirtschaft zu planen, die Versorgung der Landwirtschaft mit Düngemitteln, Maschinen usw. Nur wenn alles dieses zusammengefaßt wird, gelangt man zu einer einheitlichen Wirtschaftsplanung. Einer der Mängel unserer Planarbeit ist also die ungenügende Abstimmung der einzelnen Teile unserer Wirtschaftsplanung und ihre ungenügende Koordinierung und Zusammenfassung zu einem umfassenden Wirtschaftsplan.

Ein weiterer Mangel, der sich in unserer Planarbeit zeigt, ist ein gewisser Bürokratismus, der vor einiger Zeit auf dem Punkt angelangt war, zu einem ernsten Hemmnis unserer wirtschaftlichen Entwicklung zu werden. Wir haben nicht die Auffassung, daß unsere Planung und unsere Wirtschaft durch diesen Bürokratismus ernstlich in Gefahr gebracht werden könnten. Denn wir sehen frühzeitig die Gefahr und treffen die notwendigen Maßnahmen. Wir haben schon jetzt die ersten Anweisungen zur vereinfachten Berichterstattung gegeben. Die Gefahr der Verbürokratisierung ergab sich teilweise dadurch, daß die Aufbaumaßnahmen mit Kräften geleistet werden mußten, die erst langsam in ihre Aufgabe hineinwachsen. Dadurch ergibt sich der Zustand, daß sie zu bürokratischen Maßnahmen Zuflucht nehmen. Frühzeitig muß eine Wirtschaftsführung eine solche Gefahr erkennen, und wir haben sie gebannt.

Wir haben andere Mängel in der Planarbeit; wir haben heute noch eine ungenügende Kontrolle der Fertigung. Sie wissen, daß wir im Jahre 1945 produzieren mußten aus allem, was vorhanden war, aus Abfällen usw., nur damit die Wirtschaft nicht stillstand. Wir haben vor einem Jahr schon gesagt, wir müssen aus diesem Zustand der Improvisation herauskommen. Wir haben unsere Planzahlen für 1946 nicht nur erfüllt, sondern mit 20 Prozent übererfüllt. Auf manchem Gebiet war mir das nicht sehr angenehm, z. B. auf dem Gebiet der kosmetischen Fabrikate, auf dem Gebiet der Erzeugung von Metallwaren. Übererzeugung auf diesen Plangebieten macht mir keineswegs ein reines Vergnügen. Was wir abstellen müssen, ist, daß wir bei Metallwaren eine Erfüllung von 200 und mehr Prozent und bei Erzeugnissen der Feinmechanik und Optik für den Export nur eine Planerfüllung von 85 bis 90 Prozent haben. Wir haben eine große Zahl von Herstellungsverboten und Erzeugungsverboten. Ich frage Sie, werden diese Verbote überall beachtet? Es wird noch eine Menge Zeug hergestellt, das nicht notwendig ist. Unsere Herstellungs- und Erzeugungsverbote müssen beachtet werden, und wer sie nicht beachtet, muß so behandelt werden, als ob er gegen die Gesetze des Landes verstößt.

Eine weitere negative Erscheinung sind die noch immer sehr

zahlreichen Verstöße gegen Wirtschaftsvorschriften. Die Ursachen liegen z. T. noch an dem jetzigen Zustand der Organisation. Wenn wir eine richtige Abstimmung zwischen den einzelnen Plangebieten, Produktion und Verwendung haben, dann wird es möglich sein, die erzeugten Waren den richtigen Zwecken zuzuführen. Solange diese Abstimmung nicht durchgeführt ist, besteht eine Lücke, und durch diese Lücke fällt ein großer Teil unseres Sozialproduktes. Wir werden von der Regierung aus alles tun müssen, um diese Lücke zu schließen, aber wir werden auch alles tun müssen, um die Verstöße gegen die Bewirtschaftungsvorschriften endlich zu unterbinden. Wir wissen, daß im Westen der Schwarze Markt zu einem festen Bestandteil der Wirtschaftspolitik geworden ist. Wir wollen, daß bei uns der Schwarze Markt und das Schiebergeschäft immer Angelegenheit unserer Kriminalpolizei bleiben. Wir werden deshalb einen rücksichtslosen und erbarmungslosen Kampf gegen alle die führen, die um ihres Profites willen, ohne Rücksicht auf die Not unseres Volkes, Teile unseres Sozialproduktes verschieben und auf dem Schwarzen Markt verhandeln. Sie wissen, daß ein solches Gesetz im Landtag zur Diskussion steht und demnächst zur Abstimmung kommt. Es wäre notwendig, ein klein wenig Augenmerk auf diese Sitzung des Landtages zu richten, in der das Gesetz verabschiedet wird. Mit diesem Gesetz wird die Möglichkeit gegeben sein, alle diejenigen zu bestrafen, die durch Schwarzhandel Teile unserer Erzeugnisse verschieben und es unmöglich machen, die Bevölkerung mit den notwendigsten Bedarfsartikeln zu versorgen. Aber diese Gauner werden nicht nur bestraft, sondern sie werden auch aus der Wirtschaft für immer ausgeschaltet werden.

Es gibt Fälle, daß z. B. eine einzelne Firma in einem Jahr 245 000 Paar Damenstrümpfe der Wirtschaft entziehen konnte. Wenn wir uns vorstellen, daß es nicht nur eine Firma ist, die das so macht, sondern daß es eine Anzahl solcher Firmen gibt, da, glaube ich, begreift jeder, welche Bedeutung es für unsere gesamte Versorgung haben kann, wenn wir dieser Schiebungen und Schwarzmarktgeschäfte endlich Herr werden.

In dem Zusammenhang müssen wir auch die Frage der Kompensationsgeschäfte sehen. Ich mache einen Unterschied zwischen einem Schieber, zwischen einem Scharzmarkthändler, der aus egoistischen Gründen Waren verschiebt, und einem Unternehmer oder Betriebsleiter, der aus Sorge, daß ihm der Betrieb zum Stillstand kommt, einmal ein Geschäft macht, das vielleicht unter dem Begriff ‚Kompensationsgeschäft' fällt. Ich mache einen Unterschied, aber ich sehe auch ganz deutlich, hier müssen wir ebenfalls zur Ordnung kommen, denn wenn wir nicht zur Ordnung kommen, wenn wir nicht wirklich dazu kommen, daß unsere Wirtschaftsvorgänge im Rahmen des Planes sich vollziehen, dann werden wir nicht in der Lage sein, die notwendigen Anforderungen der einzelnen Betriebe zu erfüllen. Für unsere landeseigenen Betriebe will ich nun sagen, daß ist durch die Generaldirektion wie auch durch die Außenstellen zum Ausdruck gebracht worden. Wenn Sie glauben, daß Sie, um Ihren Betrieb vor einer plötzlichen Stillegung zu bewahren, sich nicht anders helfen können als durch die Vornahme einer geschäftlichen Transaktion, die vielleicht so ausgelegt werden könnte wie ein Kompensationsgeschäft, dann versichern Sie sich vorher der Zustimmung der entsprechenden staatlichen Wirtschaftsführungsstelle, und wenn irgendwie die Möglichkeit gegeben ist, eine solche geschäftliche Manipulation durch die Ausstellung von Lieferanweisungen oder Freigabescheinen zu legalisieren, wird diese Möglichkeit ergriffen werden, aber hüten Sie sich davor, sich an illegale und ungesetzliche Handlungen zu gewöhnen. Seien Sie sich darüber klar, daß über kurz oder lang wir auch gegen solche Verstöße gegen die Planung, die nicht aus egoistischen Gründen diktiert sind, schärfer vorgehen müssen. Daß wir bei den Leitern der Landeseigenen Betriebe nicht allein mit den Mitteln vorgehen werden, wie wir sie z. B. bei den Privatunternehmern anwenden, unter Umständen die Entfernung aus den Betrieben, Enteignung der Betriebsinhaber, sondern, da wir ja landeseigene Unternehmen nicht mehr enteignen können, einfach auf die strafrechtliche

Verantwortung des Betriebsleiters zukommen. Seien Sie sich darüber klar, wir werden nicht unsere Betriebsleiter aus Gründen der Staatsräson massenweise opfern, aber wenn ich rechtzeitig warne, dann kann ich verlangen, daß nach einem gewissen Zeitpunkt, nachdem diese Warnung publik geworden ist, sie befolgt wird. An einem gewissen Punkt hört die Toleranz auf, und wir werden dann nicht nur mit Entfernung eines Betriebsleiters aus dem landeseigenen Betrieb uns begnügen, sondern auch strafrechtlich ihn zur Verantwortung ziehen. Beachten Sie das bitte sehr ernstlich und beschweren Sie sich nicht eines Tages, daß ich es Ihnen nicht rechtzeitig gesagt habe.

Betriebe des Volkes müssen Vorbilder für die gesamte Wirtschaft sein. Das gilt für die Betriebsleiter, und das soll auch für die Betriebsräte gelten. Auch die Betriebsräte und unsere Verwaltungsräte in der Industrieverwaltung sollen Vorbilder sein. Deshalb muß auch verschwinden, daß gewissermaßen der Grundsatz legalisiert wird, daß die Arbeiter in den einzelnen Betrieben neben der geldlichen Entlohnung ein Anrecht auf Entschädigung in natura haben. Ich weiß, daß zu Weihnachten in einer Anzahl von Betrieben Gratifikationen in Form von Textilien, Bürsten und Besen gegeben worden sind. Ich weiß, daß in einer Stadt Betriebsräte und Gewerkschaftsfunktionäre, ich glaube sogar offiziell, erklärt haben, daß der alte Spruch aus der Bibel in unserer Wirtschaft eingeführt werden müßte: ‚Man soll dem Ochsen, der da drischt, das Maul nicht verbinden.' Wenn die Dinge schon so weit gediehen sind, ist es Zeit, daß man eingreift. Wenn in einer einzigen Stadt, z. B. durch Befolgung dieses Grundsatzes 45 000 bis 50 000 Meter Textilwaren der Bewirtschaftung verlorengegangen sind, dann ist damit ein wirtschaftliches Faktum gegeben, an dem keine Wirtschaftsführung vorübergehen kann. Wir müssen uns über eines klar sein: Man kann vielleicht in einer Textilfabrik den Arbeitern ein Deputat an Textilien geben oder in einer Schuhfabrik ein Deputat an Schuhen, in einer Schnapsfabrik ein Deputat an Schnaps. Was gibt aber z. B. die Schiffswerft Übigau, und was gibt das Röhren- und Fittingwerk, und was gibt die Waggonfabrik Busch und die Wumag in Görlitz? Seien Sie sich über die Konsequenz einmal klar: Der Arbeiter der Schiffswerft Übigau wird, wenn er sieht, daß sein Kollege in einer Textilfabrik seinen Lohn zum Teil in natura bekommt, unzufrieden werden. Wir können es nicht dazu kommen lassen, daß unser ganzer wirtschaftlicher Aufbau gefährdet wird, einfach weil wir nicht rechtzeitig bei diesen Dingen eingreifen. Wir müssen uns darüber klar sein, daß wir aus den Schwierigkeiten nur herauskommen, wenn wir es fertigbringen, alle unsere wirtschaftlichen Kräfte in planvoller Weise auszunutzen und dafür zu sorgen, daß niemand es wagt, gegen den Plan zu verstoßen. Nur dadurch sind wir in der Lage, allmählich und schrittweise auch die Versorgung unserer Arbeiter mit den notwendigsten Bedarfsartikeln sicherzustellen. Ich glaube, daß das Gesetz, das jetzt im Landtag behandelt wird, uns die Möglichkeit gibt, dort, wo der böse Wille vorhanden ist, auch mit den Mitteln des Gesetzes und des Strafrechts Ordnung zu schaffen und dafür zu sorgen, daß unsere Wirtschaftsplanung nicht umgestoßen werden kann.

... Es wurde bekannt, daß vor einigen Tagen Streiks stattgefunden haben oder Arbeitsniederlegungen durchgeführt worden sind, weil befürchtet wurde, daß eine Anzahl von Betrieben früherer Nazis und Kriegsverbrecher diesen wieder zurückgegeben werden sollte. Arbeitsniederlegungen sind eine ernste Tatsache, und deshalb hat die Regierung diesen Dingen nicht einfach teilnahmslos zusehen können. Es fanden Verhandlungen und Besprechungen der Regierung mit den Blockparteien statt, an denen Delegationen dieser Betrieb teilgenommen haben, und in den Besprechungen ist es zu dem Beschluß gekommen. Auch sind die Landesregierung und die Parteien darüber einig, daß die sogenannte Gnadenaktion des Volksentscheids grundsätzlich abgeschlossen ist. Es ist ferner entschieden worden, daß dort, wo ein Betrieb zur Rückgabe vorgeschlagen werden soll, ob durch Präsidialkommission oder Regierung, folgendes gilt: Beschlüsse über die Rückgabe enteigneter Betriebe müssen den

Vertretern der Belegschaften der betreffenden Betriebe zur Stellungnahme vorgelegt werden, bevor die Landesregierung einen endgültigen Beschluß faßt.

Ich halte es für nötig, diesen Beschluß mitzuteilen, weil damit jede Notwendigkeit von Protestaktionen in den Betrieben überflüssig wird. Ich glaube, es wird Sie schon mit einigem Vertrauen erfüllen, daß dieser Beschluß und seine Durchführung in meinem Händen liegt. Als Wirtschaftsminister kann ich natürlich kein Interesse an Arbeitsniederlegungen haben. Ich habe daran Interesse, daß das Wirtschaftsleben normal verläuft. Aber wenn die Arbeiter in Sachsen zur Verteidigung der demokratischen Rechte und der Demokratie überhaupt Arbeitsniederlegungen durchführen, dann erkläre ich, ich bin schließlich ein demokratischer Wirtschaftsminister und möchte es auch bleiben: Ich glaube, unsere Arbeiter werden unsere demokratische Neuordnung schon verteidigen und irgendwelche Korrekturen und Rückwärtsentwicklungen nicht zulassen."[28]

Die Erklärung des Chefs der Sowjetischen Militäradministration in Deutschland, die er in der Unterredung mit den Vorsitzenden der SED, Pieck und Grotewohl, abgab, hatte große historische Bedeutung. Sie bezog sich sowohl auf die angekündigte Aufhebung von Beschränkungen der Industrieproduktion in der Ostzone wie auf die generelle Absage an den vom Kontrollrat beschlossenen Industrieplan, durch den die Industrieproduktion Deutschlands auf ein unerträglich niedriges Maß beschränkt werden sollte. Die Sowjetunion machte damit dem von den westlichen Besatzungsmächten zu dieser Zeit noch vertretenen Plan einer Entindustrialisierung Deutschlands ein jähes Ende. Die Absage solcher Pläne wirkte besonders überzeugend, da sie gleichzeitig verbunden war mit der Rückgabe von 74 Betrieben, die bereits Bestandteil sowjetischer Aktiengesellschaften waren und von denen eine größere Zahl in Sachsen liegt.

Noch weitaus größeres Interesse erweckte natürlich bei der Bevölkerung die Zusage Marschall Sokolowskis, bald eine Verbesserung der Lebenslage der Bevölkerung durchzuführen. Das Leben in der sowjetischen Besatzungszone war zu dieser Zeit, also im Winter und Frühjahr des Jahres 1947, besonders hart und schwierig. Die Ernte des Jahres 1946 war schlecht gewesen, vorhandene Vorräte an Lebensmitteln waren im Laufe von 1 ½ Jahren so gut wie restlos aufgebraucht, und die allgemeine Not war deshalb zu Anfang des Jahres 1947 noch größer als im vorhergehenden Jahr. Hinzu kam, daß der Winter 1946/47 strenger war als in anderen Jahren, so daß insbesondere die Braunkohlenförderung im sächsischen Raum außerordentlich behindert wurde. Dies führte zu einer äußersten Anspannung der Versorgungslage mit Brennstoffen sowohl der Betriebe als auch der Bevölkerung. Das Braunkohlenbrikett wurde zeitweise zur Währungseinheit auf dem Schwarzen Markt. Ganz allgemein mußte überhaupt ein Überhandnehmen des Schwarzen Marktes verzeichnet werden, was zu einer noch zusätzlichen Beeinträchtigung der normalen Versorgung der Bevölkerung führte.

Die Landesregierung und die antifaschistischen Organisationen appellierten zwar in Aufrufen und Appellen an die Bevölkerung und an die Arbeiter in den Betrieben, doch konnte diesen Aufrufen in jenen kritischen Monaten kein großer Erfolg beschieden sein.

Im Kampf gegen Schwarzhandel und Schiebertum mußte die Landesregierung Sachsen einen Schritt über die bisherige Art der Bekämpfung dieser asozialen Erscheinungen hinaus tun. Notwendig war die Schaffung gesetzlicher Grundlagen für den Kampf gegen Schieber und Spekulanten, da es bisher solche gesetzlichen Handhaben noch nicht gab. Nach einer von der Fraktion der SED im Sächsischen Landtag ausgehenden Initiative legte deshalb die Landesregierung den Entwurf eines Gesetzes zur Bekämpfung von Wirtschaftsverbrechen vor, der im Sächsischen Landtag, in dem sich inzwischen ein lebhaftes parlamentarisches Treiben entwickelt hatte, behandelt wurde. Die Sitzungen des Sächsischen Landtages waren oft recht lebhaft und angefüllt mit kritischen Reden und Polemiken von seiten der Fraktionen der kleinbürgerlichen Parteien gegenüber Maßnahmen der Landesregierung, wobei oft auch ich als deren Vertreter in der Schußlinie stand und mich mit solchen gegnerischen Angriffen auseinandersetzen mußte.

Bei der Behandlung des Gesetzentwurfes zur Bekämpfung von Wirtschaftsverbrechen hatte die Fraktion der SED einen Zusatzantrag gestellt, der die Aufnahme einer Bestimmung in das Gesetz bewirken sollte, wonach in besonders schweren Verbrechensfällen auch die Todesstrafe zur Anwendung kommen sollte. Ich war persönlich ein Gegner der Todesstrafe, was besonders mit den Erfahrungen zusammenhing, die ich beim Aufenthalt in faschistischen Konzentrationslagern gemacht hatte. Trotzdem mußte ich in meiner Eigenschaft als Abgeordneter im Auftrag der Fraktion der SED deren Zusatzantrag begründen. Vor allem aber ging es uns darum, aufzuzeigen, welche großen Mängel in der Verbrechensbekämpfung noch in der Justizverwaltung des Landes vorhanden waren, an deren Spitze der inzwischen zum Justizminister des Landes aufgerückte Vorsitzende der LDPD, Prof. Hermann Kastner, stand. Ich sprach also im Landtag nicht als Minister und somit als unmittelbarer Kollege des Justizministers, sondern als Abgeordneter der SED-Fraktion. Ein Auszug aus meiner Rede im Landtag zu diesem Punkt mag hier folgen.

„Eine der Belastungen, die unserem Wirtschaftsaufbau im Wege steht, ist die durch das nazistische Regime, durch den Krieg und durch die Erscheinungen der Nachkriegszeit hervorgerufene Zerrüttung der Wirtschaftsmoral.

Diese Zerstörung der Wirtschaftsmoral, dieses Vergessen der Verantwortung desjenigen, der in der Wirtschaft steht, gegenüber dem gesamten Volk und seinem Wohl ist eine Erscheinung, die wir heute mehr oder weniger, in den einzelnen Teilen Deutschlands mehr als in den anderen, in ganz Deutschland haben. Ich darf Sie in diesem Zusammenhang nur an eine Reihe von Äußerungen aus den westlichen Zonen erinnern, wo verantwortungsvolle Politiker, Wirtschaftler und Juristen in der letzten Zeit immer wieder hinwiesen auf das Absinken der Wirtschaftsmoral und darauf, daß dadurch die Bewirtschaftung der uns in so engem Rahmen zur Verfügung stehenden Nahrungsmittel und industriellen Güter praktisch nicht mehr zur ausreichenden Versorgung der Bevölkerung möglich ist. Ich darf Sie erinnern an die sicherlich auch Ihnen bekannte Äußerung des Herrn Ellscheid, eines führenden Mannes des bizonalen Wirtschaftsamtes in Minden, der vor kurzem lapidar feststellte, daß das gesamte Wirtschaftsleben in den westlichen Zonen sich außerhalb der Grenzen jeder Wirtschaftsmoral bewegt.

Wir sind der Meinung, daß allein auf dem begonnenen Weg eine Überwindung der Not möglich sein wird, daß allein ein Fortschreiten auf dem im Jahre 1945 beschrittenen Weg es möglich machen wird, die ungeheuren Schwierigkeiten, die sich unserem wirtschaftlichen Wiederaufbau in den Weg stellen, zu überwinden.

Wir dürfen aber nicht übersehen, daß auch unsere Bemühungen um den wirtschaftlichen Aufbau in Gefahr sind, daß auch bei uns, in unserem Land, ein Absinken der Wirtschaftsmoral eintritt. Gewiß ist der Schwarze Markt in unserem Land, in unserer Zone nicht ein solch selbstverständlicher Bestandteil der Wirtschaftspraxis wie im Westen. Gewiß ist es bei uns nicht so, daß man ungeniert und ungehindert alles auf dem Schwarzen Markt, angefangen von der amerikanischen Zigarette bis zum mit englischen Tarnfarben angestrichenen Volkswagen oder bis zum vollkommenen Kohlenzug, kaufen kann. Gewiß ist bei uns der Schwarze Markt doch mehr oder weniger eine Angelegenheit unserer Kriminalpolizei und der Justiz und sicherlich nicht eine solche alltägliche Erscheinung wie im Westen.

Ich hatte vor kurzem eine Unterredung mit einem englischen Journalisten, eine ziemlich lange Unterredung. Dieser englische Journalist sagte zu mir: ‚Wissen Sie, ich glaube, Sie sehen das, was ich sehe, doch nicht ganz so, weil Sie zu nahe dran sind. Sie haben die Grundlagen geschaffen für eine Entwicklung Ihrer

Wirtschaft, die sich vielleicht erst viel später zeigen wird, die aber heute noch überdeckt ist durch die Not des Alltags, die sich bei Ihnen auf allen Gebieten zeigt, bei Ernährungsgütern, bei industriellen Fertigwaren, in Fragen des Wohnraumes und des Brennmaterials. Das überdeckt heute noch die großen und strukturellen Fortschritte, die Sie in der Grundlage des neuen Aufbaues gemacht haben.' Ich glaube, das ist richtig, die Not des Alltags, der Hunger, der teilweise in unserem Lande ist, die Schwierigkeiten der Versorgung mit industriellen Fertigwaren, mit Textilien usw. lassen heute noch nicht zu, daß unser ganzes Volk mit klarem Blick alle die großen Dinge sieht, die zum Neuaufbau des Wirtschaftslebens in unserem Lande durchgeführt worden sind. Diese Nöte des Alltags entmutigen manchmal unser Volk. Ich glaube, es ist notwendig auszusprechen, daß diese Not unseres Volkes, die nicht nur materiell, sondern auch ideologisch und psychologisch ungeheuer ernst aufzufassen ist, vergrößert wird, wenn nicht Mittel und Wege gefunden werden, um jeder Art von Wirtschaftssabotage und Wirtschaftsverbrechen und asozialen Handlungen gegen die Gemeinschaftsinteressen ein Ende zu machen.

Wirtschaftssabotage vergrößert die Not unseres Volkes. Unzählige Zuschriften aus der Bevölkerung zeigen mir, daß diese Frage in unserem Volke auch richtig gesehen wird. Daß wir sehr wenig Lebensmittel zu verteilen haben, daß wir wenig Fertigwaren zur Verteilung bringen können, kann man noch verstehen. Aber daß dabei Schieber und Schwarzhändler in der Lage sind, mit den Nöten des Volkes noch ihre Geschäfte zu machen, und daß der Staat nicht in der Lage sein sollte, diesen Dingen ein Ende zu bereiten, das wird nicht begriffen! In allen Zuschriften, die mir in dieser Beziehung zugehen, wird immer wieder zum Ausdruck gebracht, daß die Bevölkerung davon Kenntnis nimmt, daß der verlorene Hitlerkrieg schwere wirtschaftliche Folgen mit sich gebracht hat. Es ist ungeheuer schwer, wieder aus dem Dreck herauszukommen. Aber eins müssen wir fordern: Macht doch endlich Schluß mit den Schiebern und Schwarzhändlern und den übrigen gewinnsüchtigen Elementen! Ich glaube daher, daß es notwendig ist, darauf hinzuweisen, daß diese Stimmung des Volkes nicht unbegründet und nicht unberechtigt ist. Ich weiß aus meiner eigenen Erfahrung, daß, wenn es möglich wäre, das Schieberwesen und den Schwarzhandel zu beseitigen, wir wohl in der Lage wären, erheblich mehr an industriellen Fertigwaren der Bevölkerung zur Verfügung zu stellen. Darüber gibt es keinerlei Diskussion. Jeder, der praktisch von der Wirtschaft etwas versteht, weiß, daß, wenn dieses Loch, in das heute noch große Teile unserer industriellen Produktion hineinfallen, endlich geschlossen würde, wir dann in der Lage wären, eine erhebliche Besserung in der Verteilung von Bedarfsgütern wie Textilien, Nähgarnen, Stopfgarnen, Schuhsohlen usw. herbeiführen zu können. Daraus erklärt sich die große Anteilnahme der gesamten Bevölkerung an der Beratung eines solchen Gesetzes, wie es schon in den vorigen Sitzungen des Landtages zum Ausdruck kam. Daraus erklären sich auch die vom FDGB gestellten Anträge. Das Volk weiß: Solange Schieber und Schwarzhändler noch in der Lage sind, ihre Geschäfte zu machen, einen Teil unserer Produktion für ihre eigennützigen Zwecke zu verschieben, werden wir nicht in der Lage sein, die Bevölkerung besser mit industriellen Fertigwaren zu versorgen.

Sachsen ist das Land der Textilindustrie und leider auch das der Damenstrümpfe. Ganz Deutschland, alle Schieber und Schwarzhändler wissen heute, daß das lukrativste Geschäft auf dem Schwarzen Markt das mit Damenstrümpfen ist! Der Damenstrumpf nimmt ein geringes Volumen ein, man kann ihn leicht transportieren, man kann ihn überall anbieten, und er wird überall gekauft. Darum ist Sachsen ein sehr anziehendes Gebiet für Schwarzhändler und Schieber. Wer, wie ich manchmal, auf amtlichem Wege von Geschäften Kenntnis erhält, die auf dem Schwarzen Markt in Berlin, Köln oder Hamburg mit Strümpfen getätigt werden, die aus Chemnitz stammen, und wer andererseits weiß, daß wir nicht in der Lage sind, unseren eigenen Bedarf an Damenstrümpfen zu decken, der muß allmählich einen hohen Grad der Verbitterung erreichen gegenüber den Unzulänglichkeiten, mit denen wir diese Dinge bekämpfen.

Ich sage daher, der Staat ist verpflichtet, die schärfsten staatlichen Machtmittel gegen asoziale Elemente anzuwenden, die aus der Not des Volkes Vorteile ziehen und Kapital schlagen, die alle unsere Bemühungen und unsere schwierige Arbeit, das Wirtschaftsleben in Ordnung zu bringen, immer wieder sabotieren und durchkreuzen und eine Versorgung unserer Bevölkerung mit den notwendigen Gebrauchsgütern unmöglich machen. Wir glauben, daß es notwendig ist, für den Kampf gegen Wirtschaftssabotage und Wirtschaftsverbrechen usw. unanfechtbare gesetzliche Grundlagen zu schaffen. Man kann gegen Wirtschaftssaboteure und Wirtschaftsverbrecher in Zeiten, in denen sich ein neues staatliches Leben noch nicht entwickelt hat, vielleicht mit Verwaltungsmaßnahmen durchgreifen. Aber seit dem Zusammenbruch sind bereits zwei Jahre vergangen. Wir glauben, daß zu dem Kampf gegen Wirtschaftssabotage und gegen Wirtschaftsverbrechen heute die Schaffung einwandfreier gesetzlicher Grundlagen erforderlich ist. Der Kollege Prof. Dr. Kastner hat das Kontrollratsgesetz Nr. 50 angezogen und mit Recht gesagt, daß es nicht alle Tatbestände umfasse und eine nicht ausreichende Grundlage für den Kampf gegen Schieber, Schwarzhändler und Saboteure am Wirtschaftsaufbau biete. Wir sind aber auch der Meinung, daß die bisher angewandten gesetzlichen Bestimmungen für die Verfolgung dieser Wirtschaftsverbrecher nicht ausreichen, daß es teilweise auch aus politischen Gründen notwendig ist, an ihre Stelle neue gesetzliche Grundlagen zu setzen.

Es ist heute so, daß eine Reihe von Wirtschaftsvergehen, die außerordentlich ernst sind, praktisch nur auf Grund der Kriegswirtschaftsverordnung verfolgt werden können. Es ist keine angenehme und erwünschte Tatsache, Wirtschaftsverbrechen, die sich gegen den demokratischen Aufbau der Wirtschaft richten, mit Hitlergesetzen abzuurteilen. Jedem Richter fällt es schwer, dies zu tun. Ich habe für die heikle Lage des Richters darum durchaus Verständnis. Ich bin also der Meinung, daß wir heute soweit sind, gesetzliche Grundlagen zu schaffen, anstatt alte Notverordnungen zur Bekämpfung dieses Übelstandes heranzuziehen.

Der Herr Kollege Prof. Dr. Kastner hat den Befehl Nr. 160 angeführt, der durchaus eine Verfolgung der Wirtschaftssabotage möglich machen soll. Ich bin vielleicht nicht vollständig unterrichtet, wenn ich sage, daß ich mich nicht entsinnen kann, daß jemals im Lande Sachsen ein Urteil auf Grund des Befehls 160 erfolgt ist. Das wesentlichste Hindernis dabei war, daß nach Auffassung der Justizbehörden, die auch teilweise vom Gesetzgeber so kommentiert wurde, die Voraussetzung für die Strafverfolgung nach Befehl Nr. 160 der Nachweis der Vorsätzlichkeit der Sabotage sein muß. Nun, meine Damen und Herren, es hat sich in einer Reihe von Strafverfahren, die durchgeführt worden sind, in der Regel ergeben, daß die Ermittlungen im Vorverfahren bei der Staatsanwaltschaft das Ergebnis brachten, daß die Vorsätzlichkeit der Sabotage nicht nachgewiesen werden kann. Tatsache ist jedenfalls nach meiner Kenntnis, daß bisher auf Grund des Befehls Nr. 160 wegen Wirtschaftssabotage nicht eine einzige Verurteilung erfolgt ist. Alles dies, glaube ich, dürfte es einleuchtend machen, daß die Annahme und die Schaffung eines Gesetzes notwendig ist, um auch der Justiz die Grundlage für auf einwandfrei gesetzlicher Basis durchzuführende Verfahren zu geben.

Ich bin mir aber darüber klar, daß die besten Gesetze zum Neuaufbau einer demokratischen Ordnung wertlos sind ohne Rechtspflegeorgane mit wirklich neuem demokratischem Geist. Wir haben gerade heute eine Justizdebatte gehabt, und man kann nicht zu der Frage des Schieber- und Schwarzhändlertums und eines Gesetzes über Schieber und Schwarzhändler Stellung nehmen, ohne auch auf die Frage der Justiz und Rechtspflege einzugehen. Wenn ich vorhin erklärte, die besten Gesetze sind wertlos ohne eine Rechtspflege mit neuem demokratischem Geist, in dem diese Gesetze zu handhaben sind, so muß ich hinzufügen, daß es in der letzten Zeit sehr viele Beispiele gibt, die mich sehr skeptisch stimmen. Ich habe volles Verständnis für die Lage der Richter. Ich weiß, daß sie viele in der Öffentlichkeit angegriffene Urteile nicht allein bilden konnten als vorsitzende Richter, sondern daß dies auch das Werk eines Kollegiums ist, in dem auch Laienrichter sitzen.

Wir alle hier im Hause, in dem vor kurzem die Verfassung angenommen wurde, stehen auf dem Standpunkt der Verfassungsbestimmung, daß der Richter in der Urteilsfindung unabhängig und keinem Druck ausgesetzt sein soll. Ich glaube aber trotzdem, daß eine kritische Beschäftigung mit dem Stand der Rechtspflege notwendig und erforderlich ist und keineswegs im Widerspruch mit der Anerkennung des Grundsatzes der Unabhängigkeit des Richters steht.

Ich habe mich vor kurzem mit meinem Kollegen Professor Dr. Kastner ausgesprochen über die Frage, ob es gut und richtig sei, die Justiz anhand von gefällten Urteilen in der Öffentlichkeit zu kritisieren. Der Kollege Dr. Liebler hat die Tatsache, daß an diesen Urteilen in der Öffentlichkeit Kritik geübt wird, hier herangezogen und hat sich gegen diese Kritik am Richter und an der Justiz gewandt. Ich bin mir im vollen Bewußtsein des Ernstes der Frage, im vollen Bewußtsein der Verantwortung, die das Parlament als höchste Körperschaft des Landes trägt, darüber klar, daß ein solcher Standpunkt, die Justiz aus der Kritik der Öffentlichkeit herauszunehmen, verhängnisvolle Folgen haben muß.

Angesichts der jetzt schon zutage tretenden Tatsache, daß in einer sehr, sehr großen Zahl von Fällen, bei denen der Tatbestand vom juristischen Standpunkt aus klar war und das Urteil bekannt geworden ist, eine solche Diskrepanz zu den Auffassungen, die sich in unserem Lande und in anderen Ländern durchsetzten, besteht, bin ich der Meinung, daß man dazu nicht schweigen kann. Wenn wir verhindern wollen, daß die Justiz und die Rechtspflege zur letzten Bastion des Faschismus werden soll, dann ist es notwendig, auch die Entwicklung des Rechtslebens in seiner täglichen praktischen Auswirkung in die allgemeinen großen Prozesse der ideologischen Umerziehung unseres Volkes zu stellen. Das kann man nur, wenn man sich mit der Tätigkeit der Justiz konkret beschäftigt.

Ich habe eine große Zahl von Urteilen hier, die in der letzten Zeit gefällt worden sind. Wenn ich von diesen Urteilen spreche, dann sage ich damit eigentlich gar nichts Neues, denn diese Urteile sind der Bevölkerung zum größten Teil bekannt. Ich halte es aber für richtig, gerade an dieser Stelle aus der Praxis der Verfolgung von Wirtschaftsverbrechen und Wirtschaftsvergehen auf einige solche Urteile hinzuweisen und sie von der Tribüne des Parlaments aus zu besprechen, weil ich glaube, daß es besser ist, solche Dinge vor dem Volk zu besprechen, als so zu tun, sie seien nicht da. Ich möchte Ihnen einige Fälle unter Gegenüberstellung des Tatbestandes und des Urteils kurz zur Kenntnis bringen:

Es findet ein Gerichtsverfahren statt gegen Dachsel und Richard und Gertrud Meinelt. Bei einer Gepäckkontrolle am Bahnhof Plauen wurden 260 Meter bedruckter Stoff gefunden. Das Urteil des Amtsgerichts Plauen lautete: 300 Mark Geldstrafe für den ersten Täter. Die anderen beiden wurden freigesprochen. 260 Meter Stoff sind dem Ehepaar Meinelt zurückzugeben!

Ein anderer Fall: Walter Weise. Bei einer Haussuchung wurden vorgefunden: 3700 Zigaretten, 15 Flaschen Schnaps, große Mengen Lebensmittel, 25 Paar Damenstrümpfe, 15mal drei Meter Stoff, neun Damenblusen, drei Garnituren Damenwäsche, zehn Handtaschen und vieles andere, dazu 43 000 Mark Bargeld. Das Urteil des Amtsgerichts Plauen lautete: 3500 Mark Geldstrafe wegen Zigarettenverkaufes zu Schwarzmarktpreisen, Einziehung von 1500 Mark Mehrerlös vom Zigarettenverkauf. Eingezogen werden zwei Damenwäschegarnituren. Alle anderen sichergestellten Sachen, darunter auch 3700 Zigaretten, werden dem Angeklagten freigegeben! (Bewegung im Saal.) In der Urteilsbegründung erklärte der Richter, es sei hier zugunsten des Angeklagten anzunehmen, daß die SMA verschiedene Anordnungen erlassen habe, die sich mit den deutschen Gerichtsanordnungen nicht decken und die außerdem gesetzlich nicht festgelegt seien, so daß er als Richter gar nicht wisse, nach welcher Anordnung er sich richten solle und woran er sei.

Fall Hedrich, Schwarzenberg: Hedrich war bis 1933 Mitglied der Deutschnationalen Volkspartei, später der NSDAP und Stadtrat. Er hatte ein Lager von Haushaltgegenständen im Werte von 8000 Mark nicht gemeldet. Das Urteil des Amtsgerichts lautete auf acht Wochen Gefängnis, das Berufungsurteil unter Vorsitz von Amtsgerichtsrat Güs, der ebenfalls bis 1933 Mitglied der Deutschnationalen Volkspartei war, auf Freispruch.

Ein weiterer Fall: Kluge, Betriebsleiter der Firma Dressel KG, Cunnersdorf. Bei einer Haussuchung wurden vorgefunden 42 Dutzend Paar Kinderhandschuhe, große Mengen an Bekleidungsstücken, Stoffen, Tisch- und Leibwäsche, Seife, Zigarren und Zigaretten. Das Urteil des Gerichts Zwickau lautete: 1200 Mark Geldstrafe und Einziehung von 66 Paar Damenstrümpfen und einem Herrenanzugstoff. Alles andere wurde zurückgegeben. (Bewegung im Saal.)

Ferner ein Fall, betreffend den Landwirt Paul Schneider in Bernsdorf. Dieser Mann wurde angeklagt wegen böswilliger Nichterfüllung des Abgabesolls, die durch Haussuchung einwandfrei nachgewiesen wurde. Das Urteil des Amtsgerichts Aue lautete auf Freispruch.

Ein anderer Fall: Egon Bieler, Hans Beyer, Ernst Poppe, Dresden. Sie wurden angeklagt, Schiebungen mit Textilien begangen zu haben, von denen ein großer Teil sichergestellt wurde. Die Beschuldigten sind vom Amtsgericht Dresden freigesprochen worden. (Bewegung im Saal.)

Ferner: Jonny Riegler und Bäckermeister Roßtag in Nossen, die Kompensationsgeschäfte mit 150 Kilogramm Mehl gegen einen Pelzmantel gemacht haben. Riegler wurde vom Amtsgericht Döbeln mit 500 Mark bestraft, der Bäckermeister Roßtag, der das Mehl lieferte, wurde freigesprochen. (Bewegung im Saal.)

Weiter der Fall des Schwarzhändlers Gröbe, eines Großschiebers mit Rauch- und Textilwaren. 1500 Zigaretten und 100 Kinderpullover wurden am 21. Mai v. J. sichergestellt. Das Verfahren wurde vom Amtsgericht Döbeln eingestellt.

Nun der weitere Fall, wo im März 1946 in Pirna die sogenannte Tauschzentrale Steinbrecher geschlossen wurde. Sie war faktisch ein Schwarzer Markt. Die Preise für Textilien betrugen bis 1500 Mark. Bei der Schließung wurden 48 Pfund Bohnenkaffee sichergestellt. Die Staatsanwaltschaft Dresden hat es abgelehnt, ein Strafverfahren einzuleiten, und hat diese Angelegenheit dem Oberbürgermeister von Pirna überlassen.

Max Strobel aus Falkenstein: Er hat Kompensationsgeschäfte mit 60 Zentnern Briketts und 200 Meter Übergardinenstoff getätigt. Das Urteil lautete: drei Monate Gefängnis und 3000 Mark Geldstrafe.

Verfahren gegen Karl Fritsch, Grüneberg im Vogtland, wegen Hortung von Lebensmitteln im Werte von 1500 Mark, die bei der Feststellung durch das Kreispolizeiamt Auerbach zum Teil schon verdorben waren. Das Urteil lautete auf drei Monate Gefängnis und 1000 Mark Geldstrafe, nach vier Wochen Haft Strafaufschub. (Bewegung im Saal.)

Alfred Seifert, Werdau bei Falkenstein: Kompensationsgeschäft mit 60 Metern Übergardinenstoff, Urteil: 200 Mark Geldstrafe.

Otto Mödler, Lengefeld: Hortung von Mangelwaren im Werte von 1800 Mark, 5700 Stück Kerzen, 1500 Schachteln Schuhcreme, 1800 Pinsel, 1000 Büchsen Lackfarben, große Mengen Leukoplast und Hansaplast, Hustensaft usw. Urteil des Amtsgerichts Auerbach: Mödler wurde freigesprochen und die Kosten des Verfahrens der Staatskasse überwiesen. (Starke Bewegung im Saal.)

Czepluck in Falkenstein: Dieser wurde wegen Kompensationsgeschäften mit Mangelwaren im Werte von 500 Mark durch Strafverfügung des Amtsgerichts Falkenstein zu drei Monaten Gefängnis verurteilt. In der Berufungsverhandlung wurde er durch das Amtsgericht Falkenstein freigesprochen.

Bei Heinz Reichel in Ölsnitz wurden sichergestellt: 65 Paar Strümpfe, dreimal drei Meter Kostümstoff, dreizehnmal drei Meter Kleiderstoff und andere Sachen. Die beschlagnahmten Waren mußten zurückerstattet werden. (Bewegung im Saal.)

Fall Kurt Schubert in Leipzig: Schubert ist ein Schieber mit Pferden, der außerdem 5,5 Zentner Butter im Schwarzhandel umgesetzt hat. Die Staatsanwaltschaft Leipzig stellt das Verfahren gegen Schubert aus subjektiven Gründen ein, und zwar mangels Bewußtseins der Rechtswidrigkeit.

Weiter liegt vor der Fall Frieda Strobel aus dem Kreis Aue: Unterschlagung von 69 Kilogrammdosen mit Fleisch. Am 7. März 1947 wurden in der Verhandlung vom Staatsanwalt 300 Mark Geldstrafe beantragt. Das Gericht sprach die Strobel frei. (Bewegung im Saal.)

Ich habe einen neuen Fall, der mir soeben auf den Tisch gelegt wurde. Fritz Werner in Döbeln, Schwarzhändler mit Zigaretten. Anfangsbestand 48 000 Zigaretten, 1200 Zigarren, 10 Zentner Bonbon, 100 Zentner Zucker und größere Mengen an Textilien. Das Urteil des Schöffengerichts zu Döbeln lautet: zwei Jahre Gefängnis und 2000 Mark Geldstrafe. In der Berufungsverhandlung wurde Werner unter Wegfall der Gefängnisstrafe zu 5000 Mark verurteilt.

Das sind Dinge, die einfach nicht mehr unausgesprochen bleiben können, denn sie sind ja nicht nur uns bekannt. Mir sind sie bisher nur in dieser Zusammenfassung bekannt, aber mehr oder weniger sind sie der Bevölkerung ebenfalls bekannt. Und wenn wir bei der Not, in der unser Volk lebt, und bei den Schwierigkeiten, sich das Nötigste zu beschaffen, zulassen, daß solche Urteile nicht besprochen und nicht kritisiert werden, dann, glaube ich, werden wir nicht daran denken können, unser Volk vorwärtszuführen auf dem Wege der Herausbildung einer klaren Verantwortlichkeit gegenüber den Aufgaben des neuen Staatsaufbaues!

Ich sage, wahrscheinlich hat Herr Kollege Prof. Dr. Kastner recht, daß bei einer Reihe von Fällen der Richter mangels klarer gesetzlicher Grundlage manchmal nicht weiß, wie er zu einer Entscheidung kommen soll. Ich selbst bin der Meinung, daß diese klare gesetzliche Grundlage geschaffen werden muß, um dem gutwilligen Teil unserer Justiz die gesetzlichen Mittel in die Hand zu geben und den anderen Teil an strenge Gesetze zu binden. Aus diesem Grunde halte ich es für notwendig, daß dieses Gesetz, das heute hier vorgelegt wird, die strengste Strafe, das höchste Strafmaß, das es überhaupt geben kann, enthält. Aus diesem Grunde hat meine Fraktion den Antrag gestellt, den Paragraphen 2 dahingehend abzuändern, daß nicht nur lebenslängliche Zuchthausstrafe, sondern auch die Todesstrafe in Anwendung kommen kann.

Der Herr Präsident hat Ihnen den Abänderungsantrag bereits vorgelesen, und ich glaube, aus der Fassung ergibt sich, daß meine Fraktion keineswegs leichtfertig die Frage der Todesstrafe behandelt. Es ist ausdrücklich festgestellt, daß die Todesstrafe in Anwendung kommen kann in besonders schweren Fällen, in denen der Täter gewerbs- oder gewohnheitsmäßig in gewinnsüchtiger Weise gegen das Wohl des Volkes verstößt. Ich glaube, niemand wird mehr bestreiten, daß das gewohnheits- und gewerbsmäßige Betreiben des Schwarzhandels und der Schieberwirtschaft bei der heutigen Not unseres Volkes eine Handlungsweise ist, die mit den schwersten Delikten, die es im Strafgesetzbuch gibt, gleichgestellt werden muß. Ich weiß, daß die Frage der Todesstrafe heute wieder einen der umstrittensten Punkte darstellt. Ich würdige Weltanschauungen und ideologische sowie prinzipielle Begründungen bei der Stellungnahme eines Politikers absolut, aber ich glaube, Herr Dr. Liebler, wenn wir heute eine Strafbestimmung zu schaffen hätten, wenn Sie neue Bestimmungen im Strafgesetzbuch über den Mord schaffen sollten, dann würden Sie nicht zögern, die Todesstrafe anzuordnen. Ich glaube auch, daß das die Damen und Herren der CDU-Fraktion tun würden. Aber ich glaube, nur den Mord mit der Waffe oder mit Gift, nur den Mord, der die unmittelbare Auslöschung eines Lebens betrifft, würden Sie mit dem Tode bedrohen, auf der anderen Seite aber zulassen, daß Tausende und Zehntausende kleiner Kinder nicht das Notwendigste bekommen, um gesund erhalten werden zu können. Ich glaube, das muß man bei einer sicherlich außerordentlichen Situation, in der wir uns befinden, mindestens mit dem Tatbestand der Auslöschung eines Menschenlebens gleichstellen. Es gibt eine Art des Mordes, die schwerer zu bestrafen ist als die überlegte oder unüberlegte Tötung eines Menschen. Die Tatsache, daß es heute eine Kategorie von Menschen in unserem Volke gibt, die, um sich zu bereichern, um das Geld wieder hinauswerfen zu können, gewissenlos die Versorgung unserer kleinen Kinder mit Windeln unmöglich machen, ist härter zu verurteilen als Mord.

Ich habe das Vertrauen, daß unsere Richter sicherlich nicht einen willkürlichen Gebrauch von der Todesstrafe machen werden.

Aber die Möglichkeit überhaupt auszuschalten, das hätte auch noch eine andere Seite, nämlich die, daß eine gewisse Stärkung dieser asozialen Elemente hervorgerufen wird, die dann glauben, die Ablehnung der Todesstrafe sei vielleicht doch ein Zeichen einer milderen Beurteilung ihrer Handlungsweise. Ich habe vollkommen Verständnis für die Haltung eines Abgeordneten oder einer Fraktion, die sich auf prinzipielle Weltanschauungen, ideologische Begründungen stützt. Wir müssen uns aber auch fragen: Wie wirkt es auf denjenigen, den es betreffen muß? Die Erfahrungen der letzten Wochen haben gezeigt, daß die Debatte im Landtag, die zur Ablehnung der Todesstrafe geführt hat, diesen asozialen Kreisen einen gewissen Auftrieb gegeben hat. Denn die Delikte sind nicht geringer geworden. (Zuruf von rechts: Weil die Not größer geworden ist!) Glauben Sie ja nicht, daß ich unverantwortlich an die Frage der Todesstrafe herangegangen bin. Ich weiß nicht, ob die Damen und Herren in diesem Hause mit der Vollstreckung der Todesurteile eine so enge Berührung bekommen haben wie ich. Ich glaube, es gibt nicht viele Menschen in unserem Volk – man braucht sie nicht nach Prozenten zu errechnen –, die schon der Vollstreckung von Todesurteilen beiwohnten. Ich habe im Laufe vieler Jahre in Konzentrationslagern - zusammen mit der ganzen Belegschaft des Lagers - an sehr, sehr vielen Exekutionen teilnehmen müssen. Es ist Ihnen ja bekannt, daß im Lager bei der Vollstreckung von Todesurteilen das gesamte Lager auf dem Appellplatz antreten mußte, der Galgen in der Mitte stand und wir mit zusammengebissenen Zähnen und geballten Fäusten zusehen mußten, wie einer von unseren Kameraden aufgehängt wurde. Ich kann Ihnen versichern, meine Damen und Herren: Ob es das erste- oder letztemal gewesen ist, daß ich an der Vollstreckung eines Todesurteils teilgenommen habe - das heißt zusehen mußte -, so war doch die Erschütterung, die die Vollstreckung jedem von uns bedeutete, beim letzten Mal so groß wie beim ersten Mal. Ich sage deshalb: Niemand darf von mir glauben, daß ich unverantwortlich an die Frage der Todesstrafe herangehe. Ich weiß, was die Todesstrafe bedeutet, und gerade weil ich es weiß, halte ich es für erforderlich, daß der Staat gegen die größten Feinde des Volkes, die es gegenwärtig hat, diese schärfste Strafe androht. Man hat in den letzten Verhandlungen gesagt: Die Todesstrafe ist gar nicht ein solch abschreckendes Mittel, wenigstens nicht für diese Verbrecher. Das ist völlig falsch. Ich weiß wiederum nicht, wie viele der hier anwesenden Damen und Herren sich in einer Situation befunden haben, in der man mit Leuten, die für den Tod bestimmt waren, wochen- und monatelang aufs engste zusammenleben mußte. Ich habe nicht nur mit Leuten aufs engste zusammengelebt, die zum Tode bestimmt waren - ich selbst habe eine Nacht durchgemacht, nach der ich am nächsten Morgen die Vollstreckung erwartete -, sondern ich habe jahrelang zusammengelebt mit Gefangenen, die zum Tode verurteilt waren und zu lebenslänglichem Zuchthaus begnadigt worden sind.

Ich möchte zu dieser Frage nicht vom juristischen Standpunkt des Strafverteidigers, des Richters, des Strafrechtslehrers oder des Strafgerichtsvorsitzenden Stellung nehmen, sondern ich möchte etwas vom Standpunkt dessen dazu sagen, der den engsten Kontakt mit dem bekommen hat, der zum Tode verurteilt war. Wenn gesagt wird, die Todesstrafe ist für den Verbrecher kein Abschreckungsmittel, so ist das vollkommen falsch. Gewiß, der politische Häftling, der wegen politischer Verbrechen zum Tode verurteilt ist, der kann und wird in vielen Fällen aufrecht und ungebeugt dem Tode gegenüberstehen. Der wirkliche Verbrecher, der Mann, der aus Gewinnsucht handelt, der sich Gelder erschiebt, um sie auf Tanzdielen zu verjubeln, ist feige, hat vor dem Tode Angst. Ich habe in mehrjähriger Untersuchungshaft, in Zuchthäusern und in langjähriger Konzentrationslagerhaft mit unzähligen Menschen Fühlung bekommen, die irgendwie und irgendwann in ihrem Leben sich die Frage stellen mußten: Gibt es dafür die Todesstrafe?, die nur dann zurückschreckten, wenn die Todesstrafe angedroht war.

Ich will Ihnen noch etwas sagen. Sie wissen, daß wir in Sachsen vor 1933 eine Vollstreckung der Todesurteile nicht mehr hatten, so daß sich in den sächsischen Zuchthäusern und Gefängnissen eine erheblich große Zahl von lebenslänglichen Zuchthäuslern befand. In der letzten Debatte hat man gesagt, daß es für die Sträflinge weit schlimmer wäre, wenn sie zu lebenslänglichem Zuchthaus verurteilt würden, als wenn sie die Todesstrafe erleiden müßten. Dem muß ich entschieden widersprechen. Es gibt keinen zu lebenslänglichem Zuchthaus Verurteilten im Zuchthaus, der sich nicht die Hoffnung macht, noch einmal befreit zu werden. Er sagt sich, lebenslänglich ist auch vergänglich. Ich habe keinen getroffen, der der Meinung war, daß er im Zuchthaus stürbe. Sie hoffen, auf irgendeinem Umweg wieder befreit zu werden, sie hoffen auf eine Amnestie, sie hoffen auf einen Umschwung, sie hoffen, daß eines Tages die Zuchthäuser nicht mehr ausreichen werden, sie hoffen kurzum auf alles. Wir wissen zwar, daß die Hoffnung das Narrenseil ist, das uns bis an das Ende des Lebens führt, und gerade diese Hoffnung hat jeder zu lebenslänglichem Zuchthaus Verurteilte. Deswegen schreckt ihn nichts mehr als die Todesstrafe. Sonst hat er keine Angst. Ein Verurteilter, der seine Strafe verbüßt hat, geht getrost aus dem Zuchthaus heraus mit dem Vorsatz, bei nächster Gelegenheit wieder straffällig zu werden, weil er weiß, daß seine Haft nur einige Jahre dauern wird. Vielleicht hat ein Strafrechtspsychologe eine andere Meinung. Ich kann nur die äußern, die aus der Praxis kommt. Sie wissen nicht, was ein Zuchthäusler in bezug auf psychologische Irreführung der anderen fertigbringt. Alle werden dort verkohlt. Mich haben sie nicht verkohlt, da waren sie sehr offenherzig. Die Androhung der Todesstrafe, das betone ich immer wieder, ist das einzige Mittel, um den wirklichen Verbrecher von seiner Tat abzuhalten. Man soll allerdings nicht mit der Todesstrafe spielen, sondern nur dort davon Gebrauch machen, wo das Wohl des Volkes gefährdet wird. Ich bin also der Meinung, daß die Anwendung der Todesstrafe notwendig und erforderlich ist und daß daher diese Bestimmung in dem Gesetzentwurf, der doch wahrscheinlich an den Ausschuß verwiesen werden dürfte, aufgenommen wird.

An sich bin ich der Meinung, daß es sehr gut wäre, wenn wir heute noch in zweiter Lesung dieses Gesetz verabschieden könnten, denn ich glaube, daß eine schnelle Verabschiedung im Interesse des Neuaufbaues unserer Wirtschaft liegt."[29]

Der Gesetzentwurf wurde natürlich im Landtag beschlossen und damit ein Instrument geschaffen zur Bekämpfung der gröbsten Verstöße gegen die Wirtschaftsmoral. Allmählich setzte sich dann auch das Bestreben zur Überwindung des Schwarzen Marktes und des Schiebertums durch, und es konnte im Verlauf des zweiten Halbjahres 1947 eine allmähliche Verbesserung in der Verteilung von produzierten Fertigwaren, insbesondere von Konsumgütern, festgestellt werden.

Inzwischen reifte die Ernte des Jahres 1947 heran, und es kam noch einmal zu einer sehr kritischen Situation. Die staatlichen Verwaltungsorgane, einschließlich der Polizei, hatten alle Hände voll zu tun, um die heranreifende Ernte gegen vorzeitige Aberntung durch hungernde Menschen aus den Städten zu schützen. Dies war notwendig sowohl hinsichtlich der reif werdenden Körnerfrüchte als auch insbesondere der Kartoffeln, die vielfach halbreif aus dem Boden gegraben wurden. Jedoch auch diese schwierige Situation konnte am Ende gemeistert werden, so daß Anfang des Herbstes 1947 die öffentlichen Verwaltungsorgane wie auch die Planorganisationen mit etwas mehr Zuversicht der weiteren Entwicklung entgegensehen konnten.

Ein besonders günstiges Bild nach außen bot die Leipziger Herbstmesse. Zum erstenmal wurde im Jahre 1947 wieder an die Tradition der Leipziger Messe angeknüpft und sowohl eine Frühjahrs- als auch eine Herbstmesse durchgeführt. Natürlich reichte der Umfang der Nachkriegsmessen noch nicht an die der früheren Messen heran. Betrug vor der Nazizeit die Zahl der Aussteller zur Frühjahrsmesse zuletzt mehr als 10 000, darunter Tausende aus dem Ausland, so waren auf der ersten Messer 1946 nur 2700 Aussteller anwesend. Den mehr als 300 000 Messebesuchern von früher standen nur 174 000 gegenüber.

Die Frühjahrsmesse 1947 wies schon einen größeren Umfang auf. 4900 Aussteller nahmen bereits mehr als 30 000 Quadratmeter Ausstellungsfläche in Anspruch. Die Zahl der Aussteller aus westlichen Ländern betrug im Frühjahr 1947 mehr als 1200, und rund 30 000 geschäftliche Besucher kamen aus dem westlichen Ausland.

Die Herbstmesse 1947 wurde zum erstenmal wieder traditionsgemäß als „Verbrauchsgütermesse" durchgeführt und erhielt besondere politische Bedeutung durch die Anwesenheit der höchsten Vertreter der westlichen Besatzungsmächte und westdeutscher Landesregierungen bei der Eröffnungsfeier im Leipziger Schauspielhaus, auf der ich die mit erheblichen politischen Akzenten ausgestattete Eröffnungsrede hielt:

„Meine Herren Generäle und Offiziere, Vertreter der Militärregierungen und Verwaltungsorgane der Besatzungsmächte,

meine Herren Minister und Präsidenten der Landtage der deutschen Länder, meine Herren Präsidenten und Vertreter der Deutschen Zentralverwaltungen,

meine hochverehrten Damen und Herren!

Im Auftrage der Landesregierung Sachsen habe ich die große Ehre, die Leipziger Herbstmesse 1947 zu eröffnen, Sie aufs herzlichste zu begrüßen und Ihnen zu danken dafür, daß Sie zu dieser Feier der Eröffnung der Leipziger Herbstmesse gekommen sind. Dieser Dank gilt auch den zahlreichen hier anwesenden Vertretern der Ausstellerschaft der Leipziger Messe, die trotz aller zeitbedingten Schwierigkeiten ihrer alten Leipziger Messe treu geblieben und zu ihrer Herbstveranstaltung wiederum hierher gekommen sind. Besonderen Dank spreche ich auch aus allen jenen vielen Helfern am Werk des weiteren Aufbaues der Leipziger Messe, insbesondere den Angestellten des Messeamtes und den am Messeaufbau beteiligten Arbeitern, die durch ihren rastlosen Einsatz die Bewältigung der großen schwierigen Aufgaben bei der Vorbereitung der Messe ermöglicht haben.

Es ist die erste Herbstmesse nach Kriegsende, die heute eröffnet wird. Damit ist der normale Turnus der Leipziger Messen wieder hergestellt, wobei die Ihnen allen bekannten Aussteller- und Einkäuferzahlen sowie die Übersicht über den belegten Messeraum den Beweis liefern, daß auch diese Messe wieder einen weiteren Schritt vorwärts auf dem seit Mai 1946 eingeschlagenen Weg bedeutet. War die erste Friedensmesse 1946 mehr oder weniger ein sensationeller Versuch, an die alte Leipziger Tradition wieder anzuknüpfen, war die diesjährige Frühjahrsmesse ein Schritt zur Wiederherstellung der alten Messetradition, so trägt diese Herbstmesse schon fast den Stempel des Altgewohnten und wird von allen Beteiligten schon nicht mehr als etwas Außergewöhnliches gewertet. Diese Entwicklung ist vom Standpunkt der Zielsetzung der Leipziger Messe aus absolut zu begrüßen.

Auch diese Messe steht im Zeichen der großen Nöte, die unser Wirtschaftsleben belasten und die uns gerade bei einer solchen Veranstaltung wie einer Messe besonders zum Bewußtsein kommen. Diese objektiven Schwierigkeiten mit den notwendigen Rohstoffen und Hilfsmaterialien, die bis jetzt mangelnde Wiederherstellung internationaler Wirtschaftsbeziehungen, die Erschwernisse auf dem Gebiete der Kosten- und Preisgestaltung, alle diese Umstände drücken der diesjährigen Herbstmesse wie jeder anderen deutschen Marktveranstaltung ihren Stempel auf.

Alle diese Schwierigkeiten sind die Folge des vom Hitlerregime verbrecherisch begonnenen und geführten Krieges und der Katastrophe, mit der dieser Krieg enden mußte. Das deutsche Volk trägt schwer an der geschichtlichen Lehre, daß moderne Kriege Kriege der Wirtschaft sind und mit der Zerstörung weiter Teile der Wirtschaft enden. Einen Teil Schuld an diesen Schwierigkeiten trägt aber auch die Tatsache, daß das deutsche Volk 2 ½ Jahre nach dem Zusammenbruch des nationalsozialistischen Regimes und nach Beendigung des Krieges noch nicht den Frieden hat, den es zu seiner Erholung bedarf. Die Beendigung dieses verhängnisvollen Schwebezustandes zwischen Krieg und Frieden, die das deutsche Volk so sehnlich herbeiwünscht, liegt auch im Interesse aller anderen europäischen Länder. Wenn vor kurzem im Parlament eines der aus dem Kriege siegreich hervorgegangenen Länder, das heute selbst in großen wirtschaftlichen Schwierigkeiten sich befindet, darauf hingewiesen wurde, eine der Ursachen dieser schwierigen Lage sei darin zu suchen, daß die wirtschaftliche Wiederaufrichtung Europas und auch Deutschlands zu langsam vor sich gehe, so liegt darin die Bestätigung für die Richtigkeit der Behauptung, daß das wirtschaftliche Schicksal Europas weitgehend abhängig ist von der wirtschaftlichen Wiederaufrichtung Deutschlands. Solange der jetzige Schwebezustand besteht und die Fragen der wirtschaftlichen und politischen Zukunft Deutschlands ungeklärt sind, wird an eine wirkliche Überwindung der Not in Deutschland nicht zu denken sein. Und diese Not in Deutschland ist ernst und groß. Mangel an den wichtigsten wirtschaftlichen Gütern, sei es der Ernährung und der Versorgung mit anderen Waren, herrscht überall in allen Teilen Deutschlands. Wir wissen, daß die Menschen heute in fast allen Ländern Europas unter Mangel zu leiden haben, und wir sind uns auch der Tatsache bewußt, daß die Hauptschuld daran der von den Machthabern Deutschlands entfesselte Krieg trägt. Die Erfüllung der Verpflichtung zur Wiedergutmachung dieser Schäden hat jedoch die Voraussetzung, daß die materielle Existenzgrundlage des Weiterlebens des deutschen Volkes erhalten bleibt.

In diesem ernsten Notstand richten große Teile des deutschen Volkes ihre Wünsche auf eine Hilfe, die Deutschland von außen her kommen soll. Wir sind im Grunde nicht der Meinung, daß nur eine Hilfe von außen die Behebung der deutschen Not möglich macht, sondern glauben, daß in erster Linie das deutsche Volk sich selbst helfen muß durch Anspannung aller in ihm ruhenden Kräfte zur Nutzbarmachung seiner ihm verbleibenden wirtschaftlichen Hilfsquellen. Aber wir lehnen eine solche Hilfe von außen nicht ab, auch wenn sie in Form von Krediten dem deutschen Volk geboten werden sollte. Wir sind jedoch der Meinung, daß solche Hilfe durch ausländische Kredite nur dann eine wirkliche Hilfe für Deutschland darstellt, wenn sie lediglich gewährt wird zur Beschaffung der notwendigsten Rohstoffe und Lebensmittel und wenn sie nicht an politische Bedingungen geknüpft ist, die die zukünftige Entwicklung zur politischen und wirtschaftlichen Souveränität und Freiheit Deutschlands unmöglich machen würden.

Die Selbsthilfe des deutschen Volkes kann nur wirksam werden, wenn Deutschland die Möglichkeit hat, seinen Gewerbefleiß und das ihm allein unbeschränkt gebliebene nationale Gut, die Arbeitskraft seiner Menschen, wirtschaftlich zu verwerten. Ohne Wiederingangsetzung der deutschen Warenausfuhr ist eine dauerhafte Lösung des deutschen Rohstoffproblems unmöglich. Ohne diese Warenausfuhr ist auch an eine Lösung des Problems der Ernährung des deutschen Volkes nicht zu denken. Deutschland ist heute ein überbevölkertes Land, und die Sicherung der Ernährung dieses überbevölkerten Landes ist nur zu erreichen durch die Nutzbarmachung der Deutschland verbliebenen industriellen Möglichkeiten. Das wichtigste Hemmnis der Wiederingangsetzung der deutschen Warenausfuhr ist das Fehlen einer gesamtdeutschen Ein- und Ausfuhrplanung, wie sie im Kapitel 3 der Beschlüsse der Potsdamer Konferenz dem deutschen Volke zugebilligt wurde.

Das deutsche Volk wünscht heute dringlicher denn je die Erfüllung der Zusagen von Potsdam, und die Leipziger Messe, die immer nur dem deutschen Volk und der deutschen Wirtschaft dienen wollte, stellt sich gerade in diesem Herbst ganz in den Dienst der Werbung für die gesamtdeutsche Warenausfuhr. Wir würden es als einen verhängnisvollen Schritt auf einem gefährlichen Weg ansehen, wenn in dieser schicksalsschweren Stunde deutsche Messen sich in den Dienst einer Zonenexportwerbung stellen oder gar von vornherein geplant und aufgebaut würden als Mittel zur Werbung eines nach Zonen aufgespaltenen deutschen Warenexports.

Diese Messe soll der gesamtdeutschen Wirtschaft und damit in erster Linie der wirtschaftlichen und politischen Einheit Deutschlands dienen. Die deutsche Einheit ist die Voraussetzung nicht nur zur Überwindung der Not des Alltages, sondern auch zur dauerhaften wirtschaftlichen und politischen Wiedergesundung, damit aber auch die Voraussetzung zur Wiedergesundung Europas und der ganzen Welt. Ein für die Dauer aufgespaltenes und in Zonen getrenntes Deutschland wäre ein Herd der ständigen Unsicherheit und Unruhe in Europa und eine ständige Belastung aller wirtschaftlichen und politischen Pläne zur Neugestaltung dieses Kontinents. Bei der Eröffnung der diesjährigen Frühjahrsmesse richteten sich alle Hoffnungen auf die internationalen Beratungen in Moskau. Und so hofft nun das deutsche Volk erneut auf die in wenigen Monaten in London beginnenden neuen Verhandlungen und lebt in der Erwartung, daß diese Verhandlungen den Frieden und die Wiederherstellung seiner Einheit bringen und ihm helfen mögen, den Weg zurückzufinden in den Kreis der friedliebenden, geachteten Nationen der Welt.

Wir selbst wollen alles tun, um der Wiedergewinnung des Friedens und der Einheit Deutschlands zu dienen. In diesen Dienst müssen auch und an erster Stelle Veranstaltungen von der Bedeutung der Messe gestellt werden. Leipzig lehnt entschieden die Rolle einer Zonenmesse ab. Sie ist die Messe Gesamtdeutschlands und will es bleiben. Besondere Genugtuung empfinden wir daher über die Beschickung und den Besuch dieser Messe aus den westlichen Zonen Deutschlands und die große Zahl der geschäftlichen Besucher aus dem Ausland. Dies gibt uns die Gewißheit, daß Leipzig trotz aller mit der augenblicklichen Zonenteilung verbundenen Schwierigkeiten die große gesamtdeutsche Messe bleiben wird. In diesem Jahre kommt zum 450. Mal der Tag wieder, an dem im Jahre 1497 der deutsche Kaiser Maximilian I. der Stadt Leipzig das Privileg zur Durchführung der gesamtdeutschen Messe erteilte. Die Leipziger Messe hat dieses Privileg niemals nur als ein Vorrecht, sondern als eine heilige Verpflichtung gegenüber dem gesamten Deutschland, seinem Volke und seiner Wirtschaft angesehen. Dieser Verpflichtung wird sich die Leipziger Messe auch in aller Zukunft bewußt bleiben. Sie ist und wird immer sein die Messe der deutschen Einheit!"[30]

Wir haben geglaubt, daß nach 1945 jahrelang die Möglichkeit bestand, eine große Volksbewegung in Deutschland zustande zu bringen, mit der wir die Erhaltung der Einheit der Nation erreichen würden. Inzwischen ist Deutschland endgültig gespalten, nicht nur völkerrechtlich, sondern in zwei Staaten, die in zwei völlig gegensätzliche und sich widerstrebende Weltsysteme integriert sind. Damit erhielt die Forderung nach der Herstellung der Nation ein ganz neues Gesicht.

Im Verlauf des Jahres 1947 ergaben sich einige sehr ernsthafte Probleme, von deren Lösung die geplante und vorausbedachte Weiterentwicklung unserer Wirtschaftspolitik und damit des gesamten gesellschaftlichen Lebens abhing. Eines dieser Probleme stand im engsten Zusammenhang mit unserer Wirtschaftsplanung, mit der Realität und Verwirklichung unserer volkswirtschaftlichen Pläne und betraf fernerhin auch das Gebiet der Beziehungen zwischen den Organen der Besatzungsmacht und den neuen demokratischen Selbstverwaltungen, seit Herbst 1946 also der Landesregierung Sachsen.

Eine der entscheidenden schwachen Stellen in unserer volkswirtschaftlichen Planung war die mangelhafte Übereinstimmung zwischen dem Produktions- und Verteilungsplan und vor allem die unzureichende Absicherung der Produktionsaufgaben durch die Bereitstellung der für die Produktion erforderlichen Roh- und Hilfsstoffe. Zwar war durch die Erklärung des Marschalls Sokolowski festgelegt, daß die heimischen und im Lande erzeugten Rohstoffe für die vorgesehene Produktion zur Verfügung stehen sollten, jedoch reichten diese einheimischen Rohstoffe für die planmäßige Produktion nicht aus. Bei einer Reihe von Roh- und Hilfsstoffen war die sächsische Wirtschaft auf Importe angewiesen, so vor allem bei Walzstahl, einigen chemischen Grundstoffen und überhaupt metallischen Rohmaterialien, deren Fehlen als entscheidender Engpaß anzusehen war. Der Außenhandel lag zu dieser Zeit noch vollständig in den Händen von Organen der SMAD, dies galt auch für den Interzonenhandel. Auf diese Außenhandelsbeziehungen hatte die deutsche Selbstverwaltung nur sehr geringen und keinen entscheidenden Einfluß. Wir waren deshalb aufs stärkste interessiert, Einfluß auf diese Beziehungen des Außen- und Interzonenhandels zu erlangen, was jedoch trotz monatelanger Bemühungen nicht zustande kam.

Ein weiterer Punkt, der das Verhältnis vor allem zwischen den wirtschaftsleitenden Organen der Besatzungsmacht im Land und der Landesregierung betraf, war das oft zusammenhanglose Nebeneinander von Produktions- und Verteilungsplänen. Hinzu kam, daß in den Kreisen und Städten örtliche Organe der Besatzungsmacht, vor allem die sehr rührigen und aktiven Kreiskommandanten, deren Hilfe und Unterstützung anfänglich von unschätzbarem Wert war, auf das wirtschaftliche Geschehen auch der den zentralen Verwaltungen unterstehenden Betriebe Einfluß nahmen.

Nachdem ich längere Zeit durch häufige Interventionen bei den höheren Verwaltungsstellen der SMA versucht hatte, die entstehenden und entstandenen Schwierigkeiten zu beheben, glaubte ich zuletzt kein anderes Mittel zur Verbesserung der Lage zu haben als die Zusammenstellung aller von der Landesregierung Sachsen vorzubringenden Einwendungen gegen bestehende Unzulänglichkeiten in einem Schriftstück, das ich - sogar unter Umgehung des üblichen Instanzenweges - an die höchste Entscheidungsstelle herantrug.

In Auswirkung dieses Schrittes erhielt ich eine Einladung zu einer Unterredung nach Karlshorst mit dem Stellvertreter des Chefs der SMAD für Wirtschaftsfragen. An dieser Unterredung nahmen außer ihm und mir lediglich noch mein Dolmetscher und der Leiter der Industrieabteilung der SMAD teil. In dieser Unterredung, die sehr lange dauerte, legte ich noch einmal mündlich alle die Erschwernisse dar, die sich im Verlaufe des letzten Jahres in den Beziehungen zwischen den unteren Organen der Besatzungsmacht und den deutschen Selbstverwaltungsstellen ergeben hatten. Besonderes Gewicht wurde in dieser Unterredung auf einen von mir auch schriftlich dargelegten Vorschlag gelegt, der zu einer Koordinierung der Wirtschaftspläne der Länder und Provinzen der sowjetischen Besatzungszone führen sollte. Ich hatte in diesem Zusammenhang den Vorschlag gemacht, eine zentrale Planungsstelle für die gesamte sowjetische Besatzungszone zu schaffen, die sowohl die Planungsarbeiten der Länder als auch die Tätigkeit der wirtschaftlichen Zentralverwaltungen vereinheitlichen sollte. Nachdem meine Darlegungen von meinem Gesprächspartner im allgemeinen anerkannt worden waren, machte mir der Chef der wirtschaftlichen Verwaltung der SMAD überraschend den Vorschlag, die Leitung einer nach meinen Vorstellungen zu bildenden Planungszentrale für die gesamte Besatzungszone zu übernehmen und zu diesem Zweck nach Berlin zu kommen. Es erweckte Erstaunen, als ich diesen Vorschlag ablehnte, da ich glaubte, zu dieser Zeit noch in dem führenden Industrieland der Zone notwendiger am Platze zu sein, um bestimmte in der Entwicklung befindliche Vorhaben zu Ende zu führen.

Es wurde dann die von mir vorgeschlagene Planungsstelle doch geschaffen und mit ihrer Leitung der Genosse Bruno Leuschner, der damals die Wirtschaftsabteilung des Zentralkomitees der Partei leitete, beauftragt. Es war die Vorläuferin der später, das heißt Anfang des Jahres 1948, gebildeten „Deutschen Wirtschaftskommission" (DWK).

Ein anderes Problem, das vor allem in der zweiten Hälfte des Jahres 1947 heranreifte, betraf das Verhältnis zwischen den Zentralverwaltungen in Berlin und den Regierungen der Länder und Provinzen. Die Zentralverwaltungen waren im Jahre 1945 von der SMAD geschaffen worden, um auf bestimmten Gebieten der Wirtschaftspolitik wie auch der Innen- und Schulpolitik, des Justiz- und Gesundheitswesens zentrale Organe der Lenkung und Beeinflussung der Entwicklung in den Ländern zu haben. Zum anderen sollten diese Zentralverwaltungen Keimzellen einer damals noch für möglich gehaltenen einheitlichen Verwaltung Deutschlands über alle Zonen hinweg sein. Sie sollten gewissermaßen der Verwirklichung der Erhaltung der Einheit auf wirtschaftlichem Gebiet entsprechend den Beschlüssen der Potsdamer Konferenz dienen.

Da jedoch die Trennung der Zonen inzwischen sich immer stärker durchgesetzt hatte, blieb die Tätigkeit der Zentralverwaltungen auf das Gebiet der sowjetischen Besatzungszone beschränkt. Dies führte teilweise zu einer gewissen bürokratischen Entwicklung ihres Verwaltungsapparates und was viel wichtiger war, zu wachsenden Schwierigkeiten mit den Ländern und ihren Regierungen hinsichtlich der beanspruchten Weisungs- und Kontrollbefugnisse. Die Länder hatten inzwischen ihre Parlamente gewählt und Regierungen geschaffen, die diesen Landtagen gegenüber verantwortlich waren. Es standen sich also in der Leitungstätigkeit, besonders der wirtschaftlichen Bereiche, demokratisch gewählte Organe in den Ländern einerseits und von der Besatzungsmacht eingesetzte und keinerlei parlamentarischer Kontrolle unterliegende Verwaltungsapparate gegenüber. Dieser Zustand mußte zu einer Quelle ständiger Behinderung und Beeinträchtigung der Arbeit auf dem Gebiet der Wirtschaftsplanung und -leitung werden und zu einem Widerspruch, der immer stärker zu einer Lösung drängte.

In einem im Herbst 1947 von mir geschriebenen Artikel habe ich diese Problematik aufgezeigt und von mir aus noch ein übri-ges getan, um die ins Auge gefaßte Bildung der Deutschen Wirtschaftskommission als zentrales Verwaltungsorgan mit demokratischer Legitimation zu fördern und am Ende selbst die Situation mir schaffen zu helfen, die zur Beendigung meiner Tätigkeit in der Landesregierung Sachsen und zu meiner Berufung in die Deutsche Wirtschaftskommission führte. Ich lasse diesen Artikel als Abschluß dieses Teiles meiner Darstellung folgen.

„Das Verhältnis der deutschen Zentralverwaltungen in der sowjetischen Besatzungszone zu den Regierungen in den Ländern muß in erster Linie gesehen werden vom Gesichtspunkt der fortschreitenden Entwicklung der staatsrechtlichen Neugestaltung in der gesamten Zone. Dieses Verhältnis war im ersten Abschnitt der Neugestaltung der politischen Verhältnisse in der Zone insofern verhältnismäßig einfach, als in den Ländern und Provinzen Verwaltungen bestanden, die lediglich auf Grund der Berufung durch die Besatzungsmacht tätig waren und im Auftrage der Besatzungsmacht arbeiteten. Die Zentralverwaltungen waren in gleicher Weise von der Besatzungsmacht berufene Organe, so daß sowohl die Zentralverwaltung als auch die Länder- und Provinzialverwaltungen staatsrechtlich und politisch gleichgeartete Organe waren. Beide Verwaltungsinstanzen arbeiteten im wesentlichen auf Grund von Befehlen der Besatzungsmacht und waren dieser verantwortlich. Fragen der Unterordnung, der Weisungsbefugnis und der Kontrolle waren deshalb in diesem Abschnitt verhältnismäßig leicht zu lösen.

Eine vollkommene Veränderung des Verhältnisses zwischen den Zentralverwaltungen und den Länderregierungen ist dadurch eingetreten, daß in den Ländern der Ostzone durch demokratische Wahlen Parlamente gebildet worden sind und Verfassungen geschaffen wurden. Es sind dann in den Ländern Regierungen gebildet worden, die in eindeutiger Weise den parlamentarischen Körperschaften verantwortlich und die gebunden sind an die Verfassungsbestimmungen. Die Besatzungszone hingegen ist kein staatsrechtliches Subjekt, sie ist nur die Gesamtheit der von einer Besatzungsmacht besetzten verschiedenen Länder und Provinzen. Es existieren daher auch kein Zentralparlament und keine zentrale Verfassung. Die Zentralverwaltungen sind das geblieben, war sie früher waren: ausführende Organe der Besatzungsmacht, von der sie eingesetzt und der sie auch verantwortlich sind.

Es ergibt sich dadurch eine schwerwiegende verfassungsmäßige Diskrepanz. Die Länderregierungen sind demokratisch gebildete und verantwortliche Organe, sind tätig nach den Richtlinien, die sie von ihrem Parlament erhalten, tragen dem Parlament gegenüber die Verantwortung und sind in allen ihren Maßnahmen an die Bestimmungen der Verfassung ihres Landes gebunden. Die Zentralverwaltungen hingegen sind nicht demokratisch gebildete Organe, haben keine Verantwortlichkeit gegenüber einem Parlament, sind an keine Verfassung gebunden und existieren nur auf Grund einer Bevollmächtigung einer Besatzungsmacht. Aus diesem Verhältnis ergeben sich Schwierigkeiten in der Zusammenarbeit dieser beiden verschieden gebildeten Organe. Es unterliegt keinem Zweifel, daß eine Koordinierung der Arbeiten der Verwaltungsorgane der verschiedenen Länder innerhalb der gesamten Zone erforderlich ist. Dies gilt sowohl für die Durchführung einer einheitlichen Wirtschaftspolitik in der Zone als auch für die Sicherstellung einer einheitlichen Entwicklung auf dem Gebiete der Rechtspflege, des Schulwesens, des Finanzwesens usw. Es ist jedoch nach Konstituierung der demokratischen Länderregierungen nicht mehr in der gleichen Einfachheit wie früher möglich, diese Koordinierung herbeizuführen.

Bei einer Reihe von Zentralverwaltungen der Zone ist die Lage heute noch so, daß die entsprechenden Zonenverwaltungen von dem eingetretenen Strukturwandel einfach keine Kenntnis nehmen, sondern noch so verfahren wie im ersten Abschnitt der politischen Entwicklung. Dies gilt vor allem für die Justizverwaltung, die heute noch Rechte in Anspruch nimmt, als ob sie eine höchste Verwaltungsspitze in allen Fragen der Gesetzgebung und der Verwaltung des Justizwesens wäre. Mehr oder weniger ist dies auch der Fall bei den Zentralverwaltungen für Volksbildung, Land- und Forstwirtschaft, Arbeit und Sozialfürsorge und für Statistik.

Wesentlich weiter fortgeschritten ist die Entwicklung auf dem Arbeitsgebiet der wirtschaftlichen Zentralverwaltungen, also der Zentralverwaltung der Industrie, der Brennstoffindustrie, Handel und Versorgung. Für den Arbeitsbereich dieser Zentralverwaltungen ist der Versuch unternommen worden, das Verhältnis zwischen den Zentralverwaltungen und den Länderregierungen auf eine neue Basis zu stellen. Während sich die übrigen Zentralverwaltungen größtenteils nur immer wieder schematisch auf ein Statut berufen, das im Jahre 1945 einmal erlassen worden ist und sicherlich für die damalige Entwicklungsstufe richtig und zweckentsprechend war, haben die wirtschaftlichen Zentralverwaltungen unter Anleitung der SMAD den Versuch unternommen, das Verhältnis zwischen Zentralverwaltungen und Länderregierungen durch den Abschluß einer Vereinbarung neu zu gestalten.

Es wird in der Vereinbarung bestimmt, daß die Wirtschaftspolitik in den Ländern von den Länderregierungen verantwortlich geleitet wird, während es die Aufgabe der Zentralverwaltungen ist, die Wirtschaftspolitik der einzelnen Länder miteinander zu koordinieren. Die wesentlichsten Punkte der Vereinbarung sind folgende:

Die Zentralverwaltungen haben die Aufgabe, die von den Ländern aufgestellten Wirtschaftspläne für den Bereich der gesamten Besatzungszone zu koordinieren und aufeinander anzustimmen. Nach Abstimmung und Koordinierung vertreten die Zentralverwaltungen das gesamte Wirtschaftsplanwerk der Zone gegenüber der SMAD.

Die Zentralverwaltungen haben die besondere Aufgabe, einheitliche Methoden in der Besatzungszone gemeinsam mit den Ländern auszuarbeiten und ihre Bestätigung durch die SMAD zu erwirken.

Die Zentralverwaltungen haben ferner die Aufgabe, für eine möglichste Einheitlichkeit der Wirtschaftsgesetzgebung in den Ländern der Zone Sorge zu tragen und zu diesem Zweck mit den Ländern abgestimmte Richtlinien für die gesamte Zone zu erarbeiten.

Die Zentralverwaltungen haben das Recht, Anordnungen, die vorher mit den Ländern abgestimmt werden, der SMAD zur Bestätigung vorzulegen und dann deren Durchführung zu überwachen und zu kontrollieren. Schließlich haben die Zentralverwaltungen von sich aus noch das Recht, Kontrollen in den Ländern durchzuführen, wobei sie jedoch in jedem Fall mit der Regierung des betreffenden Landes zusammenarbeiten müssen.

Dies ist im wesentlichen der Inhalt der getroffenen Vereinbarung, wobei in der Brennstoffindustrie noch hinzukommt, daß die Direktorate der Kohlenindustrie in den einzelnen Ländern in stärkerer Weise an Weisungen der Zentralverwaltung gebunden sind. Ich betrachte diese Art der Neugestaltung des Verhältnisses zwischen Zentralverwaltung und Länderregierung für vorteilhaft und für die einzig mögliche Methode. Wenn solche Vereinbarungen zwischen den Ländern einerseits und den Zentralverwaltungen andererseits auf allen Gebieten der Verwaltung abgeschlossen werden, und sie werden den Landtagen der Länder zur Ratifizierung vorgelegt, so besteht ein einwandfreies staatsrechtliches Verhältnis zwischen den verschiedenen Verwaltungsorganen. Es wäre deshalb zu empfehlen, daß schnellstens solche Vereinbarungen zwischen den Ländern und den Zentralverwaltungen, die eine solche Vereinbarung noch nicht abgeschlossen haben, zustande kommen.

Die weitere Entwicklung des Verhältnisses zwischen Zentralverwaltungen und Länderregierungen hängt in entscheidender Weise ab vom Gang der Verhandlungen über die staatsrechtliche Neugestaltung Deutschlands. Geht diese Entwicklung in erkennbarer Weise darauf hinaus, daß in verhältnismäßig kurzer Frist eine einheitliche Verwaltung für ganz Deutschland geschaffen wird, dann würde das eine Erweiterung der Befugnisse der Zentralverwaltungen in der sowjetischen Zone nicht nur überflüssig, sondern unerwünscht und schädlich werden lassen. In diesem Fall müßte alles vermieden werden, was darauf hinausläuft, eine gesonderte einheitlich und staatsrechtlich fest fundierte Verwaltung für die einzelnen Zonen zu schaffen, da durch eine solche abgeschlossene Zonenverwaltung der Weg zu einer einheitlichen deutschen Zentralverwaltung nur erschwert werden könnte. Es müßte also in diesem Falle strikt festgehalten werden an dem Prinzip der dezentralisierten Verwaltung innerhalb der Zone, wobei die Zentralverwaltungen die Aufgabe der Koordinierung gegenüber der Besatzungsmacht zu übernehmen hätten.

Ist jedoch für absehbare Zeit mit der Schaffung einer zentralen deutschen Verwaltung nicht zu rechnen, d. h., ist für Jahre hinaus der jetzige Zustand der getrennten Zonenorganisation als wahrscheinlich anzunehmen, dann wäre eine Verstärkung der Zuständigkeit der zentralen Verwaltungen in der sowjetischen Besatzungszone zu erwägen. Der Weg hierzu kann verschieden sein. Eine einfache Erweiterung der Kompetenzen der deutschen Zentralverwaltungen wäre auch in diesem Falle nicht erwünscht, da hierdurch ohne Zweifel eine Beeinträchtigung der Entwicklung der demokratischen Kräfte in den Ländern und den unteren Verwaltungen erfolgen würde. Es wäre nach meiner Auffassung nur möglich, die Stellung der Zentralverwaltungen in diesem zweiten Falle dadurch zu verstärken, daß eine Zusammenfassung der Zentralverwaltungen unter einer einheitlichen Leitung erfolgte und daß vor allem für das Gebiet der wirtschaftlichen Verwaltung ein übergeordnetes Koordinationsorgan gebildet würde. Dieses übergeordnete Koordinationsorgan müßte im wesentlichen die Aufgabe der zentralen Wirtschaftsplanung für die gesamte Zone übernehmen. Auf der anderen Seite jedoch wäre in diesem Falle eine Verstärkung der Zentralverwaltungen von unten her notwendig. Ich bin zwar nicht der Meinung, daß hierzu die Schaffung eines zentralen Parlaments notwendig wäre, glaube jedoch, daß dann in jeder der deutschen Zentralverwaltungen der sowjetischen Zone Länderbeiräte gebildet werden müssen, denen die zuständigen Minister oder ihre Beauftragten angehören. Nur so könnte auf der einen Seite die Zusammenfassung aller Arbeiten erfolgen, auf der anderen Seite jedoch der Gegensatz zwischen bürokratischer Zentralverwaltung und demokratischer Länderverwaltung gemildert werden.

Zur Zusammenarbeit mit den verschiedenen wirtschaftlichen Zentralverwaltungen ist nach dem derzeitigen Stand lediglich folgendes zu sagen:

Die Zusammenarbeit mit der deutschen Zentralverwaltung der Industrie ist verhältnismäßig gut und vollzieht sich ohne große Reibungen. Gelegentliche Kompetenzüberschreitungen können leicht beseitigt werden. Ein Mangel ist darin zu sehen, daß die deutsche Zentralverwaltung der Industrie in ungenügender Weise die Aufgaben der einheitlichen Industrieplanung der Zone erfüllt und daher auch gegenüber der SMAD über eine zu geringe Autorität verfügt.

Das Verhältnis zur deutschen Zentralverwaltung der Brennstoffindustrie hat sich zwar in den letzten Monaten erheblich gebessert, jedoch besteht auch hier noch ein zu geringes Verständnis gegenüber dem Erfordernis einer verständnisvollen Mitarbeit der Länder bei den entscheidenden Maßnahmen der Zentralverwaltungen. Es kommt hinzu, daß in der Zentralverwaltung der Brennstoffindustrie eine größere Anzahl alter Führungskräfte tätig ist, die noch aus der früheren Amtstätigkeit von Dr. Friedensburg übriggeblieben ist und manchmal auch in ernsten und politisch wesentlichen Fragen das Verhalten der Zentralverwaltung bestimmt.

In der Zentralverwaltung für Handel und Versorgung ist als wichtigstes zu bemängeln die ungenügende Tätigkeit der Abteilung Außenhandel, die in der Zentralverwaltung von Herrn Dr. Breitenfeld geleitet wird. Diese Abteilung der Zentralverwaltung für Handel und Versorgung arbeitet in einer Weise, die den Interessen der Länder keineswegs gerecht wird. Ihre Einstellung zu den Fragen des Außen- und Interzonenhandels wird ausschließlich vom Gesichtspunkt der Versorgung innerhalb der Zone mit Gebrauchsgütern bestimmt, ohne auf die großen Erfordernisse der Versorgung der Industrie mit Rohstoffen und Halbfabrikaten genügend Rücksicht zu nehmen. Diese Abteilung zeigt auch in ihrem Verhalten gegenüber den Ländern nicht das geringste Verständnis hinsichtlich der Berücksichtigung der Verantwortlichkeit der Länderregierungen gegenüber den demokratischen Organen ihres Landes.

Abschließend kann also festgestellt werden, daß die Frage des Verhältnisses zwischen Zentralverwaltungen und Länderregierungen nur vom Gesichtspunkt der politischen Gesamtentwicklung gesehen werden kann, wobei auf jeder der zwei möglichen Entwicklungslinien konkrete Vorschläge zur Verbesserung der Gesamtarbeit berücksichtigt werden müßten."[31]

5. Bild

1948
Die DWK und ein erster Halbjahresplan

Im Februar 1948 erfolgte meine Berufung zum stellvertretenden Vorsitzenden der DWK und meine Übersiedlung nach Berlin.

Was war die Deutsche Wirtschaftskommission und was war ihre Rolle und ihre Aufgabe? Der Befehl 32 der Sowjetischen Militäradministration, durch den Position und Funktion der DWK festgelegt wurde, ist eigentlich nicht die Gründungsurkunde der DWK, sondern durch ihn wurden lediglich die Struktur und die Befugnisse der DWK definiert, ergänzt und erweitert. Jedenfalls wurden mit dem Erlaß des Befehls 32 der SMAD die geschichtlich bedeutsame Tätigkeit der DWK und ihr Einfluß auf das Geschehen in der sowjetisch besetzten Zone eingeleitet.

Es ist dabei von Interesse, daß zwischen den Bestimmungen des Befehls 32 und der dann unmittelbar danach sich entwickelnden Praxis der Wirksamkeit der DWK erhebliche Unterschiede bestanden, woraus sich ergibt, daß die Entwicklung der Verwaltungsstrukturen zu jener Zeit noch voll im Fluß war und daß noch ständig durch die Praxis bedingte Änderungen und Korrekturen der geschaffenen Institutionen notwendig waren. Nach dem Befehl 32 sollte zum Beispiel die DWK einen Vorsitzenden und zwei stellvertretende Vorsitzende haben, während in Wirklichkeit schon von Anfang an vier stellvertretende Vorsitzende tätig waren. Im Befehl 32 war festgelegt, daß die Präsidenten der Zentralverwaltungen der DWK angehören sollten. Das ist später dann überhaupt nicht zum Tragen gekommen. Die meisten Zentralverwaltungen sind vielmehr sofort nach der Bildung der DWK in deren Apparat aufgegangen und haben als Hauptverwaltungen der DWK gearbeitet. Lediglich drei Zentralverwaltungen blieben neben der DWK bestehen, und zwar die Zentralverwaltung für Inneres, die Zentralverwaltung für Volksbildung und die Zentralverwaltung für Justiz.

Die Aufgabenstellung für die Tätigkeit der DWK war im Befehl 32 der SMAD ziemlich konkret festgelegt. Die Wirtschaftskommission hatte die Aufgabe, Fragen der Wiederherstellung und der Entwicklung der Friedenswirtschaft in der sowjetischen Besatzungszone (SBZ) zu prüfen und entsprechende Maßnahmen durchzuführen. Sie hatte die Aufgabe, die Tätigkeit der bis dahin bestehenden Zentralverwaltungen für die einzelnen Wirtschaftszweige zu koordinieren. Es wurde ihr das Recht eingeräumt, Verfügungen und Instruktionen zu erlassen und Anordnungen zu geben, die für alle deutschen Verwaltungsorgane verbindlich sein sollten, womit praktisch ein weiterer Schritt zur Souveränität der SBZ auf dem Gebiet der Gesetzgebung und der Verordnungspraxis getan wurde.

Es wurde ferner im Befehl 32 festgelegt, daß die DWK ein ständiges Büro zu unterhalten habe, das sich in der Folge sehr schnell als Spitze des Verwaltungsapparates für die gesamte SBZ entwickelte. Später wurde die DWK erweitert durch die Hinzuziehung von gewählten Vertretern der Länder, so daß das Plenum der DWK schließlich hundertvierzig Mitglieder zählte.

Wie war die gesellschaftliche Situation in den Jahren 1948 und 1949? Am besten informiert darüber ein Passus der Entschließung der Ersten Parteikonferenz der SED im Januar 1949:

„Die gegenwärtige Ordnung in der SBZ ist eine antifaschistisch-demokratische Ordnung, in der die Arbeiterklasse entscheidende Positionen innehat. Sie ist keine volksdemokratische Ordnung, da die Bedingungen in der Zone zu denen in den volksdemokratischen Ländern sehr verschieden sind."

Als die entscheidende Aufgabe wurde deshalb auch generell auf der Ersten Parteikonferenz der SED die allseitige Stärkung und Festigung der antifaschistisch-demokratischen Ordnung als Basis für den Kampf um die Wiederherstellung der Einheit Deutschlands bezeichnet.

Damit war praktisch die Aufgabe für die DWK gestellt: Ihre Hauptaufgabe bestand darin, die Wirtschaftsplanung auf der Ebene der gesamten SBZ zu entwickeln und alle Maßnahmen einzuleiten und durchzuführen, die zu einer Festigung der antifaschistisch-demokratischen Ordnung notwendig waren.

Festigung des Volkseigentums

Der Beginn der Tätigkeit der DWK war gekennzeichnet durch die Beendigung der Periode der Beschlagnahmen und der Enteignungen auf Grund der vorher erlassenen Befehle der Besatzungsorgane und – entsprechend einer Feststellung auf der Vollsitzung der DWK am 12. Mai 1948 – „die Schaffung einer einheitlichen Zonenwirtschaft unter deutscher wirtschaftlicher Selbstverantwortung und Selbstverwaltung".

Der Befehl 64 der SMAD verfügte die Beendigung der Sequestrierungen. Die bisher sequestrierten Betriebe und anderen Wirtschaftseinrichtungen wurden durch diesen Befehl endgültig den deutschen Organen mit der Auflage übergeben, über ihren Besitz zu entscheiden, wobei in erster Linie die DWK für den Abschluß der Sequestrierungen und die Einleitung der neuen Etappe in der Entwicklung der volkseigenen Wirtschaft verantwortlich gemacht wurde. In den Ausführungsbestimmungen der DWK war gesagt, daß es weder erlaubt sei, neue Se-questrierungen auszusprechen und vorzunehmen, noch, daß es „erlaubt ist, Sequestrierungen und Enteignungen rückgängig zu machen, nachdem die Listen bestätigt worden sind"[32].

Der zweite Punkt, der sich aus dem Befehl 64 und den damit der DWK übertragenen Aufgaben ergab, war die endgültige juristische Klärung der Eigentumsverhältnisse an den beschlagnahmten, sequestrierten und enteigneten Betrieben. Durch eine Instruktion wurde das Verfahren der juristischen Eintragung des Volkseigentums bei den Gerichten geregelt, wobei ausdrücklich mit Gesetzeskraft festgestellt wurde, daß das Eigentum des Volkes an diesen Betrieben unantastbar sei, was bei genauerer Überlegung aber bedeutete, daß hier eine ganz neue Kategorie von Eigentum geschaffen wurde. In der schon erwähnten Rede am 12. 5. 1948 vor der DWK ist folgender Passus enthalten:

„Es gehört, wenn ich juristisch genügend unterrichtet bin, zu den Begriffsbestimmungen des Eigentums, daß der Eigentümer darüber verfügen und damit tun kann, was er will. Beim Volkseigentum kann der Eigentümer eigentlich nicht mehr tun, was er will, sondern das Volkseigentum ist den sonstigen Modifikationen des Eigentums, vor allem der Veräußerbarkeit, entzogen. Es rückt aus der Sphäre des bürgerlichen Rechtsdenkens in eine Sphäre des öffentlichen Rechtsdenkens, in dem es Fragen der bürgerlichen Auseinandersetzung über Vermögens- und Eigentumsbegriff nicht gibt."[33]

Eine wichtige Frage mußte geklärt werden, die von einigen zurückgebliebenen Kräften im Verwaltungsapparat der Länder gestellt wurde, und zwar die Frage des Verhältnisses zwischen Volkseigentum und Gemeindeeigentum. Diese Frage wurde aufgeworfen, um eine Hintertür für reaktionäre Bestrebungen zur Veränderung des Eigentums der Gemeinden dadurch zu schaffen, daß zwischen Volkseigentum und Gemeindeeigentum ein grundsätzlicher Unterschied postuliert wurde. In der erwähnten Rede am 12. Mai 1948 wurde zu dieser Frage, die unter anderem der Wirtschaftsminister Witte des Landes Mecklenburg aufgeworfen hatte, von mir gesagt:

„Ich habe davon gesprochen, daß nach meiner Meinung eine Differenzierung zwischen Volkseigentum und Gemeindeeigentum im Prinzip nicht zulässig ist ... Eigentum des Volkes ist alles das, woran nicht ein einzelner oder eine Gruppe von einzelnen Eigentümern ein besonderes Vorbehaltsrecht haben, also alles, was im öffentlichen Eigentumsrecht steht.“[34]

Damit war auch den raffinierten Versuchen, auf dem Wege über das Gemeindeeigentum das Eigentum des Volkes zu schmälern, ein Riegel vorgeschoben.

Die Rede vom 12. Mai 1948 war vor allem der Interpretation der Ausführungsbestimmungen zum Befehl 64 der SMAD gewidmet.

„Lassen Sie mich zunächst einige Daten über den Umfang der durch die Enteignungen auf Grund des Befehls 124 in Volkseigentum übergegangenen Teile unserer Wirtschaft nennen. ... Die bis jetzt uns zugegangenen bestätigten Listen der Enteignungen von Betrieben auf Grund des Befehls 124 umfassen insgesamt 9281 gewerbliche Unternehmen in der SBZ. Danach sind in Sachsen enteignet 2297 gewerbliche Unternehmen, in Sachsen-Anhalt 2064, in Thüringen 2609, in Brandenburg 1428 und in Mecklenburg 883.“[35]

In der Rede am 12. Mai 1948 wurde zur weiteren Begründung ferner gesagt:

„Der Befehl 64 überträgt die Aufgabe der Planung der Entwicklung der volkseigenen Betriebe auf die Deutsche Wirtschaftskommission. Im Befehl ist ausdrücklich gesagt, daß die Verwertung der volkseigenen Betriebe nach den Richtlinien der DWK zu erfolgen hat. Die DWK, d. h. das Sekretariat, hat Ihnen deshalb in der letzten Sitzung bereits die Entwürfe zu den Ausführungsbestimmungen zum Befehl 64 vorgelegt, und diese Ausführungsbestimmungen stehen heute mit zur Beratung und Beschlußfassung."[36]

Wichtig war in diesem Zusammenhang noch, daß in ganzen Zweigen der Wirtschaft noch teilweise völlig unklare Eigentumsverhältnisse herrschten, da die Durchführung der Neuordnung der Wirtschaft in den einzelnen Ländern der SBZ unterschiedlich vor sich gegangen war und auch einzelne Wirtschaftszweige eine wirtschaftlich begründete Sonderstellung einnahmen. Das galt zum Beispiel für das Verkehrswesen. So gab es zu dieser Zeit in der SBZ noch 94 Privat- und Kleinbahnen, von denen 7 Unternehmen einer Firma gehörten, der Deutschen Sekundärbahn-Betriebsgesellschaft in Osterwieck. 14 Unternehmen gehörten einem Konzern in Berlin-Wilmersdorf, der verschiedene Namen hatte, wie Allgemeine Deutsche Eisenbahn-Betriebsgesellschaft, Lenz & Co. und andere. 22 Bahnen gehörten einem Konzern in Merseburg, der im Ständehaus saß. Ähnlich war es mit der Binnenschiffahrt. Von 43 000 PS Schlepperleistung auf Binnenschiffen waren weniger als 16 000 PS Volkseigentum und von 538 000 Registertonnen Schiffsraum gehörten nur 91 400 dem Volke. Es war klar, daß hier Versäumnisse vorlagen, die schnell behoben werden mußten.

Von entscheidender Bedeutung für die Entwicklung der volkseigenen Betriebe waren die Bestimmungen über die Rechtsträgerschaft am Volkseigentum. Dazu heißt es in jener Rede:

„Der wichtigste Rechtsträger für die Verwaltung der volkseigenen Betriebe wird die Vereinigung volkseigener Betriebe sein, und zwar werden wir Vereinigungen volkseigener Betriebe auf der Grundlage fachlicher Gliederung haben, solche Vereinigungen, die der Zone unterstehen, d. h. der DWK, und außerdem fachliche Verwaltungen und Vereinigungen volkseigener Betriebe, die den Ländern unterstehen und für die bestimmte Richtlinien ebenfalls vorliegen."[37]

Es kam hinzu, daß die Durchsetzung sozialökonomischer Reformen innerhalb der antifaschistisch-demokratischen Revolution, also der Bodenreform, der Industriereform, der Reform des Bank- und Geldwesens, nur im härtesten Klassenkampf möglich war. Es ist eine vielerorts anzutreffende aber völlig unrichtige Einschätzung der damaligen Lage, daß die entscheidenden ökonomischen Reformen, vom ganzen Volk getragen, ohne Widerstand des Klassengegners vor sich gegangen seien. Natürlich hatte der Klassengegner nicht mehr solche ökonomische Macht, über die er in der kapitalistischen Gesellschaftsform verfügte, aber die Repräsentanten restaurativer und reaktionärer Auffassungen saßen zu einem nicht zu unterschätzenden Teil in den bereits gebildeten Parteien und auch in den inzwischen entstandenen neuen Verwaltungsorganen.

Interessant ist in diesem Zusammenhang die offene Sabotage des Beschlusses der Berliner Stadtverordnetenversammlung über die Enteignung der Konzernbetriebe. Diese Betriebe wurden zu jener Zeit von der Treuhandverwaltung Berliner Betriebe unter Leitung ihres Präsidenten Willi Rumpf verwaltet. Im Juni 1948 richtete die Treuhandverwaltung ein Ersuchen an die DWK, die fachliche Betreuung dieser Betriebe mit zu übernehmen, und damit wurde der erste Schritt zur Sicherung des Volkseigentums an den Berliner Konzernbetrieben zumindestens im sowjetischen Sektor Berlins getan.

Schaffung der zonalen Organisation der volkseigenen Industrie

Die Tätigkeit der DWK ging aus von dem Auftrag, das Volkseigentum zu festigen und die zentrale Wirtschaftsplanung in der SBZ durchzusetzen. Dazu war die Lösung einer großen Aufgabe notwendig, die organisatorische Zusammenfassung der volkseigenen Industrie und die Schaffung einer Verwaltungsstruktur, die den Anforderungen, die durch die zentrale Aufgabe gestellt waren, entsprach. Im Jahre 1946 wurden in den Ländern und Provinzen der SBZ 9281 Betriebe von Naziaktivisten und Kriegsverbrechern enteignet. Dabei handelte es sich fast ausschließlich um industrielle Zensusbetriebe, das heißt Betriebe, die in der Industriestatistik mit mehr als zehn Beschäftigten erfaßt waren. Allerdings war ein Teil dieser Betriebe nur klein und unbedeutend, und weitere Betriebe eigneten sich nicht zur Bewirtschaftung in größeren ökonomischen Verbänden. Es wurden deshalb bereits im Jahre 1946 einige tausend Betriebe an ihre früheren Besitzer zurückgegeben, einige kleinere Betriebe wurden auch verkauft oder an Rechtsträger wie Konsumgenossenschaften usw. übereignet. Von den dann noch verbleibenden volkseigenen Betrieben eignete sich wiederum ein Teil nur zur Bewirtschaftung auf der Länderebene oder durch Eingliederung in kommunale Wirtschaftsverbände. Die großen volkswirtschaftlich wichtigen volkseigenen Betriebe hingegen wurden durch die DWK zentral zusammengefaßt, und es wurde auf diese Weise die sogenannte zonale volkseigene Industrie geschaffen.

Die entscheidende Etappe auf dem Wege der Lösung dieser organisatorischen Aufgabe war die Erste Zonentagung der volkseigenen Betriebe in Leipzig. Das grundsätzliche Referat auf dieser Tagung hielt ich als der für die Leitung der Industrie verantwortliche Stellvertreter des Vorsitzenden der DWK. Aus dem Referat sei folgender Absatz zitiert:

„Die volkseigenen Betriebe sind die stärkste Stütze und das Rückgrat unserer Wirtschaftsplanung ... Wir haben den Ehrgeiz, unsere volkseigenen Betriebe, die wir zum größten Teil in völlig verwahrlostem Zustand aus den Händen der früheren Nazieigentümer übernommen haben, nicht nur zu renovieren und wiederherzustellen, sondern sie zu Muster- und Beispielbetrieben für die gesamte übrige Wirtschaft zu machen.“[38]

Die Bekanntgabe der Struktur der zonalen volkseigenen Industrie markierte eine neue Tatsache von entscheidender Bedeutung für die Geschichte der Wirtschaftsentwicklung in der SBZ.

Nach dem Referat auf dieser Tagung wurden die größeren und bedeutenden volkseigenen Betriebe der Länder zusammengefaßt in 75 Vereinigungen volkseigener Betriebe, die ohne Rücksicht auf die Ländergrenzen fachlich gegliedert waren. In diesen 75 Vereinigungen volkseigener Betriebe waren 1765 Betriebe zusammengefaßt mit 505 754 Beschäftigten. Von diesen Betrieben lagen 900 Betriebe in Sachsen, 335 in Sachsen-Anhalt, 274 in Thüringen, 211 in Brandenburg und 44 in Mecklenburg.

Wichtig waren die Angaben über den Anteil des Volkseigentums in den einzelnen Industriezweigen. So wurde mitgeteilt, daß die Kohleerzeugung zu 100 Prozent in den VEB erfolge, daß die Energieleistung zu 44 Prozent in VEB und zu weiteren über 50 Prozent in kommunalen Betrieben erbracht werde. Im Erzbergbau waren 98 Prozent der Förderung in Volkseigentum, in der Eisenindustrie 97 Prozent und bei den Nichteisenmetallen 56 Prozent der Produktion. Bei den Erzeugnissen des Maschinenbaus waren im zweiten Halbjahr 1948 52 Prozent in Volkseigentum, im Fahrzeugbau 70 Prozent, bei Eisen-, Blech- und Metallwaren dagegen nur 35 Prozent, in der Elektrotechnik lag der volkseigene Anteil bei 61 und bei Feinmechanik/Optik bei 45 Prozent. In der chemischen Industrie betrug der Anteil der volkseigenen Produktion 42 Prozent, dagegen in der Baustoffindustrie nur 20 Prozent. Auch in der Textil- und Lederindustrie war der Anteil der VEB an der Produktion noch verhältnismäßig gering und lag unter 50 Prozent.

Auf dieser Tagung wurde ein Arbeitsprogramm für die volkseigenen Betriebe beschlossen, dessen wichtigste Festlegungen in der Verpflichtung zur Aufstellung von Produktions- und Finanzplänen, zur Schaffung von Planungsausschüssen und zur Einführung einer systematischen Plankontrolle bestanden, außerdem zur Schaffung von Aktivistenkollektiven, zur Entwicklung von Leistungsnormen sowie der Ausnutzung aller Möglichkeiten zur Hebung des Lohnniveaus und zur Verbesserung der sozialen Verhältnisse, ferner in der Verpflichtung der Betriebe zur Gründung von Werkberufsschulen. Im übrigen befaßte sich die Zonentagung, an der etwa achttausend Vertreter aus allen volkseigenen Betrieben der SBZ teilnahmen, im wesentlichen schon mit den Aufgaben, die sich aus dem Zweijahrplan für die Entwicklung der Volkswirtschaft in der SBZ ergaben.

Beginn der zentralen Wirtschaftsplanung

Das entscheidende Element in der Arbeit der DWK war die Durchsetzung der zentralen Wirtschaftsplanung für die gesamte SBZ. Natürlich hatte es auch schon vor der Bildung der DWK Planarbeit in den Ländern und Provinzen sowie in den Zentralverwaltungen gegeben, aber die ersten dort aufgestellten Pläne waren von ziemlich geringer Qualität und Aussagekraft, sie waren nicht koordiniert, und selbst in den Länderplänen gab es eine völlig ungenügende Übereinstimmung der Planaufgaben der einzelnen Wirtschaftszweige. So konnte es vorkommen, daß der Handel nicht wußte, was in der Landwirtschaft produziert wurde, daß die Warenbereitstellung im Handel mit den Produktionsaufgaben der Industrie nicht übereinstimmte, daß die Produktionsaufgaben nicht mit den bereitgestellten Materialkontingenten abgedeckt waren usw. Noch schwieriger war es in bezug auf die Abstimmung der Pläne der Länder untereinander. Das Land Sachsen produzierte Maschinen und Textilien und war in bezug auf Nahrungsgüter auf die Zulieferung aus anderen Ländern angewiesen. Da es aber kein zentrales Organ für die Koordinierung der Länderpläne gab, entwikkelte sich zwischen den einzelnen Ländern eine Form des Warenaustausches, die an die Zeiten der Naturalwirtschaft erinnerte, wobei es zu erheblichen Störungen der Beziehungen zwischen den einzelnen Ländern und den Wirtschaftszweigen kam.

Der erste Schritt zur zentralen Planung der SBZ war die Aufstellung des Halbjahresplanes 1948. Dieser Plan diente aber praktisch nur zur Vorbereitung für größere Planaufgaben und zur Schaffung einer Plattform für den eigentlichen Wirtschaftsplan, den „Zweijahrplan zur Entwicklung der Volkswirtschaft der SBZ“. Dieser Zweijahrplan wurde in der Vollversammlung der DWK am 21. Juli 1948 beraten, und zwar lag der Beratung ein Vorschlag des Parteivorstandes der SED zugrunde.

Natürlich enthielt der Zweijahrplan alle wichtigen Ziffern für Produktion und Investitionen, für Lohnsummen und andere wirtschaftliche Kennziffern. Es sei nur an die Planaufgabe erinnert, die kartenmäßige Versorgung der Bevölkerung so zu verbessern, daß statt 1500 Kalorien im Jahre 1947 für das Jahr 1950 die Bereitstellung von 2000 Kalorien je Kopf der Bevölkerung vorgesehen wurde. Dabei wurde allerdings festgestellt, daß es sich hierbei nicht um eine maximale Ziffer handele, sondern eigentlich nur darum, festzustellen, was von der eigenen Landwirtschaft an Nahrungsgütern für die Bevölkerung sichergestellt werden könne, während die zu jener Zeit noch nicht bekannten Möglichkeiten der Steigerung des Lebensmittelaufkommens aus dem Import zusätzlich eine Verbesserung und Erhöhung der Versorgung erwarten ließen.

In der Sitzung der DWK wurde an eine frühere Feststellung erinnert, in der darauf hingewiesen worden war, daß es an der Zeit sei, für ganz Deutschland einen realen Wiederaufbauplan für drei Jahre auszuarbeiten. In diesem Zusammenhang wurde betont, daß zunächst ein Plan für die SBZ ausgearbeitet werden müsse, da inzwischen der Marshallplan für Europa wirksam geworden sei, während in der SBZ die Arbeiterschaft den entscheidenden Einfluß auf die Führung der Wirtschaft erlangt habe.

In der Diskussion wurde klargestellt, daß der Zweijahrplan nicht zum Ziel haben könne, die SBZ wirtschaftlich autark zu machen, und daß vor allem der Plan nicht zur Vertiefung der

Spaltung Deutschlands beitragen dürfe. Es wurde in allen Diskussionen hervorgehoben, daß nach wie vor die Wirtschaft der SBZ auf die handelspolitischen Verbindungen sowohl nach den Ländern des europäischen Ostens und Südostens als auch nach den westlichen Ländern orientiert werde.

Aus einer Rede von mir am 19. Oktober 1948 sei hier folgender Absatz zitiert:

„Es ist populärer zu sagen: führt jetzt Lebensmittel ein, als zu sagen: führt Koks und Stahl ein! Es ist populärer zu sagen: gebt das, was heute jedem fehlt, als ihm zuzumuten, in einem gigantischen Prozeß der Anstrengung aller Kräfte sichere Fundamente einer Friedenswirtschaft zu legen, die uns in den Stand setzt, eine stabile, wenn auch allmähliche Verbesserung der Lebenslage aller zu gewährleisten.“[39]

Und an anderer Stelle dieser Rede heißt es:

„Dieser Zweijahrplan ist der Plan zur Wiederherstellung der Grundlage der deutschen Friedenswirtschaft, nicht der Plan der Erhöhung der Kalorienzahl auf das Niveau des heutigen Maximalbedarfs. Dieser Plan ist nicht der Plan der deutschen Alltagsgegenwart, obwohl er der Überwindung der Misere dieses Alltags dient. Dieser Plan ist der Plan der deutschen Zukunft, des deutschen Aufbaus bei gleichzeitiger Gewährleistung der Souveränität und Freiheit nach innen und außen.“

Zu dem Argument der Bevorzugung der volkseigenen Betriebe, wie es einige nicht sehr fortschrittliche Ländervertreter in der Diskussion über Planfragen vorbrachten, wurde wiederholt eindeutig festgestellt, daß eine weitsichtige Wirtschaftspolitik eine bevorzugte Behandlung der Privatbetriebe und den exklusiven Schutz und die Förderung der privaten Unternehmer nicht zulassen dürfe. In meiner Rede auf einer Tagung der Kammer der Technik am 3. August 1948 findet sich der Satz:

„Hört endlich auf mit dem Geschwätz, als ob die Privatindustrie benachteiligt wird, sonst drehen wir den Spieß um, wenn einige Leute, die nur von Propaganda leben, nicht damit aufhören."[40]

Das war zwar nicht sehr höflich, aber es war deutlich und zeigte den unzweideutigen Willen der Wirtschaftsführung der SBZ, den volkseigenen Sektor der Wirtschaft als die entscheidende Grundlage für den wirtschaftlichen Wiederaufbau und Neuaufbau zu stärken und bevorzugt zu entwickeln.

Die Währungsreform und die „Berliner Blockade"

Das wichtigste innerdeutsche Ereignis im Jahre 1948 war die sogenannte Berliner Blockade. In Wahrheit handelte es sich nicht um eine Blockade, sondern um die entscheidende Etappe zur Spaltung Deutschlands durch die imperialistischen Westmächte mit Hilfe der Repräsentanten des wiedererstarkenden westdeutschen Kapitalismus.

Das äußere Zeichen des Beginns der effektiven Spaltung Deutschlands war die separate Währungsreform im Westen unseres Landes. Eigentlich geht der Beginn dieser Spaltungsaktion auf die Londoner Außenministerkonferenz am Anfang des Jahres 1948 zurück und auf die Empfehlung der drei Außenminister der Westmächte zu einer separaten Entwicklung im Westen Deutschlands. Am 20. März 1948 erfolgte deshalb der Austritt des Vertreters der UdSSR, Marschall Sokolowski, aus dem Kontrollrat, und damit endete die Tätigkeit dieses für ganz Deutschland eingesetzten alliierten Kontrollorgans.

Die separate Währungsreform im Westen Deutschlands erfolgte durch Befehl der westlichen Militärgouverneure am 20. Juni 1948, wobei die Banknoten, die bei dieser Währungsreform ausgegeben wurden, in Amerika gedruckt worden waren und auf streng geheimgehaltenen Wegen nach Westdeutschland gebracht wurden. Es ist jedoch falsch, wenn behauptet wird, daß angeblich deutsche Stellen von diesen Vorbereitungen zur separaten Währungsreform im Westen nichts gewußt hätten und selbst davon überrascht worden seien, wie das in manchen Publikationen dargestellt wird.

Bereits am 18. April 1948 wurde von einem wissenschaftlichen Beirat bei der Verwaltung für Wirtschaft, also dem Wirtschaftsverwaltungsorgan der westlichen Zonen, ein Gutachten erstattet, und darin wurden die entscheidenden Direktiven für die westdeutsche Wirtschaftspolitik nach der Währungsreform dargelegt. In diesem Gutachten, von Prof. Sauermann, dem Vorsitzenden dieses wissenschaftlichen Beirates, unterschrieben, wurde ausführlich von der „Preispolitik nach der Währungsreform, deren Grundlinien bekannt sind", gesprochen, und auch im Text des Gutachtens wurde die grundsätzliche Änderung der bisherigen Wirtschaftslenkung damit begründet, daß nur dann die Währungsreform sinnvoll sei, wenn eine „grundsätzliche Änderung der bisherigen Wirtschaftslenkung mit ihr verbunden wird".

Dieses Gutachten vom 18. April 1948 beweist, daß mehrere Monate vor der Währungsreform die Absicht und selbst die Einzelheiten der Durchführung der Währungsreform bekannt waren. Die separate Währungsreform in Westdeutschland war ein Verstoß gegen die Abmachungen im Alliierten Kontrollrat. An sich war die Reform der Währung notwendig und unumgänglich als Konsequenz aus der vollkommenen Zerrüttung des Bankwesens und aus der Geldentwertung durch den Hitlerkrieg. Im Kontrollrat war allerdings vorgesehen, daß die Währungsreform gleichzeitig in allen 4 Zonen durchgeführt werden sollte. Danach erwies sich die separate Währungsreform in Westdeutschland mit den in Amerika gedruckten Zahlungsmitteln als ein offener Verstoß gegen die Kontrollratsabmachung.

Die separate Währungsreform in Westdeutschland erzwang ein schnelles Vorgehen auch in der SBZ. Hier gab es keine Vorarbeiten für eine separate, auf die Zone beschränkte Währungsreform. Der Beweis hierfür ist darin zu sehen, daß keine neuen Banknoten gedruckt waren und daß die neuen Zahlungsmittel nur dadurch sich von den alten Banknoten unterschieden, daß sie mit einem aufgeklebten Kupon ausgegeben wurden; der populäre Ausdruck für dieses beklebte Zahlungsmittel war damals „Tapetenmark". Die Währungsreform in der SBZ erfolgte auf Grund des Befehls der SMAD 111/48 vom 23. Juni 1948 und einer im Anschluß daran erlassenen Verordnung der DWK vom 24. Juni 1948. In einer Anordnung der DWK vom 20. Juli 1948 wurden dann die Einzelheiten der Durchführung der Währungsreform besonders festgelegt.

Die Hauptprobleme bei der Durchführung der Währungsreform waren für die wirtschaftsführenden Organe in der SBZ folgende:

a) Es bestand ein eindeutiges Geldgefälle vom Westen Deutschlands nach dem Osten. Dieses Gefälle war begründet in der unterschiedlichen Ausgangsbasis der Währungsreform in beiden Teilen Deutschlands. In der SBZ war durch die Schließung der Banken und die Sperrung der Konten kapitalistischer Monopole schon im Jahre 1945 eine Begrenzung der Geldbewegung erreicht worden. Es gab keine Privatbanken und keine monopolkapitalistischen Organisationen, so daß auch allen Spekulationen mit Geldmitteln der Weg versperrt war. Im Westen Deutschlands dagegen hatte es jahreslang eine wilde Spekulation mit Geldmitteln und Banknoten gegeben, so daß ein deutliches Wertgefälle der Zahlungsmittel vorhanden war, das zu einem ständigen Abfließen von Zahlungsmitteln aus dem Westen Deutschlands in die SBZ und damit zur Störung der wirtschaftlichen Aufbaumaßnahmen führte.

b) In den beiden Teilen Deutschlands waren ganz unterschiedliche Geldmengen im Umlauf, in der SBZ etwa zwanzig Milliarden DM, in den Westzonen schätzungsweise zweihundert Milliarden DM. Bei einem Geldumtauschverhältnis 1:10 in der SBZ wurden zwei Milliarden DM neue Geldmittel ausgegeben. Bei einem gleichen Umtauschverhältnis im Westen hätte das die Ausgabe von zwanzig Milliarden DM bedeutet. Das aber hätte sofort zur Ingangsetzung einer neuen Inflationsbewegung geführt. Aus diesem Grunde konnten in Westdeutschland nur in beschränktem Maße äquivalente Geldmittel in Umlauf gebracht werden, die erst allmählich erhöht wurden, während in der SBZ die privaten Geldbesitzer, die ja nicht mehr monopolistische Kapitalorganisationen und Großbanken waren, in vollem Umfange im Verhältnis 1:10 mit neuen Geldmitteln versehen werden konnten.

Hinzu kam noch, daß im Westen mit der Währungsreform auch die Aufhebung der Bewirtschaftung wichtiger Güter und fast aller Mangelwaren erfolgte, was zu einer sprunghaften Steigerung der Preisbasis in Westdeutschland führte. Die Preise erhielten auch noch zusätzlichen Auftrieb durch die Freigabe der Preisstruktur von 1936, wie in dem Gutachten des Königsteiner Gremiums vom 18. April 1948 empfohlen worden war. Auch von dieser Seite her wurde also die Währung der SBZ nach der Währungsreform ernsthaft bedroht, so daß besondere Maßnahmen zur Sicherung der SBZ sich als notwendig erwiesen.

c) Besonders kompliziert war das Problem der Währungsreform in Berlin. Wenn Berlin als wirtschaftliche und politische Einheit erhalten werden sollte, dann mußte es eine einheitliche Währung behalten. Noch am 18. Juni 1948 hatte der Chef der Britischen Militärregierung, General Brian Robertson, in einem Brief an Marschall Sokolowski sein Einverständnis zur Einführung einer einheitlichen Währung in Berlin, und zwar der Währung der SBZ, erklärt. Trotzdem wurde durch eine Anordnung der Militärregierung der Westmächte vom 23. Juni 1948 die westdeutsche Währung auch in Westberlin eingeführt, wobei allerdings auf Grund eines Protestes der SMAD diese in

Westberlin zirkulierenden Geldmittel Westdeutschlands mit einem besonderen Aufdruck versehen waren. Diese Währung war als „B-Mark“ vorübergehend in Westberlin im Umlauf.

Auf Grund einer Direktive der Westmächte vom 30. August 1948 sollte die Westmark aus Berlin zurückgezogen werden. Diese Direktive wurde von den Exekutivorganen der Westmächte, also den Militärgouverneuren, mißachtet, und die westdeutsche Währung blieb in Westberlin im Umlauf. Da die sowjetischen Besatzungsorgane dem hemmungslosen Zustrom westlicher Zahlungsmittel in den sowjetischen Sektor von Berlin nicht tatenlos zusehen konnten, mußten Abwehrmaßnahmen ergriffen werden. Wichtig ist jedoch die Feststellung, daß die Nichtbeachtung der Direktive der Großmächte durch die westlichen Militärgouverneure praktisch die Spaltung der Stadt einleitete und vorwärtstrieb.

In der westlichen Berichterstattung wird die Periode, die mit der Etablierung der englisch-amerikanischen Luftbrücke nach Berlin beginnt, gewöhnlich als die Periode der „Blockade“ Westberlins durch die SMAD und die Wirtschaftsorgane der SBZ bezeichnet. In Wirklichkeit handelte es sich nicht um eine „Blockade“ Westberlins durch die Organe der SMAD und der SBZ, sondern die Entwicklung ging aus von der Stornierung westdeutscher Stahl- und Kohlelieferungen an die SBZ und damit der Störung des Interzonenverkehrs durch westdeutsche Organe. Der Interzonenverkehr kam sowohl durch die in Westdeutschland unter Mißachtung der Direktive der vier Großmächte durchgeführten Separatmaßnahmen wie auch der Störung im Interzonenhandel vorübergehend zum Erliegen, worauf durch die Westmächte die sogenannte Luftbrücke nach Berlin eingerichtet wurde.

Im Zusammenhang mit der Darstellung der „Berliner Blokkade“ wird von westlicher Seite immer wieder behauptet, daß durch Maßnahmen der SMAD und der DWK die Versorgung Westberlins gefährdet gewesen sei. Das ist keineswegs der Fall. Es lag in Wirklichkeit ein detailliertes Angebot der SMAD zur

Versorgung Westberlins vor. Ich selbst bin über diesen Vorgang genau informiert. Ich war zu dieser Zeit amtierender Leiter der DWK. Es wird nützlich sein, aus den vorhandenen Unterlagen über die damaligen Vorgänge ausführlicher zu berichten.

Am 19. Juli 1948 wurden die stellvertretenden Vorsitzenden der DWK, Fritz Selbmann und Bruno Leuschner, durch den Chef der SMAD, Marschall Sokolowski, und seinen Stellvertreter in Wirtschaftsangelegenheiten, Kowal, empfangen. Die Besprechung diente im wesentlichen der Klärung der Frage, wie die DWK die Versorgung Berlins, falls ihr diese Aufgabe übertragen würde, durchzuführen gedenke. Es wurde von deutscher Seite dargelegt, welche Maßnahmen notwendig seien, um die lebenswichtigen Betriebe der Westsektoren mit Rohstoffen und Materialien sowie Strom und Kohle zu versorgen. Es konnte dabei auf einige schon in Angriff genommene Verbindungen zu Großbetrieben, wie AEG Turbine und andere hingewiesen werden, mit denen bereits über Stromlieferungen verhandelt worden war.

Der Chef der SMAD erläuterte die Lage vom Standpunkt des sowjetischen Oberkommandos, wobei er besonders von der Note der Sowjetregierung an die Westmächte ausging, worin die Sowjetregierung die Verpflichtung übernommen hatte, die Berliner Westsektoren, das heißt das gesamte Gebiet von Groß-Berlin, mit notwendigen Waren und Materialien zu versorgen. Er betonte, daß die Versorgung von Groß-Berlin mit Lebensmitteln sofort beginnen müsse, und er kündigte an, daß bereits in den nächsten Tagen mit der Verladung von hunderttausend Tonnen Getreide aus der Sowjetunion für Groß-Berlin begonnen würde. Auch die Versorgung der Straßenbahn mit Strom und die Regelung des Verkehrs zwischen den Westsektoren und dem sowjetischen Sektor wurden ausführlich behandelt. Ferner wurde von der SMAD die Herstellung der Verbindung mit einzelnen Betrieben wegen ihrer Versorgung mit Rohstoffen und Abnahme ihrer Produkte empfohlen.

In der Beratung wurde festgelegt, daß am nächsten Morgen,

also am 20. Juli 1948, um sechs Uhr die SMAD eine Erklärung bekanntgeben werde, worin sie die Versorgung der gesamten Stadt Berlin durch Lieferungen aus der Sowjetunion ankündigt. Gleichzeitig wurde in dieser Besprechung festgelegt, daß einen Tag später eine Erklärung der DWK zu dieser neuen Etappe der Entwicklung der Berliner Verhältnisse abgegeben werden sollte.

Diese Erklärung der DWK wurde am 21. Juli 1948 veröffentlicht. Sie beginnt mit den Sätzen: „Die in den westlichen Besatzungszonen durchgeführte separate Währungsreform und der Versuch, in Berlin eine zweite Währung einzuführen und damit Berlin zu einem Vorposten der Politik der Desorganisierung der Wirtschaft der sowjetischen Besatzungszone zu machen, haben die Bevölkerung Berlins und die Wirtschaft der Stadt in eine Lage gebracht, die von Tag zu Tag schwieriger wird. Schuld an dieser Entwicklung tragen ausschließlich die westlichen Besatzungsmächte und die Verwaltungsorgane der westlichen Besatzungszonen."

In der Erklärung der DWK wurde nicht nur mitgeteilt, daß ab 1. August 1948 alle Einwohner von Groß-Berlin ihre Lebensmittel nach den in Berlin gültigen Normen aus den von der SBZ bereitgestellten Kontingenten beziehen könnten, sondern es wurde auch die Verbesserung der Verkehrsbedingungen zwischen den westlichen Sektoren Berlins und dem sowjetischen Sektor angekündigt.

Diese Darstellung beweist, daß die Schuld an der Spaltung Berlins nicht auf der Seite der SMAD und der Leitungsorgane der SBZ, sondern ausschließlich bei den Westmächten und den in Westdeutschland tätigen Verwaltungsorganen sowie ihren Helfern in der damals noch einheitlichen Berliner Stadtverwaltung lag, die offen auf eine Abspaltung der Westsektoren von der Stadt hinarbeiteten.

Bevor durch die letzte Erklärung der Schlußpunkt unter die Entwicklung, die durch die separate Währungsreform in Westdeutschland eingeleitet worden war, gesetzt wurde, gab es einen umfangreichen Schriftverkehr zwischen der Leitung der DWK und dem Magistrat von Groß-Berlin über Versorgungsfragen, die durch die separate Währungsreform in Westdeutschland aufgeworfen worden waren.

Am 14. Juli 1948 rief der damalige Stellvertretende Oberbürgermeister von Groß-Berlin, Dr. Friedensburg, im Sekretariat der DWK an und bat um einen Termin für einen Besuch, der dann am 16. Juli 1948 erfolgte. Dr. Friedensburg begründete seinen Besuch damit, daß er die Absicht habe, festzustellen, wie die verschiedenen Äußerungen zu verstehen seien, wonach die DWK bereit sei, den Berliner Betrieben bei den entstandenen Schwierigkeiten zu helfen. Er erklärte, daß er diesen Besuch zunächst nicht in offiziellem Auftrag des Magistrats von Groß-Berlin mache, daß jedoch die Oberbürgermeisterin, Frau Louise Schröder, unterrichtet sei und daß er nicht daran zweifle, daß der Magistrat diesen Besuch ebenfalls billige.

Zu dieser einleitenden Bemerkung von Dr. Friedensburg sei darauf hingewiesen, daß er im Magistrat über diese Unterredung berichtet hat, wobei sich in der Magistratssitzung zeigte, daß vor allen Dingen die Sozialdemokraten Klingelhöfer und Reuter konsterniert waren über die sich eröffnende Aussicht, daß konkrete Verhandlungen zwischen dem Magistrat und der DWK in Gang kommen könnten. Immerhin beschloß jedoch der Magistrat, daß Dr. Friedensburg zwar nicht als Beauftragter, aber mit Wissen des Magistrats wieder verhandeln solle.

In der Unterredung am 16. Juli 1948 zwischen Dr. Friedensburg und mir, dem amtierenden Vorsitzenden der DWK, erklärte Dr. Friedensburg, daß die Entscheidung des Berliner Magistrats in der Währungsfrage bestimmt worden sei von der entschiedenen Forderung der Westmächte auf Unterstellung der Emissionstätigkeit für Berlin unter ihre Verwaltung, und er erklärte, er habe die Hoffnung, die Amerikaner würden allmählich zur Vernunft zurückkehren. Die entscheidende Frage, die Dr. Friedensburg für die Versorgung von Westberlin stellte, war die Lieferung von elektrischem Strom, Braunkohlenbriketts und Brennholz. Zum

Problem der Stromversorgung stellte Dr. Friedensburg die Frage, ob für die Westsektoren die Möglichkeit bestehe, Strom aus dem Kraftwerk Klingenberg zu beziehen, wenn der Magistrat Steinkohle aus dem Ruhrgebiet zur Verfügung stelle. Auf die Frage, ob er, der Vertreter des Magistrats von Groß-Berlin, zu diesem Angebot von der Militärregierung ermächtigt sei, mußte Dr. Friedensburg zugeben, daß das nicht der Fall wäre, daß er jedoch sicher sei, die Militärregierung wür-de diesen Vorschlag akzeptieren. Von mir als dem Vertreter der DWK wurde daraufhin erklärt, daß die Frage einer eventuellen Stromlieferung aus Klingenberg erst gestellt werden könnte, wenn bekannt sei, daß das Angebot von Dr. Friedensburg, Steinkohle aus dem Ruhrgebiet zu liefern, von der britischen Militärregierung gedeckt würde.

Die Tatsache, daß die Zustimmung der Britischen Militärregierung zu dem Arrangement nicht beigebracht wurde, war die entscheidende Ursache dafür, daß die Verhandlungen zwischen der DWK und dem Magistrat von Groß-Berlin, damals noch vertreten durch Frau Oberbürgermeisterin Louise Schröder und Bürgermeister Dr. Friedensburg, scheiterten.

Es kamen die Einrichtung der englisch-amerikanischen Luftbrücke und die sich daraus entwickelnde Spaltung der Verwaltung der Stadt, der Auszug der Westberliner Vertreter aus dem Magistrat und die Etablierung einer selbständigen Stadtverwaltung in Westberlin unter dem Regierenden Bürgermeister Ernst Reuter sowie die Entwicklung Westberlins zur Frontstadt und zu einer Bastion des kalten Krieges gegen die SBZ.

Nach dem Scheitern aller Bemühungen, die Einheit Deutschlands zu bewahren, mußte von seiten der Organe der SBZ Kurs genommen werden auf die Sicherung der Erfüllung des Planes aus eigenen Kräften, wozu auch im wesentlichen die Ingangsetzung des Außenhandels mit den östlichen und südöstlichen Ländern Europas beitrug.

Bereits auf der Frühjahrsmesse 1949 konnte Genosse Otto Grotewohl bei der Eröffnung der Messe sagen:

„Sie [die Westmächte] wollten uns durch Abschnürung erdrosseln und haben nichts anderes erreicht, als was man durch solche Maßnahmen immer erreicht, nämlich, daß wir uns fortschrittlich entwickelt haben, und wenn sie es noch ein Jahr so treiben, dann werden wir im nächsten Jahr einen solchen Vorsprung haben, daß sie uns nicht wieder einholen werden."

Entscheidenden Anteil an der erfolgreichen Entwicklung der Volkswirtschaft im Jahre 1948 hatte die Aktivistenbewegung. Diese Bewegung war eine von der Masse der Werktätigen entwickelte Initiative zur Überwindung der sich aus der unbefriedigenden Lebenslage der Arbeiter ergebenden Schwierigkeiten.

Weit verbreitet war in der Bevölkerung die Meinung, daß zuerst eine Verbesserung der Lebenslage, insbesondere der Versorgung mit den notwendigsten Lebensmitteln, nötig sei, ehe an eine Erhöhung der Produktionsleistungen in den Betrieben zu denken sei. So standen sich gegenüber die Maxime „Erst mehr essen, dann mehr arbeiten" und die von den fortschrittlichen Kräften vertretene Losung „Mehr produzieren, um besser leben zu können". Es war ein gewisser Teufelskreis, ein Circulos vitiosus, aus dem ein Ausbruch erfolgen mußte. Dieser Ausbruch konnte nur bewirkt werden, wie Lenin schon in seiner Broschüre „Die große Initiative" geschrieben hatte, durch eine besondere Kraftanstrengung der Masse der Werktätigen, wie sie in der Sowjetunion in der Stachanowbewegung und nun in der sowjetischen Besatzungszone in der sogenannten Henneckebewegung zur Wirkung kam.

Die Aktivistenbewegung begann natürlich nicht erst im Herbst 1948. Es gab schon vorher Aktivistenleistungen. Die eigentliche Geburtsstunde der Aktivistenbewegung in unserer Zone war jedoch die Hochleistungsschicht von Adolf Hennecke am 13. Oktober 1948. Der Sinn der mit dieser Hennecke-Schicht ausgelösten Massenbewegung in den volkseigenen Betrieben bestand einfach darin, durch eine Verbindung von geistiger Durchdringung und Beherrschung des Arbeitsprozesses und der Anwendung moderner technischer Mittel die Arbeitsleistung zu erhöhen und damit Grundlagen für neue Normen der Produktivität zu schaffen.

Die DWK führte schon einen Monat nach der ersten Hennecke-Schicht eine Tagung von Aktivisten aus verschiedenen Industriezweigen durch, auf der ich das Referat hielt – nebenbei bemerkt hatte ich selbst eine Aktivistenschicht auf einem Zwickauer Steinkohlenschacht unter Tage gefahren, wobei ich allerdings nur eine Normübererfüllung von hundertsiebzig Prozent erreichte. Aus meinem Referat auf dieser Tagung seien zunächst einige Sätze über die allgemeine Bedeutung der Aktivistenbewegung zitiert:

„Wenn wir in unserer Zone eine neue Wirtschaft aufbauen wollen, wenn wir im Verlauf der Durchführung des Zweijahresplans die Grundlagen unserer Friedenswirtschaft wiederherstellen wollen, wenn wir ohne Bindung an monopolkapitalistische ‚Hilfe' unsere Aufbauarbeit durchführen wollen, um unserem Volk in Freiheit und Souveränität die Möglichkeit einer stetigen Verbes-serung seines Lebensstandards zu geben, so gehören dazu nicht nur die Zerschlagung der Monopole und die Enteignung der Kriegsverbrecher, gehören dazu nicht nur Bodenreform und Bankennationalisierung, gehören dazu nicht nur Maßnahmen auf politischem und ökonomischem Gebiet, sondern dazu gehört in erster Linie die Schaffung eines neuen Verhältnisses der Arbeiter und Angestellten zur Arbeit und zur Produktion. Und das kann nur verwirklicht werden dadurch, daß wir dem Arbeiter und den Angestellten einmal durch seine Organisationen den gebührenden Platz in der Leitung und Führung des Wirtschaftsprozesses einräumen, d. h., daß wir in erster Linie die Gewerkschaften aus der Rolle des Repräsentanten rein sozialer Interessen der Arbeiter zu einem Führungsfaktor in der Wirtschaft machen. Dazu gehört aber vor allem, daß wir in den breiten Massen der Arbeiter und Angestellten das Verständnis dafür wecken, daß nur durch Initiative und Mitarbeit aller am Pro-

Als stellvertretender Vorsitzender der Deutschen Wirtschaftskommission, spricht Fritz Selbmann am 29. Juni 1948 vor dem Parteivorstand der SED über den Zweijahrplan 1949/50. Auf dem Bild rechts von dem Redner: Wilhelm Pieck, Otto Grotewohl, Walter Ulbricht, Max Fechner

Am 12. Oktober 1949 stellt sich die provisorische Regierung der am 7. Oktober gegründeten DDR vor. Erste Reihe, vierter von links Ministerpräsident Otto Grotewohl erste Reihe zweiter von rechts der Minister für Industrie Fritz Selbmann

Fritz Selbmann legt am Neujahrstag 1951 den Grundstein für den Hochofen I im Eisenhüttenkombinat Ost (EKO)

Am 19. September 1951 findet die Ofenweihe des Hochofen I des EKO statt. Otto Grotewohl und Fritz Selbmann, in der Uniform der Bergleute und Hüttenwerker, werden von Bauleuten herzlich begrüßt

Der Hochofen I des EKO

Der 17. Juni 1953 in Berlin, Potsdamer Platz

Fritz Selbmann besucht die Leipziger Messe 1960

duktionsprozeß Beteiligten ein neues Verhältnis zur Arbeit hergestellt werden kann und damit die entscheidenden ideologischen Voraussetzungen für das Gelingen unserer Aufbauarbeit geschaffen werden."[41]

Ich sprach des weiteren auf dieser Konferenz über die Probleme der Steigerung der Arbeitsproduktivität und das inzwischen entstandene Mißverhältnis der Arbeitsnormen:

„In der Analyse, die dem Zweijahrplan vorausgeht, ist festgestellt, daß die Arbeitsproduktivität in unserer Zone – das gilt nicht nur für unsere Zone, das gilt natürlich auch für den Westen – heute etwa 50 Prozent der Produktivität des Jahres 1936 beträgt. Wir haben deshalb die Aufgabe gestellt, den Grad der Arbeitsproduktivität im Verlauf des Zweijahrplanes um 30 Prozent zu erhöhen, d. h. also dann, 65 Prozent der Produktivität von 1936 zu erreichen. Wenn das aber richtig ist, und ohne Zweifel ist es richtig, dann heißt das, daß unsere jetzige industrielle Leistung auf Arbeitsnormen aufgebaut ist, die einem Grad der Produktivität von im höchsten Falle 60 Prozent des Jahres 1936 entsprechen.

Wir sind uns darüber im klaren, daß Veränderungen in der technologischen Ausrüstung auf manchen Gebieten in Rechnung zu ziehen sind. Wir wissen, daß dadurch auch Materialbeschaffung und Transport erschwert sind, daß dadurch die Möglichkeiten der Erhöhung der Produktivität noch nicht so hinreichend gegeben sind, daß wir von normalen Arbeitsnormen aus dem Jahre 1936 sprechen oder sie fordern können. Aber unzweifelhaft ist, daß heute die Arbeitsnormen in unserer Industrie einem Stand des technologischen Apparates entsprechen, wie er vielleicht im Jahre 1945 vorhanden war, aber heute schon nicht mehr vorhanden ist, ganz abgesehen davon, daß die Arbeitsnormen in den einzelnen Industriezweigen sich ganz uneinheitlich entwickelt haben. Wir haben Industriezweige, in denen unsere Arbeitsnormen heute schon 80 Prozent der normalen Normen entsprechen. Wir haben Industriezweige, in denen sie nur 50 Prozent der normalen Normen entsprechen. Wir glauben, daß bei einer Weiterentwicklung der Hennecke-Bewegung die Frage der Ermittlung technisch vertretbarer und sozial zu verantwortender Normen eine der entscheidenden Fragen ist."[42]

Schließlich beschäftigte ich mich in dem Referat mit der Aufgabe des Übergangs der Aktivistenbewegung von individuellen Einzelleistungen zu Kollektivleistungen ganzer Betriebsabteilungen und Betriebe, um so die erhöhte Leistungsbereitschaft der Werktätigen zu einer allgemeinen Erhöhung der volkswirtschaftlichen Ergebnisse zu benutzen.

„Ich glaube, individuelle Einzelleistungen behalten auch für die Zukunft ihren Wert als Beispiel, was man leisten kann, und vor allen Dingen als Beispiel dafür, mit welchen Methoden man mehr leisten kann. Wir wollen ja nicht eine sture Erhöhung des Arbeitsertrages, weil uns vielleicht gleichgültig ist, ob das auf Kosten des Arbeiters geht. Keineswegs. Wir wollen keine Knochenarbeit in unserer Zone. Die Hennecke-Aktivisten sollen uns zeigen, wie man in jedem einzelnen Industriezweig durch Verbindung von Geist und Muskelkraft, wie Adolf Hennecke vor dem Volksrat gesagt hat, die Arbeit erleichtern, den Arbeitsertrag erhöhen kann, ohne daß der einzelne Arbeiter im wesentlichen mehr physische Arbeitskraft aufwenden muß. Solche individuellen Spitzenleistungen haben als Beispiele also auch für die Zukunft ihren Wert, sie zeigen, wie man es machen kann, um mehr zu produzieren.

Aber das Hauptgewicht muß in der nächsten Zeit darauf liegen, die Hennecke-Aktivisten-Bewegung zu einer breiten Massenbewegung zu machen, das Schwergewicht zu konzentrieren auf Kollektivleistungen einzelner Arbeitsgruppen, Kameradschaften, Werkstätten oder ganzer Belegschaften."[43]

Das wichtigste Ereignis auf dem Weg der Entwicklung kollektiver Formen der Aktivistenbewegung war das Unternehmen „Wasser für Max", das im ersten Quartal 1949, getragen von den aktivsten Vortrupps der Jugend, ablief und wegen seiner Beispielhaftigkeit und seiner großen politischen Bedeutung in die Geschichte der Republik wie auch der Jugendbewegung eingegangen ist. Es handelte sich um die Verwirklichung eines von vielen für phantastisch gehaltenen Plans, um ein genau bestimmtes und berechnetes Ziel von größter ökonomischer Bedeutung für die gesamte Volkswirtschaft der Zone, das nur durch die Mobilisierung des Elans und der Opferbereitschaft Tausender junger Menschen, Studenten, Oberschüler, Lehrlinge, Jungarbeiter, Volkspolizisten und anderer angestrebt und erreicht werden konnte. Es war der Bau einer Wasserleitung zur Versorgung der Maxhütte in Unterwellenborn mit dem notwendigen Kühlwasser für den Hochofenbetrieb.

Die Maxhütte, ein ehemaliger Flickbetrieb, der 1945 in sowjetisches Eigentum übergegangen und dadurch von der Demontage verschont geblieben war, war mit vier kleinen Hochöfen von etwa hundertdreißig Kubikmeter der einzige roheisenerzeugende Betrieb der Zone. Bei Flick waren immer nur drei Öfen gelaufen. Unser Versuch, im Jahre 1948, nach der westdeutschen Liefersperre, mit vier Öfen zu fahren, scheiterte an zwei Unzulänglichkeiten: Das vorhandene Gebläse reichte nicht aus, ebenso nicht die Zuführung von Wasser zur Kühlung der Ofenpanzer.

Es gab ein halbes Jahr lang Diskussionen über die verwegensten Pläne zur Behebung des Kühlwassermangels. Schließlich beschloß im November 1948 das Sekretariat der DWK die Zustimmung zu einem Projekt für den Bau einer Wasserleitung von der Saale zur Maxhütte. Es war ein ziemlich verwegenes Projekt, von dem sich die meisten Experten lauthals distanzierten.

Zwischen der Maxhütte und der Saale zieht sich ein Bergrükken hin, der „Rote Berg", dessen zu überwindende Scheitelhöhe hundertachtzig Meter über dem Saaleniveau liegt. Über diesen Berg mußte die Doppelleitung großer Rohre verlegt werden, in einen Boden, der fast nur aus härtestem Fels besteht und überdies im Winter 1948/49 metertief gefroren war.

Für den Bau fehlte alles – fast alles, wenn man von dem Projekt mit meiner Unterschrift und der Begeisterung einiger Leute aus dem Werk absah: die meterweiten Großrohre (etwa zehn Kilometer), die Pumpen für den Wassereinlauf an der Saale und am Wasserschloß auf dem Berg, jegliche Art von Baumaschinen, selbst einfaches Handwerkszeug, und vor allem gab es überhaupt keine Arbeitskräfte am Ort, von einigen Fachkräften, Sprengmeistern, Rohrschlossern usw. abgesehen. Und gerade die Inangriffnahme dieses scheinbar unlösbaren Problems lieferte den Schlüssel zur Lösung aller anderen Fragen.

Mitte Dezember erschien im „Neuen Deutschland", dem Zentralorgan der SED, ein mit dem Zentralrat der FDJ vorbereiteter Aufruf an die Jugend zur Teilnahme an der Massenaktion „Wasserleitung für Max" als zentralem Jugendobjekt. Der Erfolg war überwältigend. Aus allen Teilen des Landes meldeten sich, mobilisiert durch die Freie Deutsche Jugend, Gruppen von Jugendlichen zum Arbeitseinsatz. Besonders eindrucksvoll und weit in die Zukunft wirkend war die Einsatzbereitschaft der Studenten, besonders die der Universität Jena und Leipzig.

Die Massenbeteiligung der Jugend stellte uns neue Probleme: Fragen der Unterbringung, der Versorgung, der Arbeitsorganisation, der Gesundheitsfürsorge und anderes mehr. Dennoch gab mir das Ergebnis des Aufrufs an die Jugend den Mut, dem zentralen Planungsorgan vorzuschlagen, den Bauzeitraum entgegen der Ansicht fast aller Spezialisten von neun Monaten auf drei Monate zu senken. Und so konnte ich dann auch verfahren und in meiner Rede am 3. Januar 1949 zum Beginn des Zweijahrplans im Kultursaal der Maxhütte sagen:

„Die Deutsche Wirtschaftskommission hat ... beschlossen, den Bau der Wasserleitung als die Planaufgabe eins für die ganze Zone in den Vordergrund zu stellen. Unseren Aufruf ... haben beantwortet die Studenten der Universität Leipzig, die Studenten der Universität Jena, die Schüler der Ingenieurschule Dresden, die Volkspolizei in Thüringen und Tausende von Jugendlichen aus der ganzen Zone, die bereit sind herzukommen und in freiwilligem Arbeitseinsatz die Wasserleitung für die Maxhütte zu bauen. Heute beginnt der Bau dieser Wasserleitung und, liebe Freunde, drei Monate von heute ab und die Wasserleitung wird wenigstens zu einem Teil ihrer Leistungsfähigkeit in Betrieb genommen werden, drei Monate und keinen Tag mehr ... In drei Monaten bekommt Ihr Wasser aus der Saale, und wenn ganz Thüringen voll Teufel wäre.

Liebe Freunde, der Beginn der Arbeit an der Wasserleitung ist symbolisch für unsere Arbeit zur Erfüllung des Zweijahrplanes in der ganzen Zone. Er zeigt, wir wissen sehr wohl, worum es geht. Wir fangen nicht tausend Dinge auf einmal an, sondern wir fangen dort an, wo es am notwendigsten ist."[44]

Am selben Tag, am 3. Januar 1949, begann die Arbeit am „Roten Berg". Der Zustrom jugendlicher Arbeitshelfer hielt ohne Unterbrechungen an und verstärkte sich noch von Woche zu Woche. Einen Überblick über den Anteil der freiwilligen Arbeitsleistung der Jugend geben folgende Zahlen: Am Bau wurden geleistet 230 000 Arbeitsstunden freiwilliger Arbeitskräfte, dazu 14 700 Stunden bei Sonntagssondereinsätzen, ferner 67 500 Stunden von Fach- und Montagearbeiten.

Am 1. April, zwei Tage vor dem Plantermin, war der Bau der Wasserleitung beendet; das Wasser floß durch die Rohrleitung von der Saale in die Maxhütte.

Ich komme nun auf die nach der im Grunde vollzogenen Spaltung Deutschlands herangereifte Frage der Entstehung der beiden deutschen Staaten zu sprechen.

Der Herbst 1949 brachte die Herausbildung der beiden Staaten auf deutschem Boden. Bereits im Frühjahr 1948 hatten die imperialistischen Westmächte in einer Empfehlung an die Regierungschefs der westdeutschen Länder Schritte zur Bildung eines separaten Staatswesens in Westdeutschland empfohlen, und die Ministerpräsidenten der westdeutschen Länder hatten in einer gemeinsamen Erklärung diese Empfehlungen begrüßt und sich zur Mitarbeit bei der Bildung eines westdeutschen Separatstaates bereiterklärt. Am 1. September 1948 trat der Parlamentarische Rat für Westdeutschland zusammen, zu dessen Präsidenten Dr. Adenauer, der Vorsitzende der westdeutschen CDU, gewählt wurde. Die Beratung des Grundgesetzes begann im November 1948.

Im weiteren Verlauf erfolgte zunächst die Konstituierung der Besatzungsordnung in Westdeutschland und Ende Dezember 1948 die Veröffentlichung des Ruhrstatus. Am 10. April 1949 überreichten die westlichen Militärgouverneure dem Parlamentarischen Rat das Besatzungsstatut für Westdeutschland und am 28. April 1949 das Dokument über die Errichtung der internationalen Ruhrbehörde der Westmächte, in der Westdeutschland durch die drei Militärgouverneure vertreten war. Am 8. Mai 1949 verabschiedete der Parlamentarische Rat das Grundgesetz, das am 23. Mai 1949 durch die westlichen Militärgouverneure bestätigt wurde.

Von seiten der Organe der SBZ wurde bis zum letzten Augenblick versucht, die Bildung eines westdeutschen Separatstaates und damit die endgültige Spaltung Deutschlands aufzuhalten.

Auf einer wirtschaftspolitischen Tagung in Frankfurt (Main), auf der Josef Orlopp und ich als Vertreter der DWK vor einem großen Kreis interessierter Wirtschaftler und Publizisten sprachen, wurde nochmals die Erhaltung der minimalen Verbindungen zwischen dem Osten und dem Westen Deutschlands gefordert sowie als Bedingung für eine gesamtdeutsche Wirtschaftspolitik die Schaffung eines gesamtdeutschen Verkehrswesens und einer einheitlichen Währung. Eine einheitliche Finanzwirtschaft wurde als unabdingbar bezeichnet.

Auf meiner Rede zitiere ich einen Außenhandelsfragen betreffenden Absatz:

„Es ist natürlich, daß der Außenhandel der sowjetischen Besatzungszone sich heute vorwiegend nach den ost- und südosteuropäischen Ländern orientiert. Die sowjetische Besatzungszone hat zwar Handelsabkommen und Handelsverträge nicht nur mit den ost- und südosteuropäischen Ländern, sondern auch mit einer ganzen Anzahl von Ländern, die dem Marshallplan-System angehören. Dennoch entfallen 75 Prozent des Exportes der sowjetischen Besatzungszone und 80 Prozent der Einfuhren in unsere Zone auf südost- und osteuropäische Länder. Wir halten diesen großen Anteil der ost- und südosteuropäischen Länder an unserem Außenhandel zwar nicht für das letzte erstrebenswerte Ziel unserer Außenhandelspolitik, sondern sind der Meinung, daß dieses starke Überwiegen Ost- und Südosteuropas in unserem Außenhandel im wesentlichen durch die unnatürliche Gestaltung der Wirtschaftsbeziehungen im letzten Jahre herbeigeführt worden ist. Andererseits aber sehen wir in der Entwicklung des Außenhandels unserer Zone mit Ost- und Südosteuropa eine wichtige gesamtdeutsche Aufgabe angesichts der Tatsache, daß die ost- und südosteuropäischen Länder die natürliche Ergänzung unserer wirtschaftlichen Struktur bieten.

... Es ist nicht nur eine Angelegenheit des deutschen Ostens, wenn in unserer Außenhandelspolitik die Handelsbeziehungen zu Ost- und Südosteuropa einen so entscheidenden Anteil haben, sondern es ist die Frage einer gesamtdeutschen Außenhandelspolitik, inwieweit es Deutschland gelingt, sich diese natürlichen Ergänzungsgebiete für seinen Ein- und Ausfuhrhandel zu erhalten."[45]

Außerdem formulierte ich in dieser Frankfurter Rede vier Grundforderungen als Voraussetzung für eine erfolgversprechende gesamtdeutsche Wirtschaftspolitik:

„1. Die entscheidende Forderung für eine sinnvolle und erfolgreiche gesamtdeutsche Wirtschaftspolitik wäre der baldige Abschluß eines Friedensvertrages nach den Grundsätzen internationaler Gerechtigkeit und den Erfordernissen der nationalen Existenz Deutschlands und den Lebensbedingungen seiner Bevölkerung. Um diesen Abschluß eines Friedensvertrages überhaupt zu ermöglichen, ist die Bildung eines gesamtdeutschen Organes notwendig, das von allen vier Besatzungsmächten als Repräsentant der deutschen Nation akzeptiert würde.

2. Die unerläßliche Voraussetzung einer gesamtdeutschen Wirtschaftspolitik wäre die absolut freie Verfügungsbefugnis des deutschen Volkes über seine Rohstoffquellen und über seine Industriekapazität. Dies setzt voraus die Aufhebung des Ruhrstatus und die Übergabe der Verwaltung und Nutznießung der Kohlen- und Stahlproduktion des Ruhrgebietes in die alleinige Verfügungsgewalt deutscher Organe. Das setzt ferner voraus die Aufhebung der Beschränkungen der deutschen Industrieproduktion, wie sie durch die Vereinbarungen von Washington festgelegt wurden ...

3. Die entscheidende Voraussetzung einer den Interessen Deutschlands gerecht werdenden Wirtschaftspolitik ist die Befreiung des deutschen Außenhandels von allen Beschränkungen und vor allem von der einseitigen Bindung des deutschen Außenhandels an den überindustrialisierten Westen.

4. Eine Bedingung für eine gesamtdeutsche Wirtschaftspolitik scheint mir die Schaffung eines gesamtdeutschen Verkehrswesens und einer einheitlichen Währung und eines einheitlichen Finanzwesens zu sein. Zu den vordringlichen Aufgaben der Entwicklung gesamtdeutscher Organe müßte deshalb die Schaffung von gesamtdeutschen Verwaltungsorganen gehören zur einheitlichen Regelung des Verkehrswesens und der Finanzwirtschaft Deutschlands.

In diesen vier wesentlichen Punkten sehe ich die Voraussetzung einer gesamtdeutschen Wirtschaftspolitik."[46]

Neben der Bekundung unseres Willens zur Erhaltung der Einheit Deutschlands in der Öffentlichkeit, wie sie auch in jener Rede in Frankfurt zum Ausdruck kam, gingen auch die offiziellen Versuche zur Erhaltung wenigstens eines Restes wirtschaftlicher Gemeinsamkeit weiter.

Am 4. Juli 1949 richtete der Vorsitzende der DWK, Heinrich Rau, einen Brief an den Vorsitzenden des Verwaltungsrates der westlichen Besatzungszonen, Oberdirektor Dr. Pünder, in dem er auf das Pariser Kommuniqué der Außenministertagung Bezug nahm und den Vorschlag zur Schaffung eines gesamtdeutschen Wirtschaftsausschusses unterbreitete. In dem Brief wurde ferner die Bildung von Sonderkommissionen vorgeschlagen, die für ganz Deutschland zuständig sein sollten, und zwar eine Kommission für den Interzonenhandel und je eine Kommission für Währungsfragen und Verkehrsfragen und schließlich eine Kommission, die sich mit der Ausarbeitung von Richtlinien für ein gesamtdeutsches Wirtschaftsorgan befassen sollte. Dieses gesamtdeutsche Wirtschaftsorgan könne als Konsultativorgan für die zukünftige Beratung der Außenminister tätig werden.

Diesen Vorschlag von Heinrich Rau lehnte Dr. Pünder ab. In einem Schreiben vom 21. Juli 1949 an Heinrich Rau teilte er mit, daß er die Durchführung derartiger Verhandlungen nicht für vorteilhaft halte. Er wies ausdrücklich hin auf die bevorstehende Bildung der westdeutschen Regierung nach den Bundestagswahlen und erklärte, daß er dieser neuen westdeutschen Regierung nicht vorgreifen könne, sondern vielmehr empfehle, auch in der Ostzone die gleichen staatsrechtlichen Voraussetzungen zu schaffen.

Nach Ansicht des Verwaltungsrates des vereinigten Wirtschaftsgebietes sollten also offenbar die Regierungsorgane der beiden deutschen Staaten über die wirtschaftliche Zusammenarbeit verhandeln, wobei die Anerkennung der politischen Spaltung Deutschlands als Voraussetzung zu gelten habe. Trotzdem schlug die DWK durch ein Schreiben ihres amtierenden Vorsitzenden am 1. August 1949 vor, wenigstens in Verhandlungen über die

Bildung bestimmter spezieller Kommissionen für Interzonenhandel usw. einzutreten, auch wenn der Verwaltungsrat jetzt über die Fragen eines gesamtdeutschen Organs nicht verhandeln wolle. Auch dieser letzte Vorschlag wurde abgelehnt, und in einem Brief an mich schrieb Dr. Pünder:

„Unter diesen Umständen kann der Verwaltungsrat eine Unterredung zwischen Ihnen und mir im gegenwärtigen Zeitpunkt nicht für erfolgversprechend ansehen. Ich darf übrigens betonen, daß Ihr Vorschlag zur Schaffung gemeinsamer deutscher Wirtschaftsorgane über die Empfehlungen der Pariser Außenministerkonferenz vom 20. Juni hinausgeht."[47]

Das letztere stimmte zwar nicht, denn die Außenminister hatten tatsächlich empfohlen, daß die deutschen Organe sich über eine gemeinsam ausgehandelte Struktur einigen sollten. Der Brief von Dr. Pünder an mich war aber jedenfalls die endgültige Absage an eine gemeinsame Politik auf dem Gebiet der Wirtschaft und die endgültige Bestätigung des Kurses auf die Spaltung Deutschlands.

Diese Spaltung Deutschlands wurde schließlich endgültig vollzogen durch die Konstituierung des Bundestages am 7. September 1948, womit die Gründung des westdeutschen Separatstaates erfolgt war. Es war selbstverständlich, daß es darauf nur eine Antwort geben konnte, nämlich die Schaffung der staatsrechtlichen Voraussetzungen auf östlicher Seite, dem Bestreben des von restaurativen und monopolistischen Kreisen beherrschten westdeutschen Separatstaates, ganz Deutschland unter die Fessel des westlichen Besatzungsstatuts zu zwingen, entgegenzutreten.

Es mußte aus diesem Grund der nun überfällig gewordene Schritt zur Bildung der DDR folgen. Am 7. Oktober wurde die DDR gegründet, nachdem am 4. Oktober der Parteivorstand der SED auf seiner 22. Tagung nach einem Referat von Wilhelm Pieck dem Vorschlag zur Bildung einer provisorischen Regierung der DDR zugestimmt hatte.

Mit der Gründung der DDR und der Bildung der provisorischen Regierung der Republik sowie der Übergabe der Verwaltungsfunktion durch die SMA an diese neugebildete provisorische Regierung sowie der Umbildung der SMA in die Sowjetische Kontrollkommission begann eine neue Etappe der Entwicklung.

Der Hergang der Gründung der Republik ist bekannt. Ich wurde als Industrieminister in die provisorische Regierung Grotewohl berufen und konnte meinen ganzen Verwaltungsapparat aus der DWK ohne jede strukturelle oder personelle Veränderung in mein Ministerium übernehmen. Die Grundlagen waren geschaffen.

Unter diesem Titel schrieb ich dann auch einen Artikel, den ich wegen der Bedeutung einiger darin enthaltener Details vollständig hier anfüge.

„Das Jahr 1949 geht zu Ende und damit das erste Jahr des Zweijahrplanes. Es ist richtig und notwendig, an diesem letzten Tag des ersten Planjahres Rückschau zu halten auf das verflossene Jahr und eine Zwischenbilanz zu ziehen, die über das im letzten Jahr Erreichte Rechenschaft ablegt und die Ausgangsbasis festlegt für die Arbeit des nächsten Jahres.

Die Erfolge sind nachweisbar

Ohne Zweifel hat das Jahr 1949 beachtliche Erfolge gebracht auf dem Wege zur Verbesserung der Lebenshaltung unserer Bevölkerung und der Annäherung zum Friedensstand von Produktion und Verbrauch. Im Verlauf des Jahres 1949 konnte zum erstenmal die amtliche Feststellung getroffen werden, daß die Zeit der größten Anfangsschwierigkeiten ihrem Ende entgegengeht, und daß nunmehr die Zeit der Erfolge beginnt. Daß diese Feststellung richtig ist, wird heute von jedem gutwilligen Beobachter unserer Wirtschaftsentwicklung bestätigt und läßt sich auch schon zahlenmäßig nachweisen. Auf dem Gebiet der Ernährung zeigt der gewogene Durchschnitt des Verbrauchs in der Deutschen Demokratischen Republik folgendes Bild:

Gegenüber dem Jahr 1948 ist in diesem Jahr der Verbrauch von Brot auf das 1 ½fache, von Nährmitteln auf das 2 ½fache, von Fleisch und Fisch auf das 1 ½fache, von Fett auf das 2fache und von Zucker auf das 1 ½ache gestiegen.

In der gleichen Linie verläuft die Entwicklung bei der Versorgung mit gewerblichen Gebrauchsgütern. Gegenüber dem Jahr 1948 stieg in diesem Jahr die Versorgung mit Geweben von 20 Mill. auf 36 Mill. Meter, d. h. um 80 Prozent, bei Strümpfen von 14 Mill. auf 32 Mill., d. h. um 120 Prozent, und bei Schuhwerk von 8 Mill. auf 11,5 Mill. Paar, d. h. um mehr als 45 Prozent. Obertrikotagen wurden in diesem Jahr 246 Prozent mehr ausgegeben als im Jahr 1947.

Ein eindrucksvolles Bild von der Aufwärtsentwicklung zeigt die Steigerung der Geschäftstätigkeit der ‚Handelsorganisation'. Die Zahl der Verkaufsstellen der HO stieg von Januar bis November von 75 auf 1293, die Zahl der Gaststätten von 29 auf 197. Der Umsatz der HO stieg in der gleichen Zeit um 257 Prozent, wobei die Preise der HO im Durchschnitt bis zum 1. November auf 40 Prozent des Vorjahrstandes gesenkt wurden.

Diese Verbesserung der Versorgung der Bevölkerung ist neben der Steigerung der Erträge in der Landwirtschaft und der Ausweitung des Außenhandels der Republik eine unmittelbare Folge des Anwachsens der Produktion in der Industrie.

Sämtliche Industrien übertrafen ihr Soll

Welches sind die wichtigsten Ergebnisse der industriellen Entwicklung im verflossenen Jahr? Wie hat die Industrie in diesem Jahre ihre Pläne erfüllt? Zunächst kann allgemein festgestellt werden, daß sämtliche Industriezweige den Volkswirtschaftsplan 1949 nicht nur erfüllt, sondern übererfüllt, die der Zellstoff- und Papierindustrie mit 10 Prozent Planerfüllung weit über dem erwarteten Stand. Die volkseigenen Betriebe der Textilindustrie der Republik haben den Jahresplan bereits am 30. November mit 121 Prozent erfüllt, die der Zellstoff- und Papierindustrie mit 10 Prozent und die der Holzindustrie mit 143 Prozent.

In einigen Produktionsarten wurden sogar die Planziele des Zweijahrplanes bereits übererfüllt, so in der Braunkohlenförderung, der Briketterzeugung und der Erzeugung von elektrischer Energie.

Große Bedeutung kommt der außerordentlichen Steigerung der Produktion von Erzeugnissen durch die volkseigene Industrie zu, die für die Entwicklung unserer Volkswirtschaft besonders wichtig sind.

Während sich der Produktionswert der gesamten volkseigenen Industrie im Monatsdurchschnitt der ersten drei Quartale 1949 gegenüber dem Monatsdurchschnitt des ersten Halbjahres 1948 um 83 Prozent erhöhte, stieg in diesem Vergleichszeitraum die Erzeugung von Rohstahl um 190 Prozent, von Walzwerkerzeugnissen um 119 Prozent, von Kraftfahrzeugdecken um 168 Prozent und von Fensterglas um 173 Prozent.

Der Produktionswert steigt weit schneller als die Kosten

Diese gewaltige Steigerung der Industrieproduktion spiegelt sich in der Erhöhung der Zahl der industriell Beschäftigten wider. Allerdings steht der bedeutenden Erhöhung der Industrieproduktion ein Anwachsen der Zahl der in der Industrie Beschäftigten von nur 10 Prozent gegenüber, so daß sich aus diesem Verhältnis die Steigerung der Arbeitsproduktivität, die im Jahr 1949 38 Prozent ausmachte, erklärt.

Auch diese Entwicklung soll durch die Gegenüberstellung einiger spezieller Zahlen, nämlich der Ergebnisziffern des 3. Quartals 1949 mit denen des 4. Quartals 1948, erläutert werden. In dieser Zeit stieg in der gesamten Metallurgie der Produktionswert um 44 Prozent, die Beschäftigtenzahl aber nur um 9 Prozent. Im Maschinenbau stieg die Produktion um 35 Prozent, die gesamten Selbstkosten erhöhten sich aber nur um 24 Prozent, in der Leichtindustrie stieg die Produktion um 45 Prozent, während sich die Selbstkosten nur um 14 Prozent erhöhten. Dieses Verhältnis des Anstiegs von Produktionswert und Kosten ist die Grundlage für die fortlaufende Erhöhung des Lebensstandards unserer Bevölkerung.

Eine Fülle neuer Werke

Die Erhöhung der Produktion und die Steigerung der Arbeitsproduktivität sind nicht nur eine Folge der besseren Ausnutzung unserer Produktionsmittel, sondern auch der Erweiterung unserer Kapazität auf wichtigen Produktionsgebieten. Im Vordergrund stehen hierbei die Erhöhung unserer Leistungsfähigkeit in der Stahlproduktion und die Erweiterung unserer Produktionsbasis in der Stahlverarbeitung durch den Aufbau neuer Walzwerke. Es wurden in diesem Jahr eine Anzahl neuer, moderner Siemens-Martin-Öfen gebaut, und es war durch die großzügige Hilfe der Sowjetunion möglich, eine Anzahl neuer Walzwerke zu errichten.

Neben einer Reihe kleinerer Walzenstraßen wurden aufgebaut: in Hennigsdorf eine Blockstraße, zwei Triostraßen, eine Mitteleisenstraße und ein Drahtwalzwerk, in Riesa eine Mitteleisenstraße, ein Rohrwalzwerk und eine Stumpfschweißanlage, in Kirchmöser ein völlig neues Walzwerk mit einer Grobblechstraße und einer Feineisenstraße, in Gröditz ein Bandagenwalzwerk und in Burg ein Kaltwalzwerk.

Neu aufgebaut wurden in diesem Jahr auch die großen Werften an der Ostseeküste und die Traktorenwerke in Zwickau, Nordhausen und Brandenburg, so daß in diesem Jahr erstmalig wieder die Produktion von Traktoren aufgenommen und die geplante Zahl von 800 Traktoren an die Landwirtschaft ausgeliefert werden konnte.

Was zu erwarten ist

Die Bilanz zum Jahresende 1949 ist eine Zwischenbilanz, d. h., sie kennzeichnet nur den Entwicklungsstand am Ende dieses Jahres, den Stand einer Entwicklung, die sich im nächsten Jahr fortsetzen wird. Die Aufgaben für das nächste Jahr sind nicht geringer als die des vergangenen Jahres.

Insbesondere wird auf den wichtigsten Produktionsgebieten eine Steigerung der Erzeugung angestrebt, die das Ausmaß des bisher Erreichten noch übersteigt. Dies zeigt deutlich die Gegenüberstellung einiger Planziffern für das Jahr 1950 im Verhältnis zur tatsächlichen Produktion des Jahres 1948.

Im Jahre 1950 wird gegenüber der Produktion des Jahres 1948 die Erzeugung von Roheisen um 83 Prozent, von Rohstahl um 300 Prozent, von Walzstahl um 270 Prozent, von Schwefelsäure um 90 Prozent, von Phosphordünger um 100 Prozent, von Zellwolle um 115 Prozent und von Kraftfahrzeugen um 250 Prozent ansteigen.

Diese Produktionsausweitung wird auch im nächsten Jahr die Durchführung großer Investitionsvorhaben erforderlich machen. Die wichtigsten Investitionsbauten des nächsten Jahres werden neben dem weiteren Ausbau der Maxhütte, der Stahlwerke in Riesa, Gröditz und Hennigsdorf, dem Ausbau der Schwermaschinenindustrie und dem Bau von Arbeiterwohnungen der Beginn des Neuaufbaues eines großen modernen Stahlwerkes in Brandenburg (Havel), einer modernen Zellstoffabrik in Rothensee, der Ausbau des Fischereikombinates in Saßnitz auf Rügen und der Bau einiger Werke der Grundchemie sein.

Qualität ist der Schlüssel

Wenn im Jahr 1950 als zentrale Aufgabe die Übererfüllung des Zweijahrplanes vor uns steht, so wird doch insbesondere alle Kraft nicht nur auf die mengenmäßige Erfüllung der Planziele, sondern auch auf die Verbesserung der Qualität unserer Erzeugnisse konzentriert werden. Verbesserung der Qualität heißt Verbesserung der Versorgung, Erhöhung der Exporterlöse, Aufstieg unserer Wirtschaft und unserer Lebenshaltung. Insbesondere hat die volkseigene Industrie alle die Aufgaben zu erfüllen, die ihr auf der großen Leipziger Tagung gestellt wurden.

Die Zwischenbilanz unserer Industrie am Ende des ersten Planjahres berechtigt in mancher Beziehung zur Genugtuung über das Erreichte, verpflichtet aber auch zur Fortsetzung und Steigerung aller Anstrengungen, um den Zweijahrplan in allen Positionen vorfristig zu erfüllen und damit die ununterbrochene Aufwärtsentwicklung unserer Wirtschaft zu gewährleisten. Die großen Leistungen unserer Arbeiter, Angestellten und leitenden Funktionäre unserer Wirtschaft, die Initiative unserer Aktivisten, besonders der jungen Aktivisten in unserer Industrie, denen in erster Linie der bisherige Aufstieg zu verdanken ist, berechtigen zu der Hoffnung, daß am Ende des Jahres 1950 eine Bilanz gezogen werden kann, die die Erfüllung aller uns gestellten Aufgaben anzeigt und die die Voraussetzung ist für die Erfüllung noch größerer volkswirtschaftlicher Pläne mit dem Ziel, das Leben unseres ganzen Volkes besser und schöner zu gestalten.“[48]

6. Bild

1949–1950

Der Zweijahrplan und drei entscheidende Aufgaben

Die ersten Jahre der staatlichen Existenz der DDR seit ihrer Gründung im Oktober 1949 standen ganz im Zeichen des Ringens um die Festigung ihres äußeren und inneren Bestandes, der Bestimmung ihres außenpolitischen Standorts und der Herausbildung ihrer gesellschaftspolitischen und in engerem Sinne ihrer sozialökonomischen Struktur.

Außen- und weltpolitisch erhielt diese Periode ihr Gepräge durch die Entstehung eines neuen, des sozialistischen Weltsystems als Folge der durch den Ausgang des zweiten Weltkriegs im europäischen Osten vor sich gegangenen Kräfteveränderungen, aber auch durch den Beginn und das Fortschreiten des kalten Krieges, als dessen ersten Höhepunkt die imperialistische Welt, geführt vom USA-Monopolismus, den Interventionskrieg in Korea ansteuerte. Die DDR spielte von ihrer Gründung an eine gewichtige Rolle in der auf die Erhaltung des Friedens gerichteten Politik der Sowjetunion als der führenden Kraft des entstehenden sozialistischen Weltlagers.

Äußere Stationen der Integration der DDR in den Prozeß der Bildung und Festigung der sozialistischen Staatengemeinschaft waren der Beitritt der DDR zum Rat für gegenseitige Wirtschaftshilfe und die Teilnahme an der Herausbildung eines multilateralen sozialistischen Freundschaftssystems und an der späteren Gründung der Organisation des Warschauer Vertrages.

Das wichtigste gesellschaftspolitische und sozialökonomische Ereignis dieser ersten Jahre war der Beschluß der Zweiten Parteikonferenz der SED zur Schaffung der Grundlagen des Sozialismus in der DDR. Damit wurde der Übergang zu einer neuen, höheren Stufe der gesellschaftlichen Gesamtentwicklung, der Übergang in eine neue politische und ökonomische Qualität angezeigt. Natürlich war der Übergang in die neue Ordnungsstufe nicht als ein Sprung aus dem Stand zu verstehen, vielmehr waren Phasen der allmählichen Umwandlung vorausgegangen. Wir hatten dereinst, im Jahre 1945, bewußt den Weg der antifaschistisch-demokratischen Umwälzung gewählt, den viele aber vom Beginn an für einen Umweg zum Sozialismus gehalten hatten, dessen Bedingungen auf diesem Wege der Entwicklung heranreifen würden. Nun waren diese Bedingungen herangereift; dies allein wurde durch den Beschluß der zweiten Parteikonferenz der SED artikuliert. Er war nur der Ausdruck der immer stärker hervortretenden Wirksamkeit der führenden Rolle der Arbeiterklasse und ihrer Partei in Staat und Wirtschaft.

Der Zweijahrplan zur Entwicklung der Friedenswirtschaft in den Jahren 1949 und 1950 war noch ein Element der Endphase der antifaschistisch-demokratischen Umwälzung gewesen, der erste Fünfjahrplan trug jedoch schon wesentliche Züge einer keimenden sozialistischen Ökonomie.

In dieser Veränderung der Aufgabenstelllung in der ökonomischen Politik kam nunmehr deutlich zum Ausdruck, daß die SED, die Partei der Arbeiterklasse, die führende Rolle beim Aufbau der Wirtschaft und des Staates übernommen hatte. Bereits im Juni 1948 war der Entwurf des Zweijahrplans für die Jahre 1949/50 von Walter Ulbricht im Auftrag des Zentralkomitees der SED vorgelegt und begründet worden. Den entscheidenden Schritt nach vorn zur Position der führenden Kraft machte die Sozialistische Einheitspartei Deutschlands auf ihrer Ersten Parteikonferenz im Januar 1949, auf der bekanntlich der Übergang zur Partei neuen Typus beschlossen wurde.

Gingen in den Jahren der Durchführung des Zweijahrplans

bereits entscheidende Impulse von der Partei der Arbeiterklasse aus, so wurde ihre führende Rolle besonders deutlich bei der Vorbereitung des ersten Fünfjahrplans. Der III. Parteitag der SED im Juni 1950 befaßte sich gründlich und ausführlich mit dem detaillierten Plan für den Fünfjahreszeitraum von 1951 bis 1955, und der Generalsekretär der Partei, Walter Ulbricht, erläuterte auf dem Parteitag den Entwurf des ersten Fünfjahrplans.

In seinem großen Referat über den Fünfjahrplan 1951/55 vor dem III. Parteitag der Sozialistischen Einheitspartei Deutschlands erklärte er:

„Der Fünfjahrplan ist der große Plan des Kampfes um die Gestaltung eines friedlichen, fortschrittlichen Deutschlands, in dem nach Beseitigung der Kriegsfolgen das Lebensniveau des Volkes das Lebensniveau im imperialistischen Deutschland bedeutend übertreffen wird.

Der Fünfjahrplan sieht eine Steigerung der friedlichen Industrieproduktion um das Zweifache gegenüber dem Stand von 1936 vor. Es wird sich erweisen, daß es auf Grund unserer neuen demokratischen Ordnung möglich ist, ein Tempo der industriellen Entwicklung pro Jahr zu erreichen, welches für kein kapitalistisches Land erreichbar ist."

Der wichtigste Zweig der Wirtschaft der DDR war die Industrie, und so war ich, der ich immer gern dort stand, wo die wichtigste Arbeit zu leisten war, in der ersten Regierung Grotewohl, der provisorischen Regierung, nach bestem eigenem Willen Minister für Industrie geworden. Bis zur Bildung der endgültigen, nun nicht mehr provisorischen Regierung der DDR nach den Wahlen zur Volkskammer im Herbst 1950 waren die Aufgaben auf dem Gebiet der Leitung der Industrie so sehr angewachsen, daß eine Aufteilung des Industrie-Leitungsbereiches notwendig wurde, und so übernahm ich das neuformierte Ministerium für Schwerindustrie. Ich hatte es dann in den vielen Jahren meiner Zugehörigkeit zur Regierung immer mit Aufgaben der

Leitung der Schwerindustrie zu tun. Das hatte seine Gründe, von denen der nicht unwichtigste meine eigene Neigung war.

Schwerindustrie – das bedeutete in diesen ersten Aufbaujahren Investitionspolitik im größtmöglichen Umfang, Aufbau neuer Werke der Grundstoffbasis der Volkswirtschaft.

Die Klassiker des Marxismus haben gelehrt, daß die entscheidende Aufgabe des Proletariats, nachdem es die Macht erobert und sich „als Nation konstituiert“ hat, darin besteht, die Produktivkräfte zu entwickeln und zu erhöhen und die Produktivität der Volkswirtschaft optimal zu steigern.

Die Entwicklung der Industrie in einem sozialistischen Land und insbesondere die darauf gerichtete Investitionstätigkeit müssen – das ist eine der unbestrittenen und unbestreitbaren Erfahrungen des Aufbaus des Sozialismus in der Sowjetunion – von der materiellen Basis der Industrieproduktion, das heißt der Produktion von Produktionsmitteln ausgehen.

Ich kann und will hier nicht die ganze ruhmreiche Geschichte vom Aufbau der Industrie in den ersten Jahren nach der Gründung der Republik erzählen oder über einige an sich doch bemerkenswerte Fakten berichten, wie zum Beispiel den Aufbau der Werftindustrie an der Ostseeküste oder die Neuentwicklung und Produktionsaufnahme von Kraftwerksanlagen, Turbinen und Generatoren und den dadurch erzielten schnellen Anstieg des Leistungsstandes der Energiebetriebe, der Kraftwerke Elbe in Vockerode, in Trattendorf und des Pumpspeicherwerks in Niederwartha usw. Vielmehr werde ich mich beschränken auf die Darstellung von drei Großvorhaben unserer Investitionspolitik in diesen Jahren, die nicht nur für die Volkswirtschaft der DDR überragende Bedeutung, sondern auch bestimmenden Einfluß auf mein persönliches Leben in dieser Zeit hatten. Ich meine den Aufbau des Eisenhüttenkombinats Ost an der Oder, der Eisenwerke West in Calbe und der Großkokerei Lauchhammer.

Das Eisenhüttenkombinat Ost war das Planobjekt Nummer Eins des ersten Fünfjahrplans. Es war auch für mich, für mein

Leben und meine Arbeit ein Gegenstand von besonderer Bedeutung. Auf keine andere mir gestellte Aufgabe und ihre Realisierung habe ich so viel Kraft, physische und geistige Kraft, Interesse, Sorge und auch Gedanken und Gefühle der Befriedigung verwendet wie auf dieses Hüttenwerk an der Oder.

Das Hüttenkombinat Ost war ein Kind des III. Parteitages der Sozialistischen Einheitspartei, der im Juli 1950 stattfand. Die Vaterschaft des III. Parteitages war allerdings mehr oder weniger formell und offiziell, da schon viel früher die ersten Vorarbeiten für die Planung und Projektierung des Baues dieses Kombinats begonnen hatten. Bereits im Sommer 1949 konstituierte sich ein von mir berufener Ausschuß - der unter der Leitung des Prof. Diepschlag von der Bergakademie Freiberg stand, des einzigen gelehrten Spezialisten für Hochofentechnologie in der ganzen Republik - dem alles angehörte, was irgendwie schon einmal mit Hochöfen und Roheisenerzeugung praktisch oder auch theoretisch zu tun gehabt hatte. Zu dem Ausschuß gehörten Männer wie Prof. Dr. Säuberlich von der bei der Maxhütte etablierten Forschungsstelle für Roheisenerzeugung, Dr. Eichel, ein wissenschaftlicher Mitarbeiter der Leitung der Maxhütte, Dr. Baake, ein Mann, einmal der Sekretär des früheren Konzerngewaltigen Röchling gewesen war und eine ganze Menge von Eisen und Stahl verstand, der Hochofenchef der Maxhütte, Diplomingenieur Zieger, und einige andere Leute. Der Ausschuß führte den Namen „Hochofen- und Niederschachtofen-Kommission", woraus ersichtlich ist, daß er sich nicht nur mit Fragen der Entwicklung von Hochöfen beschäftigen sollte.

Die Kommission diskutierte in vielen Sitzungen, deren Ergebnisse in erhalten gebliebenen Protokollen niedergelegt wurden, alle möglichen und auch einige unmögliche Methoden der Erzeugung von Roheisen, die dem Ausschuß als eine der dringlichsten Aufgaben vor allem nach der von Westdeutschland ausgegangenen Blockierung der Eisen- und Stahllieferungen in die Zone bezeichnet worden war. Eine der Fragen, die bei den Beratungen des Ausschusses eine besondere Rolle spielten und darum in den Diskussionen immer wiederkehrten, war die des Baus eines neuen Hüttenwerkes sowie dessen voraussichtlichen Standorts. Die Ergebnisse der Beratungen dieses Expertenausschusses vermittelten wesentliche Erkenntnisse und waren daher für die letzthin zu treffenden Beschlüsse sehr wichtig, aber die konkreten Vorschläge über das neue Hüttenwerk wurden bei der Entscheidung in fast keinem einzigen Punkt zugrunde gelegt.

Am 12. August 1949 beriet diese Kommission zum erstenmal über das zu planende Hüttenwerk, seinen Standort, die Technologie usw. Es standen in den Beratungen des Ausschusses, der sich endlich für den Bau eines neuen Hüttenwerkes entschieden hatte, drei Standortmöglichkeiten zur Diskussion. Einige Ausschußmitglieder schlugen vor, das Werk in der Nähe von Magdeburg zu errichten, was mit der günstigen Transportlage an der Elbe und der vorausgesehenen Verwendung von schwedischem Erz und tschechischem Koks begründet wurde. Ein zweiter Vorschlag sah den Bau des Werkes in Brandenburg vor, wobei als Argument in der Hauptsache die für den Absatzmarkt günstige Lage ins Feld geführt wurde. Sehr lange und gründlich wurde der Vorschlag diskutiert, das Werk an der Ostseeküste zu errichten, wobei der frachtgünstige Antransport von schwedischem Erz vorzüglich als Begründung diente.

Der Ausschuß beriet alle diese Vorschläge in mehreren Sitzungen. Ich nahm die ausführlichen Berichte über alle vorgebrachten Meinungen der Experten sehr aufmerksam zur Kenntnis und suchte mir dann einen eigenen Weg für die Bestimmung des Standortes des neuen Hüttenwerkes. Nach vielen Landkartenstudien mit einigen meiner sachverständigen Berater, nach stundenlangen Ortsbesichtigungen und nach Einholung der unterschiedlichsten Gutachten über Bodenbeschaffenheit, Grundwasserstand, Verkehrsperspektiven und örtliche Umstände bis hin zu den vorherrschenden Windrichtungen wurde dann endlich bei der Vorbereitung der Materialien zum III. Parteitag der SED die Entscheidung getroffen: Das neue Hüttenkombinat soll an der Ostgrenze der Republik in der Gegend zwischen

Frankfurt (Oder) und Guben, unmittelbar an der Einmündung des Oder-Spree-Kanals in die Oder errichtet werden.

Die Argumente für diese Entscheidung waren einfach, wenn auch von den bisherigen Normen abweichend. Man hatte früher Hüttenwerke stets dort gebaut, wo es entweder Vorkommen von Kohle oder von Eisenerz gab. Die Hüttenindustrie in Lothringen liegt nahe der Erzbasis von Brieg und Longwy, die Kohlenzufuhr aus dem Ruhrgebiet war vorgesehen. Die Eisen- und Stahlindustrie des Ruhrgebiets basiert auf dem Reichtum des Reviers an Kohle, während Eisenerze aus dem Siegerland und aus Übersee, vor allem aus Schweden, zugeführt werden. Ähnlich liegen die Verhältnisse in anderen Revieren der Eisen- und Stahlindustrie.

Die Lage in der DDR war dadurch gekennzeichnet, daß es in der Republik weder ergiebige Eisenerzlager – die Erze aus dem Harz sind arm und sauer – noch nach Menge und Qualität ausreichende Steinkohlenvorräte gibt. Beide Massenrohstoffe mußten also dem neuen Werk zugeführt werden. Damit war die Transportlage des neuen Werkes zum entscheidenden Kriterium geworden. Wir konnten rechnen mit der ausreichenden Versorgung mit Eisenerz aus der Sowjetunion – aus dem Revier Kriwoj Rog – und mit hüttenfähigem Steinkohlenkoks aus Polen, aus dem oberschlesischen Kohlenrevier. Für den Antransport von Erz aus der Sowjetunion war der soweit wie möglich im Westen der SU gelegene Standort günstig, da er die kurze Eisenbahnverbindung von Brest nach der DDR erlaubt, während der Antransport der oberschlesischen Kohle über die Oder äußerst frachtgünstig ist. Auch die Anfuhr von Kalk und der Abtransport des erschmolzenen Roheisens auf dem Oder-Spree-Kanal sprachen für die getroffene Entscheidung über die Lage des neuen Hüttenwerkes.

Es wurde also auf dem III. Parteitag der SED der Beschluß über den Bau eines Eisenhüttenkombinats in der Nähe von Fürstenberg an der Oder gefaßt, wobei allerdings die zahlenmäßigen Angaben über Produktionshöhe und andere Dinge noch ungenau waren und später korrigiert wurden.

Am 17. August 1950 beschloß der Ministerrat der DDR das Gesetz über den ersten Fünfjahrplan auf der Grundlage des Entwurfs des III. Parteitages, und in diesem Gesetz war auch die Festlegung des Baues des Hüttenwerkes an der Oder enthalten. Schon am nächsten Tag, am 18. August 1950, war ich auf dem vorgesehenen Baugelände, einem vollkommen unberührten Stück Heideland, mit Kiefern und Wacholderstauden bestanden, und gab mit den ersten Axthieben zum Fällen einer kleinen Kiefer den Startschuß für den Bau des Eisenhüttenwerkes und der dazu geplanten neuen Stadt, die wie das Werk völlig auf jungfräulichem Boden, der sogenannten Grünen Wiese, errichtet werden sollte. Dieser Bau auf der „Grünen Wiese" hatte den großen Vorteil, daß man sich nach allen Seiten, anlehnend an den vorhandenen Oder-Spree-Kanal, ausdehnen konnte, aber auch den ungeheuren Nachteil, daß alle Nebeneinrichtungen einer solchen gewaltigen Investition, wie Straßen, Wasserleitungen, Kanalisation, Eisenbahnanschlüsse, Fernsprechverbindungen und Energieleitungen, mitgebaut werden mußten. Es war eine gewaltige Aufgabe, die denjenigen, der sie ganz übersah, mit Begeisterung und höchster Zukunftserwartung erfüllen mußte - wenn er auch nur über ein durchschnittliches Maß an Phantasie verfügte -, ihm aber auch gleichzeitig einen Berg von Sorgen vor Augen stellte, der ihm, wenn er kein mutiger Mann war, ein gerüttelt Maß von Angst einflößen konnte.

Die Arbeiten auf dem Heidegelände bei Fürstenberg begannen und schritten so wacker voran, daß am 1. Januar 1951, morgens um acht Uhr die Grundsteinlegung zum Hochofen I erfolgen konnte, wozu ich mir eine Reihe prominenter Gäste, den Ministerpräsidenten von Brandenburg, den Präsidenten des Landtages sowie andere illustre Persönlichkeiten einlud. Danach begann der Alltag des Baues mit allen seinen manchmal kaum überwindlich scheinenden Schwierigkeiten. Straßen wurden gebaut, Wasserleitungen mit riesigen Rohren gelegt, Eisenbahngeleise und unendlich verwirrende Systeme von Kabelleitungen. Es entstand eine große Barackenstadt für die Bauarbeiter, die aus der ganzen Republik nach diesem Bauplatz strömten und ein manchmal sehr unruhiges Volk waren. Gleichzeitig mit dem Bau des Hüttenwerkes begann der Aufbau der neuen Stadt, die bisher auf keiner Landkarte stand und in der es kein einziges altes Haus geben sollte.

Der Bau des Hüttenkombinats war von Beginn an von düsteren Prognosen interessierter Skeptiker begleitet, wozu vor allem die Zeitungen des Westens gehörten. Meistens wurde überhaupt bezweifelt, daß wir in der Lage seien, Hochöfen zu bauen, und es fanden sich westdeutsche Firmen, die sich erboten, die Öfen für uns zu errichten. Da sie aber Bauzeiten von mindestens zwei Jahren beanspruchten, mußten wir ihre Angebote ablehnen, da wir nicht so lange Zeit hatten. Das Land braucht Eisen, mit diesem Gedanken schlief ich abends ein und wachte morgens auf, und so wurde der zuerst abenteuerlich anmutende Plan beschlossen, den ersten Hochofen anfahrbereit bis zum 1. Oktober 1951 fertigzustellen.

Die größte Schwierigkeit bestand darin, daß die Republik über nur ganz wenige Leute verfügte, die etwas vom Bau von Hochöfen verstanden. So wurde ein Teil der Gesamtkonzeption des Werkes wie auch der wichtigsten Konstruktionselemente von Leuten entworfen, die zwar am Bau von Stahlwerken beteiligt gewesen waren, die aber gewisse Spezialkenntnisse des Hochofenbaus sich erst während ihrer Konstruktionsarbeit aus Lehrbüchern zusammensuchen mußten. Schließlich wurden aber diese Schwierigkeiten überwunden, und so konnte der Bau mit der fast ausschließlichen Zulieferung der einzelnen Bauelemente und Konstruktionsteile aus der Industrie der DDR durchgeführt werden. Wichtige Bauteile, wie zum Beispiel der gesamte Schrägaufzug aus der Produktion der Firma Bleichert in Leipzig sowie die gewaltigen Turbogebläse von der Firma Jäger in Leipzig, stammten aus Betrieben, die Eigentum sowjetischer Aktiengesellschaften waren. Große Hilfe bei der Konstruktion und Baudurchführung leisteten Spezialisten, die in der Sowjetischen Kontrollkommission arbeiteten und einst als Hütteningenieure ausgebildet worden waren. Auch beim Bau des Ofens, der Errichtung des zweiunddreißig Meter hohen Ofenpanzers und der umgebenden Gerüstanlagen, sowie der Winderhitzer, Kohlen- und Erzbunker usw. halfen uns sowjetische Kräfte. Da wegen der Kürze des vorgesehenen Fertigstellungstermins Tag und Nacht montiert werden mußte, stellten sowjetische Armeeinheiten riesige Scheinwerferanlagen zur Verfügung, durch die der Kern des Baugeländes in strahlendes Licht gesetzt war.

Der Bau des Hochofens I und der notwendigen Nebenanlagen ging planmäßig vor sich, und doch sollte es am Ende eine unvorstellbare Panne geben. Im Plan war das Anfahren des Hochofens I am 1. Oktober 1951 vorgesehen. Da beschloß eine Konferenz im Werk einen Wettbewerb und die Vorverlegung des Anfahrtermins auf den 19. September. Ich gebe zu, daß mich dieser Beschluß entsetzte, da ich alle vertraglich vereinbarten Liefertermine für die notwendigen Zulieferungen kannte, aber ich hatte nicht sehr viele Möglichkeiten, gegen diesen doch mit Elan und Begeisterung gefaßten Beschluß anzugehen. So verblieb mir kein anderes Mittel, als einen Brief an den Ministerpräsidenten Otto Grotewohl zu richten, in dem ich präzise meine Gedanken gegen die Terminüberstürzung mitteilte. Natürlich änderte sich nichts bei der Vorbereitung, und in der Öffentlichkeit behauptete sich der 19. September als der Termin des Arbeitsbeginns.

Anfang September wurde ich zu Verhandlungen über wirtschaftliche Fragen nach Moskau entsandt und saß dort mit meinen täglichen Ängsten und telefonischen Meldungen aus Berlin, die mir zuerst ganz zuversichtlich berichteten, dann immer unsicherer wurden, je näher der gefürchtete Augenblick kam. Drei Tage vor dem 19. September hielt ich es nicht mehr aus und flog nach Vereinbarung mit dem Genossen Heinrich Rau, der die Delegation leitete, nach Berlin zurück.

Ich traf in Berlin ein, mitten hinein in die Hochstimmung der Vorfreude auf den Festtag der Inbetriebnahme des ersten in der Deutschen Demokratischen Republik gebauten Hochofens.

Alle Vorbereitungen waren getroffen. Alle nur irgendwie erreichbaren Ehrengäste waren eingeladen. Ich aber wußte, daß der Hochofen, der angefahren werden sollte, nicht fertig war und bis zur Feierstunde am 19. September nicht fertig werden würde. Aber ich konnte nichts unternehmen, um das herannahende Unheil zu verhindern. Die Einladungen waren, auf schönem Papier gedruckt, verschickt; alle Zeitungen brachten Begrüßungs- und Leitartikel, und selbst die Regierungen und die Zeitungen anderer Länder, befreundeter und weniger befreundeter, bekundeten ihre Anteilnahme.

Am 19. September war ich bei Tagesanbruch im Kombinat, und schon bei der Anfahrt zu dem noch recht im Gelände stehenden Hochofen I sah ich, was dem Ofen fehlte. Es fehlte ihm, um es mit einem Fachausdruck zu sagen, das Hosenrohr. Dieses Hosenrohr ist ein gewaltiges Rohr von meterweitem Durchmesser, in das zwei Teilrohre einmünden und das sich ganz oben an der höchsten Spitze des Ofengebäudes befindet. Es dient zur Ableitung der beim Schmelzprozeß im Hochofen entstehenden Gichtgase, die durch eine Reinigungsanlage geführt und vom Gichtstaub gesondert werden, um dann der Erzeugung von Energie zu dienen.

Dieses Hosenrohr also, weit über dem zweiunddreißig Meter hohen Ofenpanzer, fehlte; es wurde gerade zu ebener Erde zusammengeschweißt und würde in einigen Tagen seinen Platz gefunden haben. Dem Nichtfachmann – und das waren neun von zehn Festtagsteilnehmern – würde das Fehlen dieses Ofenteils unbekannt bleiben, Fachleute aber konnten es nicht übersehen.

Die Feier begann. Auf dem Werkgelände war aus ungehobelten Brettern eine riesige Tribüne errichtet worden, auf der die geladenen Ehrengäste saßen: Minister und Parteiführer, Abgeordnete und Delegationen aus allen Zulieferbetrieben. Otto Grotewohl hielt eine glänzende Rede – glänzend wie immer –, er feierte die Erbauer dieses ersten Ofens und damit des ersten Teilabschnitts des neuen Werkes. Ich war froh, daß er in seiner Rede nicht auch mich erwähnte, denn ich saß mit schlechtem Gewissen unmittelbar in seiner Nähe an dem langen Tisch auf der Ehrentribüne. Ich wagte während der Festrede nicht zum Ofen hinüberzusehen, denn ich wußte ja, was dort nicht in Ordnung war, und ich hatte das Gefühl, daß wir ein großes Fest begingen mit einer Lüge, einer kleinen lässigen Sünde zwar, die aber doch eine Täuschung der festlich gestimmten Massen war.

Dann übergab Otto Grotewohl einem jungen Pionier die Fakkel. Dieser Junge rannte hinüber zum Ofen und hielt die Flamme in das noch offene Ofengestell, und einige Sekunden später stieg aus dem Teil der Gichtgasanlage, an der eigentlich das Hosenrohr sitzen sollte, tiefschwarzer Qualm. Die versammelte Menschenmenge brach in begeisterten Jubel aus, da sie sicherlich meinte, der ausströmende schwarze Rauch sei der Beweis dafür, daß der Hochofen nun wirklich fertig wäre. Das Gegenteil war natürlich der Fall, denn an sich hätte bei geschlossener Rohranlage kein schwarzer Rauch aufsteigen können, aber nur ich und einige Vertraute wußten, daß im letzten Augenblick über den Holzstoß im Ofengestell noch ein Faß schwarzen Heizöls geschüttet worden war, worauf die Rauchentwicklung zurückzuführen war.

An diesem und am nächsten Tag feierte die Republik das Ereignis im Eisenhüttenkombinat Ost in gebührender Weise, dann kam wieder der Alltag, das fehlende Hosenrohr wurde montiert, und am 1. Oktober konnte tatsächlich der Hochofen erneut und nun endgültig angeblasen werden.

Der Aufbau des Werkes nahm seinen Fortgang. Am Ende des Jahres 1951 wurde bereits der Hochofen II zugestellt. Die Fundamente für die Öfen drei und vier waren gelegt. Der Bau der Nebenanlagen schritt voran. Die ersten Wohneinheiten in der neuen Stadt wurden belegt und neue Häuserblocks in Angriff genommen. Alles schien gut zu gehen. Was aber nicht gut ging, waren die Hochöfen. Sie qualmten und staubten, und die Beschickungssäule aus Erz und Koks im Innern der Öfen stürzte manchmal mit donnnerartigem Getöse, aber die Öfen gaben kein Eisen, wenigstens nicht in einem auch nur in entferntem Maße der projektierten Leistung angenäherten Umfang. Gewinn-

formen verstopften sich mit Schlacke, der Ofenpanzer wurde an einigen Stellen rotglühend, und die bedienenden Mannschaften standen dem Unglück hilflos gegenüber. Bald herrschte im ganzen Werk die Auffassung, daß es sich um verfehlte Konstruktionen handle und daß derjenige gut beraten sei, der so schnell wie möglich die Flucht von diesem Unheilsort antrete. Die Öfen brachten manchmal hundert Tonnen Roheisen am Tag, manchmal sogar noch weniger, während eine Fünfhundert-Tonnen-Schmelzleistung pro Tag projektiert war. Am 18. Januar erfolgten dann kurz hintereinander zwei Explosionen in der Gichtgasreinigung, und damit schien das Ende des großen Experiments an der Oder gekommen zu sein.

Es mußte etwas geschehen, und es geschah schließlich auch etwas. Das Zentralkomitee der SED wandte sich an die Parteiführung der KPdSU mit der Bitte, einige Spezialisten zu schicken, um des Unheils Herr zu werden. Die Bitte wurde akzeptiert, und nach wenigen Tagen kamen zwei sowjetische Spezialisten ins Werk, der Hochofeningenieur Michailowitsch und der Hauptmechaniker Schulgin. Sie kamen aus Magnitogorsk und waren erstklassige Fachleute. Sie sahen sich drei Tage lang den Betrieb an den Hochöfen an, dann wußten sie, was ihnen fehlte und wie man ihnen helfen konnte. Die Hochöfen waren keine Fehlkonstruktion, wie manche Skeptiker meinten, sie wurden nur falsch und unsachgemäß gefahren. Dies aber war eine Folge der Unerfahrenheit der Ofenbelegschaften. Wir hatten zwar einige Monate vorher achtzig Männer zur Maxhütte geschickt, um sie in dem Betrieb von Hochöfen zu unterweisen, aber sie hatten an den kleinen veralteten Aggregaten der Maxhütte nicht das lernen können, was zum Betrieb solch großer und moderner Anlagen in dem neuen Kombinat notwendig war. Was vor allen Dingen fehlte, waren wissenschaftlich und technisch geschulte Kader, Hochofeningenieure und -techniker der verschiedensten Fächer.

Michailowitsch und Schulgin übernahmen dann das Kommando an den Hochöfen, entwarfen Instruktionen und Arbeitsanordnungen und erzwangen ihre unbedingte Einhaltung, führten vor allem daneben Schulungen und Unterweisungen durch, so daß die Qualifikation der Hochofenbelegschaften in schnellem Tempo anstieg. Nach Meinung der sowjetischen Spezialisten waren die Öfen krank, und man mußte sie zunächst wie Kranke behandeln. Die von ihnen verordnete Kur zeigte schon nach wenigen Wochen ihre Ergebnisse. Die Roheisenerzeugung der beiden Öfen stieg laufend an. Es kamen Ordnung und Rhythmus in die gesamte Hüttenarbeit, und nach zwei Monaten konnten Michailowitsch und Schulgin ihre Arbeit beenden und nach Magnitogorsk zurückkehren in der Gewißheit, daß das Werk nun feste Grundlagen für eine geregelte Arbeitsweise hatte. Die beiden genießen bis auf den heutigen Tag verehrungsvolle Anerkennung aller Hüttenwerker des Kombinats.

Für mich persönlich waren diese Monate eine harte Zeit. Die Regierung hatte einen besonderen Beschluß gefaßt, durch den eine Kommission eingesetzt wurde, die praktisch während dieser ganzen Gesundungszeit Werk leiten sollte. Zum Vorsitzenden dieser Kommission wurde natürlich ich bestellt, und so war ich monatelang neben meinem Ministeramt auch noch der Werkleiter des Kombinats, des Hüttenbetriebs und des weiteren Aufbaus. Am Vormittag fungierte ich als Minister in meinem Amt in Berlin, nachmittags fuhr ich gewöhnlich ins Werk und pendelte so zwischen zwei Orten und zwei Funktionen hin und her. Das dauerte so lange, bis endlich eine wirklich leistungsfähige Leitung des Werkes gefunden und in ihre Arbeit eingeführt war, und es dauerte einige Monate.

Die Arbeit am Aufbau des Kombinats und in der Eisenerzeugung näherte sich nun allmählich dem normalen Zyklus der Planvorgabe. Ende 1952 waren auch die Hochöfen III und IV in Betrieb, die Nebenanlagen wurden ebenfalls etappenweise fertiggestellt, die Wohnstadt wuchs, es kamen immer mehr Werksangehörige in neue Wohnungen, und so wurde ganz allmählich das Eisenhüttenkombinat Ost zu einem normalen volkseigenen Betrieb.

Die Eisenwerke West in Calbe waren ebenfalls ein äußerst interessantes Investitionsobjekt des ersten Fünfjahrplans. Der Betrieb, in den Jahren 1951 bis 1953 mit allen erforderlichen Nebenanlagen gebaut, war das erste Niederschachtofenwerk der Welt. In dem neugegründeten Werk wurde zum erstenmal in normaler technischer Betriebsweise Roheisen in sogenannten Niederschachtöfen erzeugt. Den Anstoß für den Bau dieses Werkes gab wiederum der dringende und auf die gegebene Art und Weise nicht zu deckende Bedarf an Roheisen, dem größten Mangelgut der Volkswirtschaft in diesen Jahren.

Das wesentlich Neue am Niederschachtofenbetrieb war, daß in diesem Schmelzaggregat aus eisenarmen und kieselsäurereichen Erzen unter Verwendung von geringwertigen Brennstoffen Roheisen erzeugt werden konnte. Die eisenarmen Erze gab es in unserem Land, vor allem im Harz, und zwar in der Gegend von Bardeleben, und sie konnten im Tagebau gewonnen werden. An geringwertigen Brennstoffen standen in der Republik mehrere Arten zur Verfügung, darunter die in den Gaswerken anfallenden Mengen an Industriekoks, der aber nur eine geringe Standfestigkeit hatte, so daß er im Hochofen wegen des dort herrschenden Drucks der Gichtsäure nicht zu verwenden war. Später kam noch die Verwendung von Braunkohlen-Hochtemperatur-Koks hinzu. Die Eisenproduktion in diesem Schmelzaggregat konnte also gänzlich auf der Grundlage der in der Republik vorhandenen, das heißt vom Import unabhängigen Rohstoffe erfolgen.

Der Standort des neu zu erbauenden Werkes ergab sich aus zwei Faktoren: der Nähe der Eisenerzlager in etwa achtzig Kilometer Entfernung sowie der Schiffbarkeit des unteren Laufs der Saale und der damit gegebenen günstigen Transportmöglichkeiten. Das Werk wurde am Ostrand der kleinen Stadt Calbe errichtet. Dem Bau lagen Pläne zugrunde, die eigens für dieses Vorhaben – von den theoretischen Grundlagen bis zur Entwicklung des Werkes – entwickelt worden waren. Alle notwendigen Bauelemente, bis zum letzten technischen Teilstück, wurden ebenfalls ausschließlich in Betrieben der Republik konstruiert und hergestellt. Das Produktionsverfahren beruhte auf einem von Wissenschaftlern unseres Landes nach vielen Versuchen und Berechnungen gefundenen Prinzip des zweckmäßigen Verhältnisses zwischen der Beschaffenheit von Erz und Koks zur Höhe des Ofenschachtes. Der Niederschachtofen, wie er der späteren Einrichtung des Werkes zugrunde lag, hatte seinen Vorläufer in einem kleinen runden Schmelzaggregat, das in einem ungenutzten Winkel der Maxhütte stand. An diesem noch recht primitiven Versuchsaggregat arbeitete eine kleine Gruppe von Wissenschaftlern aus dem Bereich der Merallurgie unter der Leitung von Prof. Kurt Säuberlich. Sie war zwar nur fünf bis sechs Köpfe stark, nannte sich aber – etwas großspurig – „Forschungsstelle für Roheisenerzeugung".

Die Leute von der Forschungsstelle waren Fanatiker der von ihnen und vor allem von Prof. Säuberlich vertretenen Idee, daß man aus geringwertigem Erz und ebenso geringwertigem Koks Eisen machen könne. Ich selbst war frühzeitig, schon in der Mitte des Jahres 1949, mit diesen Ideen und den Versuchen in der Rumpelecke der Maxhütte vertraut gemacht worden und brachte ihnen Wohlwollen entgegen, schon aus dem einen Grund, daß das Land nach Eisen rief und mir deshalb jede Idee recht sein mußte, die versprach, Eisen zu erzeugen ohne Importe.

Ich habe dann selbst mehrmals an den Versuchen am „kleinen Max", wie das Aggregat auf der Maxhütte genannt wurde, teilgenommen und wäre beinahe in den gleichen Freudentaumel verfallen wie die Leute von der Forschungsstelle, als der kleine Versuchsofen zum erstenmal eine Tonne analysengerechtes Roheisen lieferte. Ich bemühte mich deshalb mit Erfolg, dem Grüppchen Enthusiasten um Prof. Säuberlich einen Forschungsauftrag zu verschaffen, der den Bau eines nun schon fortgeschrittenen Typs von Niederschachtofen vorsah und der unter dem Decknamen „Donauwörth" lief. Für diesen Forschungsauftrag wurden Mittel bis zu fünf Millionen Mark bereitgestellt, eine gewaltige Summe, wenn man sich an die kümmerlichen Anfänge im

„kleinen Max" erinnert. „Donauwörth" wurde gebaut, ein Niederschachtofen mit rechteckiger Grundfläche und etwa sechs Meter Höhe, mit einer im Verhältnis dazu gewaltigen Winderhitzungsanlage, einem überdimensionalen Gebläse, das allerdings mit einer ausrangierten Dampfmaschine betrieben wurde, mit einer kleinen Baracke, in der die Forscher arbeiteten, und mit einer großen Umzäunung, die die Ergebnisse dieser Forschungsarbeit vor unbefugten Blicken schützen sollte, die aber nichts anderes bewirkte, als dem Ganzen den Anstrich eines großen Geheimnisses zu geben.

Inzwischen brannte uns der Mangel an Roheisen immer mehr auf den Nägeln, und so wurde schließlich die Planung eines Werkes in Angriff genommen, das nur aus Niederschachtöfen vom Typ „Donauwörth" bestehen sollte. Die Planung ging glatt vonstatten, und schließlich wurde mit dem Bau des Werkes begonnen, noch ehe aus dem Versuchsobjekt „Donauwörth" brauchbare Ergebnisse vorlagen. Es war der „Ritt über den Bodensee". Wenn unsere Spekulationen richtig waren, hatten wir am Ende ein großes Werk getan; waren sie falsch, dann verschlang uns der See dort, wo er am tiefsten war.

Der Bau des Werkes ging, da er mit allen Kräften gefördert wurde, schnell voran, und schließlich liefen auch die ersten Versuchsergebnisse von „Donauwörth" ein, die im wesentlichen alle die der Planung zugrunde liegenden Berechnungen bestätigten.

Im Oktober 1951 waren der Ofen I und die erforderlichen Nebenanlagen soweit fertiggestellt, daß der Betrieb offiziell mit einem Staatsakt, und zwar durch den Stellvertretenden Ministerpräsidenten Walter Ulbricht, eröffnet werden konnte. Der „Ritt über den Bodensee" war glimpflich abgelaufen, und so wie in dem poetischen Bild wurde auch uns, die wir die Verantwortung für das beinahe waghalsige Unternehmen trugen, erst jetzt bewußt, wie dünn das Eis und wie tief das Wasser gewesen war, das nun hinter uns lag.

Es wurden dann in rascher Folge zehn Niederschachtöfen in zwei parallelen Ofenreihen mit allen dazugehörenden Hilfsbetrieben gebaut. So entstand schließlich das Niederschachtofenwerk, das ausschließlich unsere eigenen eisenarmen Erze, unseren brüchigen Industriekoks und später nur Braunkohlenkoks verwandte, ein Betrieb, der in der internationalen Fachwelt bewundert und bestaunt wurde und der am Ende sogar doppelt soviel Roheisen lieferte, wie im Projekt vorgesehen war.

Die Großkokerei Lauchhammer war das dritte der interessanten großen Bauvorhaben dieser Gründerjahre der Republik. Es handelte sich um eine auf völlig neuen und nirgends erprobten wissenschaftlichen und technischen Grundlagen errichtete Kokerei zur Herstellung von Hochtemperaturkoks aus Braunkohle. Dieser Koks sollte nach den mir zugegangenen Informationen für metallurgische Zwecke, das heißt für die Herstellung von Eisen aus Erz, Verwendung finden können.

Der Mangel an hüttenfähigem Koks war für unsere Volkswirtschaft zu jener Zeit ebenso drückend und lebenswichtig wie der Mangel an Roheisen. Gegen Mitte des Jahres 1951 erfuhr ich von den Versuchen, die zwei Wissenschaftler durchführten, um mit einem von ihnen neuentwickelten Verfahren hüttenfähigen Koks aus Braunkohle herzustellen. Ich war an diesen Versuchen natürlich interessiert, studierte nicht nur die wissenschaftlichen und technischen Unterlagen für die Produktion, sondern informierte mich auch selbst über alle Versuchsergebnisse der beiden Wissenschaftler. Die beiden Forscher waren Dr. Bilkenroth, ein wissenschaftlich ebenso wie technisch erfahrener Fachmann der Kohleveredelung, und Prof. Dr. Erich Rammler von der Bergakademie Freiberg, einer der führenden Männer auf dem Gebiet der Braunkohlenforschung. Die praktischen Versuche wurden in einem alten, stillgelegten Gaswerk in Delitzsch durchgeführt, und nachdem ich am 22. September 1951 an einem solchen größeren Versuch teilgenommen und mich davon überzeugt hatte, daß tatsächlich Koks aus den kleinen Gaskammern kam, stürzte ich mich wieder einmal in das Abenteuer einer hoffnungsvollen, aber auch überaus kostspieligen Investition mit unsicherem Ergebnis.

Bereits am 28. September 1951 schrieb ich einen Brief an den Vorsitzenden des Ministerrats, Otto Grotewohl, und an Heinrich Rau, den Vorsitzenden der Plankommission, in dem ich den Antrag auf die Errichtung einer Kokerei zur Erzeugung von BHT-Koks stellte.

Eine dem Brief beigefügte Anlage enthielt alles wesentliche über Braunkohlen-Hochtemperatur-Koks und seine Herstellung in einer zu errichtenden Kokerei. Da in diesem Dokument alles Wissenswerte gesagt ist, lasse ich hier den ersten Teil dieser Begründung folgen:

„Die entscheidende Frage für die Verwirklichung des Fünfjahrplanes ist die Versorgung der Industrie mit Koks und insbesondere, angesichts des Wachstums der Eisen- und Kupferproduktion, die Versorgung mit metallurgischem, d. h. hüttenfähigem Koks. Alle Verhandlungen der letzten Zeit haben ergeben, daß selbst bei der günstigsten Entwicklung unseres Importes im Jahre 1955 ein Defizit von mindestens 1 300 000 t Koks, und zwar ausschließlich metallurgischem Koks besteht.

Um die grundsätzliche Diskrepanz in der Wirtschaftsentwicklung zu beseitigen, unterbreite ich hiermit den Vorschlag zum Bau von Produktionsstätten für die Gewinnung von metallurgischem Koks aus Braunkohle nach dem Verfahren Rammler-Bilkenroth.

Es hat jedoch nur Sinn, an den Bau solcher Großproduktionsstätten heranzugehen, wenn sofort damit begonnen wird und wenn der Bau der geplanten Großkokerei als Schwerpunkt Nr. 1 für das Jahr 1952 behandelt wird.

Das Verfahren Rammler-Bilkenroth ist versuchsmäßig soweit abgeschlossen, daß eine produktionstechnische Auswertung gerechtfertigt ist. Es beruht auf der Verkokung von Feinstkornbriketts mit einer Körnung von 0–1 mm. Die Ofenkonstruktion ist im Prinzip fertig, und die im bisherigen Versuch erzielten Werte lassen die Erwartung zu, daß auf Grund dieses Verfahrens ein hüttenfähiger Koks erzeugt werden kann."

Dem von mir gestellten Antrag wurde stattgegeben. Der Beschluß zur Errichtung der Großkokerei Lauchhammer wurde gefaßt, und der Bau begann mit allen unausbleiblichen Hemm- und Ärgernissen einer solch großangelegten Investition, für die ein Aufwand von mehr als hundertfünfzig Milllionen Mark geplant war.

Natürlich blieb es nicht bei diesem geplanten Investitionsaufwand. Der Bau wurde wie alle Bauten dieser Zeit teurer, als man angenommen hatte, aber nach einem Jahr war die Kokerei im wesentlichen betriebsfertig, und es zeigte sich später, wie das bei den meisten der damals projektierten Anlagen der Fall war, daß das Werk bedeutend mehr leistete, als die vorsichtigen Projektanten in ihren Plan geschrieben hatten. Nach ihrer Fertigstellung und der Überwindung der ersten Anlaufschwierigkeiten lieferte die Kokerei mehrere Million Tonnen BHT-Koks, und er fand reißenden Absatz in der brennstoffhungrigen Industrie, und zwar nicht nur in metallurgischen Betrieben. Der BHT-Koks erwies sich als außerordentlich brauchbar für chemische Prozesse, und so waren bald die großchemischen Werke in Mitteldeutschland die eifrigsten Abnehmer der Produktion von Lauchhammer.

Auf der Grundlage der in Lauchhammer gemachten Erfahrungen wurde später das Projekt für das Kombinat „Schwarze Pumpe“, auf der halben Strecke zwischen Spremberg und Hoyerswerda gelegen, ausgearbeitet. Dieses Kombinat sollte nach den bestätigten Plänen täglich 100 000 Tonnen Braunkohle zu BHT-Koks, Briketts, Gas und Ölprodukten verarbeiten. Der Bau des Kombinats „Schwarze Pumpe“ ist allerdings wieder eine neue Geschichte.

Natürlich wurden in den ersten Jahren der Republik noch eine ganze Reihe anderer Investitionsvorhaben durchgeführt, vor allem Betriebe des Schwermaschinenbaus errichtet sowie Erweiterungs- und Erneuerungsanlagen in den chemischen Betrieben, die in der Hauptsache damals noch sowjetisches Eigentum waren.

Die hier dargestellten interessantesten und wichtigsten Großbauten und alle anderen Baumaßnahmen zur Entwicklung der Volkswirtschaft hatten eines gemeinsam: Sie kosteten sehr viel Geld, viele hunderte Millionen Mark, die von der Volkswirtschaft aufgebracht werden mußten und die für andere volkswirtschaftlich ebenfalls wichtige Zwecke fehlten. Dies wurde am stärksten deutlich im Sommer des nächsten Jahres, als der „neue Kurs" der Regierung zu einer Verlagerung der Investitionsmittel und damit zu einem langsameren Tempo im Aufbau von Objekten der Schwerindustrie führte.

7. Bild

1953
Der 17. Juni und die Wochen danach

Das Jahr 1953 war eines der entscheidenden Jahre in der Geschichte der Deutschen Demokratischen Republik wenige Jahre nach ihrer Gründung. Es war das Jahr einer großen Gefährdung, aber auch einer großen Bewährung ihrer nun schon gewonnenen Kraft und Lebensfähigkeit gegenüber einem Versuch, das Rad der Geschichte zurückzudrehen. Das Jahr 1953 lehrte, daß auch für die Deutsche Demokratische Republik als ein auf dem Wege zum Sozialismus sich begebendes Gesellschaftssystem der Grundsatz gilt, daß die Bourgeoisie als Klasse niemals endgültig darauf verzichten kann und wird, verlorengegangene Herrschaftspositionen wiederzugewinnen und alte Machtverhältnisse neu zu beleben.

Die entscheidenden Ereignisse des Jahres 1953, von denen hier berichtet wird, sind die Geschehnisse um jenen Tag, der von westlicher Seite oft als „Tag X“ bezeichnet wurde und der in der Geschichte allgemein mit dem Datumsbegriff „17. Juni 1953“ verbunden ist. Bei meiner Darstellung der Geschehnisse an und um diesen Tag herum werde ich nicht den Versuch machen, eine historische Gesamtdarstellung zu geben, da bisher wissenschaftlich begründete Analysen kaum vorliegen und ich zu einer gültigen Gesamtdarstellung weder die Absicht noch die notwendigen Kenntnisse habe. Als allgemein zutreffend dürfte jedoch die Einschätzung des „Tages X“ als eines großangelegten, wenn auch nicht in allen Teilen und Details präzise durchdachten und geplanten Versuchs gelten, auf dem Territorium der Deutschen Demokratischen Republik wieder die alten kapitalistischen Klassen- und Machtverhältnisse herzustellen, wenn auch zuzugeben ist, daß mancherlei andere Faktoren als auslösendes und mitwirkendes Element zu gelten haben.

Ganz allgemein war die Zeit des Frühsommers 1953 gekennzeichnet durch eine bedeutsame Veränderung der weltpolitischen Lage auf Grund der Tatsache, daß der imperialistische Interventionskrieg der USA in Korea sich seinem Ende näherte, womit gleichzeitig eine Neuausrichtung der Aktivitäten des USA-Imperialismus und des ihm beigeordneten Satellitensystems verbunden war. Es war die Zeit, als die von John Foster Dulles inaugurierte Politik des „roll back", also des Zurückdrängens des Einflusses des sozialistischen Weltsystems, wie es sich nach dem zweiten Weltkrieg herausgebildet hatte, ihren ersten großen Anlauf nahm. Zu dieser Politik des „roll back" gehörte als zentraler Bestandteil der Versuch, die Entwicklung der Deutschen Demokratischen Republik in Richtung auf den Sozialismus zu verhindern und die alten Machtverhältnisse zu restaurieren.

An diesem Versuch war nicht nur der amerikanische Imperialismus interessiert, sondern auch und vor allem der sich wieder entwickelnde westdeutsche Imperialismus. So gehörte dieser ominöse „Tag X" zum feststehenden politischen Programm aller westdeutschen Reaktionäre und restaurativen Kräfte von der Adenauer-Regierung und den Revanchistenverbänden bis zum Ostbüro der Sozialdemokratischen Partei.

Dies war der politische Hintergrund, vor dem der Versuch eines profaschistischen Putsches in Berlin und in der DDR in Szene ging, wobei sich allerdings erhebliche Mängel in der Planung und in der zeitlichen Disposition bemerkbar machten und wobei ebenfalls nicht übersehen werden soll und darf, daß auch aus dem gesellschaftlichen Leben innerhalb der Republik hervorgegangene Tendenzen und Fakten mitwirkten.

Über alle diese Tatsachen, erkennbaren Gründe und Ursachen der Ereignisse des Monats Juni im Jahre 1953 habe ich die Absicht, nur das zu sagen, was ich aus der unmittelbaren eigenen Erfahrung weiß. Ich werde mich hinsichtlich der allgemeinen Einschätzung dieser Geschehnisse und ihrer Hintergründe auf das beschränken, was von mir damals in einigen Reden vor Arbeitern großer Betriebe gesagt wurde.

Die Ereignisse des 17. Juni kamen wie für die meisten Funktionäre auch für mich überraschend, aber doch nicht völlig unerwartet. Der Tod Stalins Anfang März 1953 hatte eine tiefgehende Wirkung bei den Massen auch in der Deutschen Demokratischen Republik. Es kamen durch dieses Ereignis unterschwellige Energien in Bewegung, die beim Zusammentreffen mit anderen auslösenden Faktoren zu einer explosiven politischen Stimmung in der ganzen Republik führen konnten. Aber entscheidend dafür, daß diese politischen Energien in Bewegung kamen, war die Verkündung des „neuen Kurses" in unserer Republik.

Von ausschlaggebender Bedeutung war das Kommuniqué über die Beschlüsse des Ministerrats vom 11. Juni, durch das die zu einem großen Teil damals noch labilen politischen Kräfte in Bewegung gesetzt wurden. Im Kommuniqué über diese Sitzung des Ministerrats wurde ausdrücklich erklärt, daß in der Vergangenheit fehlerhafte Verordnungen erlassen worden waren. Als solche fehlerhaften Verordnungen mußten angesehen werden die Beschlüsse des Ministerrats vom März/April 1953 über die Erhöhung der Preise von Zucker und Marmelade, über den Wegfall der Fahrpreisermäßigung für Arbeiterfahrkarten, über die Besteuerung des Handwerks, über die Bestrafung von Bauern wegen Vergehen gegen die Pflichtablieferung und über einige Fragen des Verhältnisses zu den Kirchen. Hinzu kam der Beschluß des Ministerrats vom 28. Mai 1953, die Arbeitsnormen generell auf gesetzlichem Wege zu erhöhen, was vor allen Dingen die breite Masse der Arbeiter in den Betrieben in Bewegung brachte.

Bei den Beratungen hierüber hatte ich mich wiederholt gegen die in der angegebenen Richtung liegenden Beschlüsse gewandt. Natürlich wußte ich, daß die außerordentlich hohen Aufwendungen für Investitionen in der Schwerindustrie erhebliche Mittel vom Staatshaushalt forderten und daß diese Mittel durch Besteuerungsmaßnahmen und teilweise durch Preiserhöhungen im staatlichen Handel aufgebracht werden mußten. Trotzdem war ich nicht mit allen Beschlüssen im März 1953 einverstanden.

Im Anschluß an die Veröffentlichung eines Kommuniqués über die Sitzung vom 9. Juni wurde im „Neuen Deutschland", dem Zentralorgan der Partei, eine regelrechte Fehlerdiskussion eröffnet. Ich war gegen eine solche Fehlerdiskussion, da ich mir darüber klar war, daß dadurch Aktionen ausgelöst werden würden, die von Provokateuren aus Westberlin und Westdeutschland inszeniert, von breiten Kreisen der Bevölkerung, aber auch von Arbeitern aufgenommen und weitergetragen werden könnten. Diese Vorausschau erfüllte sich dann am 16. und 17. Juni 1953.

Am 16. Juni war zunächst noch nichts Besonderes an Bewegung in Berlin festzustellen. Gegen Mittag aber erhielten wir im Regierungsgebäude in der Leipziger Straße die Mitteilung, daß sich ein größerer Demonstrationszug, der in der Hauptsache aus Bauarbeitern von der Stalinallee bestand, auf das Regierungsgebäude zu bewegte und bereits den Alexanderplatz überschritten hatte. Ich nahm zu dieser Zeit an, daß es der Polizei noch möglich sei, den Demonstrationszug beim Einmarsch in die Leipziger Straße abzudrängen, so daß keine besonderen Maßnahmen zu treffen seien. Kurz danach aber mußte festgestellt werden, daß die Demonstration aus der Stalinallee bis vor das Haus der Ministerien gelangt war und daß zur gleichen Zeit große Haufen von randalierenden jungen Burschen aus Westberlin durch das Brandenburger Tor und die Leipziger Straße kamen und sich mit den Demonstranten aus dem Stadtinnern vereinigten. In ganz kurzer Zeit war der Platz vor dem Haus der Ministerien völlig angefüllt mit Demonstranten, die teilweise auf dem Platz lagerten sowie die anliegenden Straßen (Leipziger Straße, Wilhelmstraße) füllten. In kurzer Frist war die Lage so, daß es überhaupt unmöglich war, aus dem Haus herauszukommen, so daß die großen Tore am Haus der Ministerien geschlossen wurden, um ein Eindringen der Demonstranten zu verhindern. Inzwischen hatten sich im Haus der Ministerien einige Genossen zusammengefunden, die über die Lage berieten, ohne daß es dabei zu konkreten Schlußfolgerungen kam. In den frühen Nachmittagsstunden kam es dann zu einer Besprechung im Zimmer des Genossen Heinrich Rau, der – so nahm ich an – aus einer Sitzung gekommen war. Zu dieser Besprechung waren außer mir die Genossen Leuschner, Ziller und noch einige andere gebeten worden. Genosse Rau teilte mit, es sei festgelegt worden, daß einer der führenden Genossen zu den Massen der Demonstranten vor dem Haus der Ministerien sprechen solle, und er schlug vor, ich solle als Redner auftreten. Ich erklärte mich selbstverständlich sofort bereit. Auf meine Frage, was ich den Massen zu sagen hätte, wurde mir lediglich mitgeteilt, ich könne den Demonstranten eröffnen, daß die gesetzliche Erhöhung der Normen rückgängig gemacht worden sei und somit kein Grund zur Fortsetzung von Demonstrationen bestünde.

Wir begaben uns dann an eines der Fenster im ersten Stock des Hauses des Ministerien, und ich versuchte von dort aus zu den Massen zu sprechen. Da aber kein Mikrofon vorhanden war, war es unmöglich, mich verständlich zu machen Außerdem wurde von unten her gefordert, daß die Vertreter der Regierung herunter kommen sollten. Daraufhin schlug ich vor, nach unten zu gehen, und ich würde mitten unter den Demonstranten vom Tisch aus reden. Wir nahmen also einen Tisch mit, öffneten die große Tür zum Haus der Ministerien, trugen den Tisch bis an den Rand des Platzes vor dem Haus, ich stieg hinauf und begann zu reden, wurde aber fortgesetzt unterbrochen. Auch die Mitteilung, daß die gesetzliche Erhöhung der

Normen rückgängig gemacht worden sei, hatte schon fast keine Wirkung mehr. Es stieg dann einer der Demonstranten, ein Mann in einem völlig neuen Maureranzug, auf den Tisch und hielt eine ausgesprochen politische und feindliche Rede, auf die ich natürlich antwortete, aber wiederum durch Schreien und Lärmen ständig unterbrochen wurde. Der Redner der Demonstranten, der offensichtlich kein Mann von einer Baustelle war, redete von „Revolution", „Freiheit", „Aufstand in der ganzen Zone", er hielt also eine regelrechte Propagandarede für den Sturz der Regierung und für die Forderungen, die bereits tagelang in den Rundfunksendungen des RIAS verbreitet worden waren. Der Mann war sicherlich ein erfahrener und geübter Provokateur, und es war sehr leicht an dem Beifallklatschen an verschiedenen Stellen des Platzes zu erkennen, wo sich organisierte Propagandagruppen zusammengefunden hatten.

Es meldete sich danach noch ein Mädchen in FDJ-Hemd und Windjacke, und ich war naiv genug zu glauben, daß das „Kind" zu meiner Unterstützung antreten würde. Ich half ihm also auf den Tisch, und dann entpuppte sich das „Kind" sofort als eine ausgesprochene Hetzbombe. Das Mädchen redete in der gehässigsten Weise über angebliche Vorgänge in der FDJ und erhielt rasenden Beifall aus verschiedenen Richtungen des Platzes.

Als ich dann wieder allein auf dem Tisch stand und zu sprechen begann, wurden aus den gegenüberliegenden Ruinengrundstücken Steine geworfen, und zwar in sich schnell steigernder Zahl, so daß ich ziemlich eingedeckt war, wenngleich ich nicht direkt getroffen wurde. Da es zwecklos war, weiter auf dem Tisch zu stehen und sich dem Gejohle der Menge auszusetzen, forderte mich der Genosse Rau, der unten am Tisch stand, auf, herunterzukommen, und wir gingen dann alle in das Haus der Ministerien zurück. Die Ansammlung löste sich dann sehr schnell auf, und nach kurzer Zeit war der Platz wieder in normalem Zustand.

Am Abend fand im Friedrichstadtpalast eine Funktionärversammlung der Partei statt, auf der die Genossen Grotewohl und

Ulbricht und Hans Jendretzky sprachen. Ich hielt vor allem die Rede des Genossen Jendretzky, der damals 1. Sekretär in Berlin war, für ziemlich unrealistisch, da die Lage keineswegs so stabilisiert war, wie er sie schilderte. Mir schien, man war der Meinung, am nächsten Morgen könne nichts mehr pas-sieren, wenn man einige Agitatoren auf die Baustellen und in die Betriebe schicken würde. Grundsätzlich war ich anderer Meinung und glaubte, daß die eigentliche Aktion erst am nächsten Tag kommen würde. In dieser Meinung wurde ich dann auch durch den Ablauf der Ereignisse bestätigt.

Am Morgen des 17. Juni fuhr ich wie gewöhnlich zu meiner Arbeit ins Haus der Ministerien und saß zu der üblichen Zeit des Dienstbeginns an meinem Schreibtisch. Zu dieser Zeit waren auf den Straßen noch kaum Gruppen von Demonstranten zu sehen. Im Laufe des Vormittags aber kamen erneut Demonstrationszüge vom Stadtzentrum her zum Haus der Ministerien, und in ganz kurzer Zeit war das Haus völlig eingeschlossen. Auch jetzt wieder waren große Mengen von halbwüchsigen Elementen aus Westberlin unter den Demonstranten, die zu Ge-walttätigkeiten hetzten. Ich hatte vom Zentralkomitee die Mitteilung bekommen, ich solle mit der Genossin Elli Schmidt nach Dresden fahren, da sich auch dort erste Anzeichen von Unruhen bemerkbar machten. Etwa gegen zehn Uhr sprach ich telefonisch mit dem Genossen Walter Ulbricht und sagte ihm, daß ich natürlich jetzt nicht mehr in der Lage sei, nach Dresden zu fahren, da ich praktisch im Haus der Ministerien eingeschlossen sei. Genosse Walter Ulbricht mußte selbstverständlich akzeptieren, daß ich nicht fahren konnte, und übertrug mir die Verantwortung für die Verteidigung des Hauses der Ministerien. Ich habe dann im Laufe des Vormittags mehrmals mit dem Genossen Otto Grotewohl gesprochen und ihm jeweils Bericht erstattet über die Lage im Haus der Ministerien, wobei ich ihm, bis auf die letzte Meldung, stets mitgeteilt habe, daß wir vorläufig mit eigener Kraft imstande seien, den Gebäudekomplex zu halten.

Das Haus der Ministerien war inzwischen völlig eingeschlossen, und es lagerten davor und in den anliegenden Straßen schätzungsweise 30 000 Menschen. Nach zwölf Uhr hatte ich gerade wieder den Genossen Otto Grotewohl gesprochen und ihm gesagt, daß wir in der Lage seien, uns selbst zu halten, da wurde mir gemeldet, daß von der Leipziger Straße her die ersten Versuche unternommen wurden, in den rückwärtigen Flügel des Landtages einzudringen. Ich hatte praktisch keinerlei Verteidigungskraft im Hause. Es waren drei oder vier Volkspolizisten zur Verfügung, die an einigen Türen Wache hielten. Ich ordnete zunächst an, die eindringenden Demonstranten durch die Ingangsetzung von Wasserschläuchen zurückzudrängen. Das hatte aber nicht die geringste Wirkung. Der Tag war heiß, und die Demonstranten empfanden das Bespritzen mit Wasser aus dem spärlich Wasser spendenden Hydranten geradezu als eine Wohltat.

Zwischendurch kam es zu einem Platzregen, der mit einem Schlag den ganzen Platz vor dem Haus der Ministerien reinfegte, der aber ebenso schnell aufhörte, wie er gekommen war, so daß sofort wieder Straßen und Plätze voll besetzt waren. Etwa um 12.30 Uhr erhielt ich die Mitteilung, in den unmittelbar in der Leipziger Straße gelegenen Trakt, in dem die Materialversorgung untergebracht war, seien Demonstranten eingedrungen und hätten begonnen, Akten auf die Straße zu werfen und sonstigen Unfug anzurichten. Ich gab den Befehl, die im Hause befindlichen Volkspolizisten sollten sich an die Einbruchstelle begeben, aber, wenn sie von der Schußwaffe Gebrauch machen müßten, sollten sie nur in die Luft schießen und gezielte Schüsse nur auf meinen direkten Befehl abgeben. Mir war klar, daß auch dies nur eine ganz kurze Zeit Erleichterung schaffen könnte.

Etwa um 12.45 Uhr erhielt ich die Mitteilung, daß in dem Trakt der Materialversorgung Feuer ausgebrochen sei und dort bereits Akten verbrannt würden. Ich war mir klar darüber, daß jetzt das Ende der Belagerung kurz bevorstünde, sagte dies auch dem Genossen Otto Grotewohl, der mich wiederum um diese Zeit anrief, und bat ihn, jetzt für eine Entlastung von außen her zu sorgen. Genosse Grotewohl versprach mir, daß etwas geschehen würde, und bat mich, noch kurze Zeit auszuhalten. Inzwischen bereiteten wir uns darauf vor, uns mit den primitivsten Mitteln (abgebrochene Schemelbeine und anderes) zu verteidigen, falls die Demonstranten in das Haus eindringen sollten.

Die Leipziger Straße herunter rollten sowjetische Panzer, und etwa gegen dreizehn Uhr kam in mein Arbeitszimmer der Kommandeur der Panzerkolonne. Er sprach dann von meinem Schreibtisch aus telefonisch mit dem Oberkommando und schrieb mit einem Bleistiftstummel die Verlautbarung über die Verhängung des Ausnahmezustandes auf ein Blatt Papier. Er teilte mir die Verhängung des Ausnahmezustandes mit und informierte mich, daß er nun daran gehen werde, die Sektorengrenze abzusperren und mit Einsatz seiner Panzer die Straßen zu räumen. Das geschah dann auch.

Nachdem das Haus der Ministerien frei war, rief ich wieder Genossen Walter Ulbricht an und fragte ihn, ob ich jetzt noch, seiner Anordnung vom Vormittag entsprechend, nach Dresden fahren solle. Er ordnete an, ich solle mich sofort nach Dresden begeben, um dort gemeinsam mit der Genossin Elli Schmidt als Mitglied des Politbüros der Bezirksleitung der Partei die notwendige Unterstützung zu geben. Ich begab mich also vom Ministerium aus nach Hause und fuhr von dort aus nach Dresden.

Die Lage in Dresden war dadurch gekennzeichnet, daß die Unruhen in der Stadt im wesentlichen durch Angehörige des Sachsenwerks Niedersedlitz, der Schiffswerft Übigau und einiger anderer Betriebe verursacht worden waren. Ohne Zweifel befand sich unter den Demonstranten in Dresden, die sich auch dann noch, als bereits der Ausnahmezustand verhängt war, auf dem Theaterplatz zusammenballten, ebenfalls eine Anzahl Elemente, die aus dem Westen eingeschleust war. Die Kräfte aber, die die Provokationen vorbereitet und organisiert hatten, hielten sich sicher bereits seit längerer Zeit unterirdisch im Bezirk und in einigen Betrieben auf. Vor allem in Dresden gab es ohne Zweifel einige starke Zentren solcher Kräfte. Neben Dresden war Görlitz ein Hauptzentrum dieser feindlichen Organisationen.

Die Provokationen in Dresden waren offensichtlich überstürzt ausgelöst worden. Ihre schnelle Ausbreitung war jedoch nur dadurch zu erklären, daß unter den Massen der Arbeiter Unzufriedenheit herrschte und die Partei nicht fest genug mit den Massen verbunden war, ja daß sie vielerorts über die wirkliche Stimmung falsch unterrichtet war. Das wurde dadurch bewiesen, daß vielfach sogar leitende Funktionäre die Bewegung unterstützten und sich an einigen Punkten zu Kompromissen mit den Trägern faschistischer Provokationen bereit fanden.

Die Losungen, unter denen die Provokationen durchgeführt wurden, waren einheitlich. Die Hauptlosungen waren:

a) Absetzung der Regierung
b) freie und geheime Wahlen
c) Senkung der HO-Preise beziehungsweise Liquidierung der HO
d) Freilassung der politischen Gefangenen.

Hinzu kam noch, daß besonders in Görlitz und in den Grenzbezirken ein stark chauvinistischer Einschlag festzustellen war. In der Nähe der Oder-Neiße-Grenze wurde von Jugendlichen das Deutschlandlied und das chauvinistische Schlesierlied gesungen. In Görlitz wurde zur Bildung einer faschistischen Heimwehr aufgerufen.

In Dresden waren die Hauptträger der ständigen Straßenunruhen jugendliche Rowdys, die immer wieder in großer Zahl auf den Straßen und Plätzen Zusammenrottungen und Ausschreitungen verursachten. Diese Jugendlichen trugen meistens einheitliche gelbe oder Texashemden und waren mit Fahrrädern oder sogar mit Motorfahrzeugen ausgestattet.

In Görlitz wurde der Erste Kreissekretär der Partei von den

Aufwieglern mitgeschleift und mißhandelt, die Gefängnisse wurden gestürmt und die Gefangenen freigelassen. Zu besonderen Ausschreitungen kam es auch in Niesky, wo die Provokateure sich des Gebäudes der Staatssicherheit bemächtigten und sich Waffen aneigneten. Am Abend trat in allen Kreisen verhältnismäßige Ruhe ein. In Dresden wurde eine Anzahl von Verhaftungen vorgenommen.

In der Nacht vom 17. zum 18. Juni wurden von uns die Maßnahmen vorbereitet, mit denen am nächsten Morgen, also am 18. Juni, vorgegangen werden mußte, um den Unruhen ein Ende zu bereiten. Ich führte in dieser Nacht Besprechungen mit Vertretern der bewaffneten Organe, das heißt mit der Kasernierten Volkspolizei und der Bezirksstelle des Ministeriums für Staatssicherheit. Wir legten fest, die Stadt Dresden an den wichtigsten Ausfallstraßen, und zwar nach Niedersedlitz, nach Übigau und zum Industriegelände, abzuriegeln, wobei in der ersten Linie Genossen unserer Partei postiert werden sollten, in der zweiten Linie Angehörige unserer bewaffneten Organe.

Am anderen Morgen, also am 18. Juni, kam es dann tatsächlich zu Versuchen, von diesen drei Unruhezentren aus ins Innere der Stadt vorzudringen. Unsere Maßnahmen aber, die wir zur Abriegelung der Stadt getroffen hatten, bewährten sich, so daß keinerlei Krawalle in der Stadt entstanden und von diesem Zeitpunkt an praktisch der Putschversuch in Dresden selbst als gescheitert angesehen werden konnte. Am nächsten Tag nahmen dann auch alle Betriebe die Arbeit wieder auf.

Am Vormittag des 18. Juni sprach die Genossin Elli Schmidt mit dem Genossen Walter Ulbricht und berichtete ihm über die Lage in Dresden. Sie informierte ihn, daß wir in Dresden Herr der Lage seien, daß aber in den Stahlwerken Riesa und Gröditz die Arbeit niedergelegt worden sei und daß dort Gefahr drohe. Daraufhin wurde vom Genossen Ulbricht angeordnet, daß ich sofort nach Riesa und Gröditz fahren solle, um die Ruhe wiederherzustellen. Ich fuhr also in Begleitung eines Wagens der Sicherheitsorgane nach Riesa und traf dort eine äußerst schwierige Situation an. Vor dem Tor des Stahlwerkes waren sowjetische Panzer aufgefahren und einer stand bereits auf dem Werkhof. Die Arbeiter des Stahlwerkes und des Walzwerkes weigerten sich, die Arbeit wiederaufzunehmen. Mir kam es darauf an, daß der Streik so schnell wie möglich beendet werde, ohne daß es zu großen Eingriffen der bewaffneten Macht komme. Es war unmöglich, zu den Arbeitern selbst zu sprechen, so daß ich mich entschloß, in der Übertragungsanalge des Werkes eine Rede an die Belegschaftsmitglieder des Stahl- und Walzwerkes Riesa auf Band zu sprechen. Die Rede hatte folgenden Wortlaut:

„Stahl- und Walzwerker von Riesa!
Ihr, die Belegschaft des Stahl- und Walzwerkes Riesa, auf die wir immer so stolz gewesen sind, habt Euch von faschistischen Provokateuren mißbrauchen lassen zur Niederlegung der Arbeit. Ihr habt damit bewußt oder unbewußt die Geschäfte der Todfeinde des deutschen Volkes besorgt. Eure Forderungen sind mir, soweit sie eingereicht wurden, vorgelegt worden. Darunter befinden sich Forderungen, die ohne Zweifel berechtigt sind und erfüllt werden können und erfüllt werden. Es sind andere Forderungen darunter, über die die Werkdirektion und ich allein nicht entscheiden können, sondern die dem Ministerrat der Republik zur Entscheidung vorgelegt werden müssen. Ich werde das tun.

Aber unter Euren Forderungen befinden sich solche, die offensichtlich provokatorischen Charakter tragen und die den Hetzsendungen des RIAS entnommen sind. Darin zeigt sich deutlich, daß die Arbeitsniederlegung in unserem Werk eine Sache faschistischer Provokateure ist. Dieser Zustand muß sofort beendet werden. Ich bin bereit, mich mit Euren Forderungen zu befassen. Aber ich empfange keine Delegationen. Voraussetzung dafür ist überhaupt, daß die Arbeit von jetzt ab nicht mehr niedergelegt wird und keine Stunde mehr ruht.

Ich mache darauf aufmerksam, daß die faschistische Provokation, der Versuch der westlichen Imperialisten und ihrer deutschen Helfershelfer, den Kurs der Regierung der Republik und der Partei der Arbeiterklasse für eine Verbesserung des Lebens und zur Herstellung der deutschen Einheit zu stören gescheitert sind.

In Berlin arbeiten alle Betriebe. In wachsendem Maße erkennen die Arbeiter in der ganzen Republik, daß sie von faschistischen Provokateuren mißbraucht wurden.

Stahl- und Walzwerker von Riesa! Es wird gefordert, daß sofort der normale Zustand im Werk hergestellt wird. Ich mache darauf aufmerksam, daß zur Abwehr des amerikanischen Putschversuches die Besatzungsmacht gezwungen war, den Ausnahmezustand zu verhängen, um die Ordnung und ein normales Leben wiederherzustellen. Ausnahmezustand, das bedeutet, daß nach den Bedingungen eines solchen anormalen Zustandes das Verhalten jedes einzelnen Bürgers eingerichtet werden muß. Ich mache deshalb darauf aufmerksam, daß jede weitere Provokation im Werk, jeder weitere Versuch, auch nur ein Aggregat gegen den Willen der Werkleitung stillzulegen, oder jede Propaganda der zum Teil bereits formulierten provokatorischen und vom RIAS diktierten Forderungen dazu führt, daß mit militärischer Gewalt im Betrieb eingegriffen und die Schuldigen unnachsichtlich zur Bestrafung geführt werden.

Ich mache ausdrücklich darauf aufmerksam, daß jeder Verstoß gegen die Befehle auf der Grundlage des Ausnahmezustandes von den Militärgerichten abgeurteilt und mit dem Tode bestraft wird. Ich mache Euch damit bekannt, daß in Berlin heute bereits auf Grund der gestrigen faschistischen Provokation gegen einige der übelsten Rädelsführer aus der Westberliner Unterwelt die ersten Todesurteile ausgesprochen worden sind. Ich warne also vor jedem Versuch, das Spiel von heute morgen zu wiederholen.

Über Eure Forderungen, soweit sie berechtigt sind, werden wir verhandeln, sobald normale Zustände eingetreten sind.

Kollegen! Walz- und Stahlwerker von Riesa!
Nach Schichtschluß verlaßt das Werk, so wie es im Befehl über die Verhängung des Ausnahmezustandes vorgeschrieben ist, das heißt in Gruppen von nicht mehr als drei Mann. Tut alles, um den Schandfleck, den Ihr dem Namen Riesa gemacht habt, um den Schandfleck, den Ihr der Arbeiterklasse zugefügt habt, zu beseitigen, damit wir wieder stolz sein können auf die Belegschaft des Stahl- und Walzwerkes Riesa."[49]

Dies war eine sehr harte Rede; ich weiß das und wußte es auch damals schon. Aber ich hatte zwei entscheidende Gründe für die Härte einer solchen Rede und die damit beabsichtigte Wirkung:

Erstens war mir klar, daß es sich bei dem ganzen Aufstandsunternehmen des 17. Juni um einen von langer Hand vorbereiteten, unter Ausnutzung gewisser Unzufriedenheiten in der Arbeiterschaft geplanten Versuch handelte, die politische Macht im Staate den Händen der Arbeiterklasse zu entreißen und die alten Machtverhältnisse wiederherzustellen.

Zweitens mußte ich unter allen Umständen verhindern, daß es im Werk selbst zu Zusammenstößen zwischen den Arbeitern des Betriebes und den bewaffneten Kräften kam, was zu unvorstellbaren Folgen hätte führen können. Diese mir vollkommen bewußte doppelte Sorge war der Grund für die Härte dieser Rede an die Belegschaft. Ich weiß, daß die Kumpel von Riesa mir diese Rede lange Zeit übelgenommen haben, aber am Ende doch Verständnis für sie aufbrachten.

Diese Rede wurde dann fortlaufend vom Band aus in den Betrieb übertragen, während ich gleichzeitig den Kommandeur der sowjetischen Einheit dringend darum bat, vom Einsatz seiner Panzerfahrzeuge im Werk selbst Abstand zu nehmen, um mir die Möglichkeit zu geben, auf friedlichem Wege die Belegschaft zur Aufnahme der Arbeit zu veranlassen. Das gelang mir dann auch, und die Mittagsschicht nahm die Arbeit im Stahl- und Walzwerk geschlossen wieder auf, so daß die Panzer abrükken konnten, womit der gefährliche Zustand in Riesa überwunden war.

Ich fuhr daraufhin nach Gröditz und fand dort eine ähnliche Situation vor. Hier standen die Panzer bereits auf dem Werkhof, während die gesamte Belegschaft streikte und im Verwaltungsgebäude eine wilde Kommission unendlich viele Forderungen formulierte. Ich begab mich sofort in das Zimmer, in dem diese Kommission tagte, erklärte die Zusammenkunft für illegal und kündigte an, daß ich, wenn die Kommission nicht sofort ihre Tätigkeit einstelle, mit polizeilichen Mitteln eingreifen müßte, woraufhin die Kommission sich in Wohlgefallen auflöste.

Ich hielt auch in Gröditz eine Rede, die auf Band gesprochen wurde, und dieses Band wurde im Betrieb abgespielt mit dem Erfolg, daß gegen fünfzehn Uhr die Belegschaft die Arbeit wieder aufnahm.

Nach Dresden zurückgekehrt, konnte ich also nach Berlin die Liquidierung der Unruhen in Riesa und Gröditz mitteilen und konnte, da auch in Dresden selbst Ruhe herrschte, mich wieder nach Berlin begeben, um mich um die Lage in den Betrieben, die meinem Ministerium unterstanden, zu kümmern. Es stellte sich heraus, daß in den meisten Betrieben der Metallurgie die Arbeiter sich nicht zu Provokationen hatten hinreißen lassen, daß sie sich in einigen Betrieben, wie zum Beispiel im Eisenhüttenkombinat Ost, in Baldeleben und in der Maxhütte, geradezu vorbildlich verhalten hatten, daß aber in einer Reihe von Betrieben doch ernste Unruhen entstanden waren. Das galt vor allem für die Betriebe des Mansfeldkombinats, wo längere Zeit geschlossen gestreikt wurde und es nur mit großer Mühe gelang, der Situation Herr zu werden.

Jedenfalls war am 19. Juni auch in den letzten Unruhezentren die Ruhe wiederhergestellt, und die Arbeit wurde aufgenommen.

Einer der Betriebe, der uns am 17. Juni die größten Schwierigkeiten gemacht hatte, war das Stahl- und Walzwerk in Hennigsdorf, von dem ein Teil der Belegschaft durch Westberlin marschiert war, um an den Berliner Demonstrationen teilzunehmen. Ich ging deshalb kurze Zeit nach Beendigung der Unruhen nach Hennigsdorf und sprach dort vor der Belegschaft.

Einen Auszug aus meiner damaligen Rede in Hennigsdorf füge ich hier an.

„Die politische Diskussion in den letzten Wochen hat sich zum großen Teil mit den Fehlern beschäftigt, die die Regierung und die Partei angeblich oder tatsächlich gemacht haben. Es ist notwendig, wenn man von Fehlern in der Politik spricht, auch von der grundsätzlichen Linie der Politik einer Partei und einer Regierung zu sprechen.

Was war und ist die Generallinie der Politik der Sozialistischen Einheitspartei Deutschlands und der Regierung der Deutschen Demokratischen Republik? Diese Generallinie zeigt sich in all dem, was wir seit dem Jahre 1945 im Gebiet unserer Republik durchgeführt haben, und es ist deshalb notwendig, sich mit den politischen Gegebenheiten und Ereignissen seit dem Jahre 1945 auseinanderzusetzen. Wenn wir diese Auseinandersetzung mit unserer Politik seit 1945 vornehmen, dann zeigt sich, daß die Generallinie unserer Politik absolut richtig war, ja, daß diese Generallinie noch heute gilt und richtig ist. Denn was haben wir seit 1945 politisch geleistet? Im Jahre 1945 haben wir nach dem Zusammenbruch der faschistischen Diktatur ein schreckliches Chaos in unserer gesamten Wirtschaft und im Staat übernommen. Wir haben aus diesem Chaos eine gesunde Wirtschaft und einen fortschrittlichen Staat aufgebaut. War diese Generallinie falsch? Nein, sie war richtig!

Wir haben nach 1945 die Bodenreform durchgeführt, das heißt, wir haben die Barone und Junker aus unserem Land gejagt und haben ihr Land den armen Bauern, Landarbeitern und Umsiedlern gegeben. War diese Linie richtig, oder war sie falsch? Diese Linie war richtig.

Wir haben die Banken- und Geldreform durchgeführt, wir haben die privaten Großbanken enteignet, haben ein staatliches Banken- und Geldsystem aufgebaut und damit die Herrschaft des Finanzkapitals in unserer Republik beseitigt. War diese politische Haltung richtig, oder war sie falsch? Sie war richtig!

Wir haben die Kriegsverbrecher enteignet, haben die Monopole der Kapitalisten zerschlagen und haben eine starke, leistungsfähige volkseigene Wirtschaft aufgebaut, in der die Betriebe nicht mehr privaten Kapitalisten, sondern den Werktätigen gehören. War diese Politik richtig, oder war sie falsch? Diese Politik war richtig.

Wir haben einen Staat der Werktätigen aufgebaut, einen Staat, in dem zum erstenmal in der Geschichte Deutschlands das werktätige Volk wirklich die Macht in Händen hat. War diese Politik richtig, oder war sie falsch? Diese Politik war richtig. Wir haben das alte kapitalistische Bildungsmonopol beseitigt und haben dafür gesorgt, daß zum erstenmal in der deutschen Geschichte Arbeiter- und Bauernkinder auf unseren Schulen, auf unseren Universitäten studieren können. War diese Politik richtig, oder war sie falsch? Sie war richtig!

Und wir haben einen ständigen Kampf geführt um die Einheit unseres Landes und um die Erhaltung des Friedens. Das war die Generallinie unserer Partei, das war die Generallinie unserer Regierung, und deshalb, wenn wir heute die Frage stellen, war die Generallinie unserer Partei und Regierung richtig, jawohl, diese Linie war richtig.

Der Beschluß unserer Partei und der Regierung auf eine Änderung des politischen Kurses führte in den westdeutschen und westlichen kapitalistischen Ländern und bei ihren Politikern zu einer eigenartigen Wirkung. Es ist klar, wenn es uns gelingt, den Kurs schnell zu ändern, wenn es uns gelingt, die Umstellung unserer Wirtschaft so durchzuführen, daß in Kürze eine wesentliche Besserung der Lebenslage der Arbeiter eintritt, wenn es uns gelingt, die Unzufriedenheit bei den Arbeitern schnell zu beseitigen, wenn es uns gelingt, die Erschwernisse im Ost-West-Verkehr und dadurch die Erschwernisse im Kampf um die Einheit Deutschlands schnell zu überwinden, daß das eine Gefährdung der von westlicher Seite betriebenen Kriegspolitik bedeutet. Aus diesem Grunde löste unsere Kursänderung in Bonn eine Panik aus und führte dazu, daß von westlicher Seite versucht wurde, durch einen faschistischen Putschversuch die Regierung der Republik an der Durchführung ihres neuen Kurses zu hindern.

Laßt mich einige Bemerkungen machen über den Putschversuch vom 17. Juni und über seine Hintergründe. Im Westen Deutschlands hat man seit Monaten gesprochen von dem bevorstehenden Tag X, das heißt von dem Tag, an dem die Deutsche Demokratische Republik ‚aufgerollt' werden und durch eine völlige Änderung der Machtverhältnisse in unserer Republik dieser Teil unseres Landes ebenfalls eingegliedert werden sollte in die von Adenauer geführte Bundesrepublik Deutschland, so daß damit die Deutsche Demokratische Republik ein Bestandteil des westlichen Kriegspaktsystems geworden wäre. Wenige Tage vor dem 17. Juni zeigte sich an einigen Börsen eine interessante Erscheinung. Sowohl an der Westberliner als auch an westdeutschen Börsen stiegen plötzlich die Aktien von Aktiengesellschaften, die früher große Betriebe in der Deutschen Demokratischen Republik hatten. Das war z. B. der Fall bei den Papieren der AEG, das war der Fall bei den Betrieben des Flick-Konzerns, das war der Fall bei Aktien der Dessauer Continentalen-Gasgesellschaft. Alle diejenigen Konzerne, die früher im Gebiet unserer Republik große Betriebe gehabt hatten und sie verloren haben, konnten plötzlich an den westdeutschen und Westberliner Börsen eine starke Steigerung der Kurse ihrer Aktien verzeichnen. Das war nicht zufällig. Natürlich wußten diese Herren bereits, daß der Tag X bevorstand, und natürlich kannten sie die von dem Forschungsbeirat, der vom Minister Kaiser in Bonn eingesetzt worden war, vorgesehenen Maßnahmen zur ‚Wiedereingliederung', wie es wörtlich heißt, der Deutschen Demokratischen Republik in die Bundesrepublik.

Wir wissen heute, daß bei einem Erfolg dieses Putsches unsere volkseigenen Betriebe wieder in die Hände jener alten Monopol-Kapitalisten gekommen wären, wieder in die Hände der Thyssen und Krupp gelangt wären, der IG-Farben-Industrie, daß unsere Neubauern von ihrem Land vertrieben worden und die alten Junker und Barone wieder in unsere Republik gekommen wären. Nun, der Putsch ist zusammengebrochen, und heute weint man im Westen in den Zeitungen der kapitalistischen Monopole darüber, daß bei der Niederschlagung dieses Putsches einige der Agenten, die sich zu sehr exponiert hatten, zu Schaden gekommen sind.

Das ist eigentlich verwunderlich. Was hat man denn von uns erwartet, was hat man denn von uns geglaubt? Hat man vergessen, daß wir einmal einen 30. Januar 1933 in Deutschland erlebt haben, hat man vergessen, daß wir 6, 8, 10 und 12 Jahre in faschistischen Kerkern gesessen haben, hat man vergessen, daß wir den Faschismus aus unmittelbarer Nähe kennengelernt und nicht vor ihm kapituliert haben? Hat man geglaubt, wir lassen zu, daß unsere volkseigenen Betriebe, unser Eisenhüttenkombinat Ost, unser Stahlwerk Riesa, unser Stahlwerk Hennigsdorf, unser Stahlwerk Brandenburg, hat man geglaubt, daß wir diese unsere Betriebe wieder in die Hände von Flick, Thyssen und Krupp übergehen lassen würden?

Was hat man eigentlich geglaubt? Man hat geglaubt, man kann bei uns einen faschistischen Putsch inszenieren, man kann Arbeiter verhetzen zum Streik und zu Unruhen gegen die Regierung, man kann HO-Geschäfte überfallen und demolieren, man kann Konsumverkaufsstellen in Brand stecken, man kann Volkspolizisten niederschlagen und kann sich an Arbeiterfunktionären vergreifen, man hat geglaubt, man kann das alles machen, und wir kapitulieren und wehren uns nicht.

Hat man gedacht, wir sind Pazifisten oder Sozialdemokraten alten Schlages, die der Gewalt weichen wie 1932 Karl Severing?

Haben wir nicht immer gesagt, wir werden kämpfen gegen den Faschismus, wir werden kämpfen gegen den Krieg, wir werden kämpfen für den Frieden, und nun, als wir angefangen haben zu kämpfen gegen ein faschistisches Abenteuer, jetzt auf einmal ist man ganz erstaunt und erschrocken und weint Krokodilstränen, weil einige unvorsichtige Provokateure zu Schaden gekommen sind.

Liebe Freunde! Was mich persönlich betrifft, ich war 12 Jahre, vom 11. April 1933 bis zum 29. April 1945, ununterbrochen in faschistischen Kerkern, 12 Jahre, das sind mehr als 4000 Tage und Nächte, von denen ich einige Jahre isoliert in Dunkelarrest gesessen habe. Und eines haben ich und tausend andere meiner Genossen, die heute mit mir in der Regierung, in der Verwaltung und in unserer Partei stehen, geschworen: alles, aber niemals wieder Faschismus in Deutschland."

Nach einigen Zwischenbemerkungen kam ich dann noch ausführlicher auf die Vorgänge am 17. Juni zu sprechen.

„Seht, liebe Freunde, wir erinnern uns alle des 30. Januar 1933. Sind dort auch Arbeiter mitmarschiert mit der SA? Ja. Waren Arbeiter beim Fackelzug am 30. Januar vor dem Reichskanzlerpalais? Ja, aber am 8. Mai 1945, als der Faschismus zusammenbrach, da haben 90 oder 95 Prozent, die damals mitgelaufen sind, gesagt, wir haben's nicht gewußt, daß wir mißbraucht wurden. Vielleicht hat jetzt auch schon eine Anzahl Menschen, die am 17. mit nach Westberlin gelatscht ist, gesagt, wir haben's nicht gewußt, daß wir mißbraucht worden sind. Vielleicht sagen auch einige, die sich ein Bettelpaket holen, ich bin wieder einmal irregeführt worden. Aber dieses Argument muß endlich einmal aufhören. Man kann nicht immer und immer wieder gegen die eigenen Interessen und gegen die Interessen der Arbeiterklasse handeln und sich hinterher herausreden, ich habe nichts gewußt und ich bin irregeführt worden.

Solange Arbeiter am 17. hier im Werk durch vorübergehende

Niederlegung der Arbeit irgendeiner Unzufriedenheit oder Forderung Ausdruck geben wollten, gehen die Dinge noch hin. Wer nach Westberlin marschierte, mußte sich schon etwas mehr Gedanken machen. Aber wer in Westberlin in den Omnibus gepackt wurde und durch den Sektor gefahren und bewirtet wurde, um dann drüben auf der anderen Seite des Sektors losgelassen zu werden, der mußte eigentlich schon merken, was los ist. Der mußte es merken, wenn er die Initiatoren der faschistischen Provokation gesehen hat. Ich habe sie gesehen. Ihr wißt, daß ich am 16. Juni, also am Tage vorher, vor einer Demonstration von Bauarbeitern vor dem Hause der Ministerien gesprochen habe, und ich habe dort die Regisseure dieses Putsches gesehen. Ich habe dort diese Figuren gesehen, die aus Westberlin in Sambi-Hemden, in Texas-Hemden, mit Bürstenköpfen, mit Ringelsocken gekommen waren und zwischen den Bauarbeitern provozierten. Ich habe einen Blick für Faschisten.

Ich habe gewußt, daß dort die Arbeiter mißbraucht werden von faschistischen Provokateuren. Natürlich muß man sehen, daß nicht nur diese Westberliner Provokateure die Führung dieser Aktion in Händen hatten. Man muß sehen, und wir sehen das sehr deutlich und klar, daß sich in unseren Betrieben, vor allen Dingen in großen Betrieben, eine sehr beachtliche Veränderung der sozialen Zusammensetzung der Arbeiterschaft vollzogen hat. Wir haben nach dem Jahr 1945 Hunderttausende gute Arbeiterfunktionäre aus den Betrieben herausgezogen und in Staatsfunktionen gebracht, in die Leitungen der Werke, in den Handel, zum Aufbau der Volkspolizei, auf die Schulen und Universitäten. Hunderttausende der besten, klassenbewußtesten Arbeiter sind auf diese Weise in die Organe der Staatsführung hineingewachsen, und an ihre Stelle sind in sehr viele Großbetriebe Leute eingeströmt, die klassenmäßig mit der Arbeiterschaft nichts zu tun haben: alte Nazilehrer, Nazibeamte, bankrotte Bauern, Gastwirte und ähnliche klassenfremde Elemente, die dort arbeiten, aber die uns hassen, weil sie da arbeiten müssen.

Wir können nicht erwarten, daß diese Leute eine besondere Liebe zu uns empfinden, denn sie müssen bei uns arbeiten, und diese Leute denken an nichts anderes als daran, daß die alte Zeit noch einmal wiederkommt, wo sie wieder Justizamtmann und Schullehrer und Gendarm und Großbauer und Gastwirt und Kolonialwarenhändler sein können. Es ist klar, daß diese klassenfremden Teile der Arbeiterschaft am 17. Juni als erste den faschistischen Provokateuren gefolgt sind. Wir sind uns auch heute vollkommen darüber klar, daß in manchen Großbetrieben eine ausgesprochene faschistische Untergrundorganisation besteht, daß faschistische Zellen bestehen, daß Gruppen des sozialdemokratischen Ostbüros bestehen, die als die Agenten westlicher Auftraggeber in unseren Betrieben hetzen und organisieren.

Warum erwähne ich das hier? Ich erwähne das deshalb, weil ich möchte, daß vollkommene Klarheit darüber herrscht: Wenn wir erst einmal wissen, daß diese Gefahr da ist, dann, verlassen Sie sich darauf, dann wissen wir auch den Weg, mit dieser Gefahr fertig zu werden.

Über noch etwas muß Klarheit herrschen. Es gibt heute viele Arbeiter, die am 17., wenn auch nur einige Stunden, mitgemacht haben, die sagen: Na, wir haben doch nur gestreikt für irgendwelche Forderungen. Am 17. Juni hat in der Deutschen Demokratischen Republik kein Streik stattgefunden, sondern der Versuch eines faschistischen Staatsstreichs, und kein Arbeiter kann sich heute damit entschuldigen, er hätte nur mitgestreikt, sondern er ist das Opfer von Initiatoren eines faschistischen Putsches geworden.

Wir unterscheiden sehr wohl zwischen Provokateuren und ehrlichen Arbeitern. Diejenigen Arbeiter unseres Stahlwerkes hier in Hennigsdorf, die am 17. Juni, ich glaube, es war die übergroße Mehrheit, im Werk geblieben sind, dafür gesorgt haben, daß die Öfen in Gang gehalten wurden, die im Stahlwerk geblieben sind, um dann die Arbeit wieder fortzusetzen, die werfen wir nicht in einen Topf mit Provokateuren oder faschistischen Agenten. Ich habe vorhin gesagt, am 17. Juni hat kein Streik stattgefunden, denn ich stelle die Frage: Marschiert man bei einem Streik nach Westberlin, einige in Holzpantinen, marschiert man bei einem Streik nach Westberlin und läßt sich dort mit Kaffee bewirten, marschiert man bei einem Streik nach Westberlin und läßt sich mit den Beförderungsmitteln des Reutersenats nach dem Ostsektor bringen?

Seit wann loben die Kapitalisten die Arbeiter, wenn sie streiken? So ist es doch heute. Ihr solltet nur Gelegenheit haben, die Presse der großkapitalistischen Banken zu lesen, worin diejenigen, die sich am 17. mißbrauchen ließen, gelobt werden. Einer dieser kapitalistischen Soldschreiber schrieb vor einigen Tagen sogar, der 17., das wäre Deutschlands größte Revolution gewesen. Das ist 'ne schöne Revolution, eine Revolution, die von faschistischen Agenten organisiert ist, eine Revolution, die von kapitalistischen Monopolen finanziert wird. Eine Revolution, die von einem Land, in dem der Kapitalismus uneingeschränkt herrscht, von den Vereinigten Staaten finanziert und propagiert wird, was kann das schon für eine Revolution sein? Das kann nichts anderes sein als der Versuch einer Konterrevolution gegen die Macht der Arbeiter und Bauern in der Deutschen Demokratischen Republik."[50]

Mit der Einblendung dieses Teils der auf Band erhalten gebliebenen Rede endet der Bericht über die Ereignisse vom 17. Juni 1953.

Im Gegensatz zu den Ereignissen des 17. Juni, die allgemein bekannt sind, ist nur wenig oder gar nichts bekannt von einem Neuaufflammen von Unruhen etwa vier Wochen Später. Hier handelte es sich um eine ganz offensichtlich sorgfältig organisierte Aktion in Mitteldeutschland, mit dem Ziel, die chemischen Großbetriebe zum Erliegen zu bringen und von da aus eine neue Welle der Unruhen über die Republik zu tragen.

Am Vormittag des 15. Juli rief mich Walter Ulbricht an und gab mir den Auftrag, mich sofort ins Bunawerk nach Schkopau zu begeben. Ich fragte ihn, was dort los sei. Er erklärte mir lediglich, daß dort gestreikt würde, und ich hätte den Auftrag, den Streik zu beenden, ein Übergreifen auf die übrigen chemischen Großbetriebe zu verhindern und die Ruhe wiederherzustellen. Ich fuhr also ins Bunawerk.

Die nachfolgende Schilderung der Ereignisse im Bunawerk ist einem Bericht entnommen, den ich unmittelbar nach Beendigung der Aktion und meiner Rückkehr nach Berlin den führenden Organen vorlegte.

„Zum Verständnis der Ereignisse ist es notwendig, die technische Struktur des Betriebes kurz zu beschreiben. Das Werk besteht aus den eigentlichen Produktionsbetrieben und den Nebenbetrieben, die für die Aufrechterhaltung des Werkes erforderlich sind. Die Produktionsbetriebe arbeiten im kontinuierlichen Fluß. Ausgangspunkt der Produktion ist die Arbeit der Karbid-Fabrik, da hier alle Vormaterialien erzeugt werden, die dann in den späteren Stadien verarbeitet werden. Wenn die Karbid-Fabrik mehrere Stunden nicht arbeitet, ist das Werk ohne Vormaterial, so daß die nachfolgenden Abteilungen nicht arbeiten können. Der Ausfall der Karbid-Fabrik bedeutet darüber hinaus eine außerordentliche Gefährdung der gesamten Produktionsanlagen, da durch den Ausfall der Gaserzeugung die Gasleitungen außer Spannung kommen, die Gefahr des Unterdrucks entsteht, wodurch Explosionen hervorgerufen werden können.

Die Produktionsbetriebe arbeiten im täglichen Zwischenschichtbetrieb, wobei jede Schicht 12 Stunden arbeitet; Schichtwechsel ist morgens und abends um 6 Uhr.

Die Nebenanlagen arbeiten nur im einschichtigen Betrieb, und zwar von 7.30 morgens bis 5 Uhr nachmittags. Es handelt sich dabei vor allem um die Unterhaltungs- und Versorgungsbetriebe wie Kraftwerk, Wasserwerk, Pumpenstation und Reparaturabteilungen sowie um die Kontrollabteilungen, Prüfabteilungen u. a.

Ablauf der Ereignisse

Die Streiks begannen am 15. 7. morgens um 9 Uhr. Den Unruhen ging eine lange Zeitspanne der Vorbereitung voraus. Es wurde wochenlang im Werk agiert, und alle provokatorischen Forderungen, die überhaupt nur denkbar sind, wurden aufgestellt, zu Papier gebracht und im Werk verbreitet. Schriftliche Formulierungen der Forderungen, auch der zugespitzten provokatorischen Forderungen, lagen seit dem 1. Juli vor. Es war also mindestens zwei Wochen vorher schon vorauszusehen, daß es zum Ausbruch der Unruhen kommen würde, und es lagen sogar ganz konkrete Hinweise vor, daß die Dinge am 15. Juli morgens 9 Uhr beginnen würden.

Diese Vorbereitungen der gegnerischen Kräfte waren völlig unterschätzt worden.

Am 15. Juli begann der Streik in den Reparaturabteilungen, nachdem die normale Schicht um ½ 8 Uhr zur Arbeit erschienen war. In der Frühstückspause um 9 Uhr wurden von den Reparaturabteilungen Fahrradkuriere durch das ganze Werk geschickt, die die Arbeitsniederlegung signalisierten, und nach der Frühstückspause begann der Streik sich sehr schnell auf das ganze Werk auszudehnen, so daß nachmittags der gesamte Produktionsbetrieb allmählich zum Stillstand kam. Nachdem die Karbid-Fabrik stillgelegt war, mußten zwangsläufig auch die nachfolgenden Produktionsabteilungen die Arbeit einstellen, selbst dann, wenn Arbeitsbereitschaft vorhanden war, da die Vormaterialien von der Karbid-Fabrik her fehlten.

Ich kam zwischen 17 und 18 Uhr ins Werk. Die Lage war äußerst schwierig. In der Karbid-Fabrik fuhr ein einziger Ofen, der von fortschrittlichen Arbeitern wieder in Gang gebracht worden war. Die übrigen 7 Öfen standen still. Die Azetylen- und Aldehyd-Fabrik war ebenfalls schon stillgelegt und in den weiteren Abteilungen Bunafabrik bis Polymerisation wurde nicht gearbeitet, obwohl, wie man mir sagte, einzelne Teile der Belegschaften arbeitsbereit waren. In der Gasleitung von der Karbid-

Fabrik her war ein so geringer Druck vorhanden, daß die Explosionsgefahr bereits sehr groß war. Eine Sicherheitsnotschaltung war von unbekannten Tätern in Funktion gesetzt worden, so daß damit die Sicherheitseinrichtungen nicht mehr funktionierten. Es kam darauf an, die Karbid-Fabrik so schnell wie möglich wieder in Betrieb zu setzen.

Nach kurzer Beratung mit den leitenden Kräften des Werkes und den anwesenden Sicherheitskräften wurde entschieden, daß mit allen Mitteln die Karbid-Fabrik zum Arbeiten gebracht werden müßte. Ich begab mich also mit einem kleinen Kommandotrupp der Kasernierten Volkspolizei in die Karbid-Fabrik, löste Ansammlungen in den Aufenthaltsräumen und auf der Ofenbühne auf und veranlaßte, daß jeder, der nicht arbeitsbereit war, die Karbid-Fabrik verlassen müsse. Es gelang nach kurzer Zeit, die Arbeiter in der Karbid-Fabrik zum Aufnehmen der Arbeit zu bringen, und von 9 Uhr abends ab kam ein Ofen nach dem anderen wieder in Betrieb. Die Ofenbühne und das Gebäude der Karbid-Fabrik ließ ich von Polizeikräften überwachen, um zu verhindern, daß der Fabrikbetrieb von außen gestört würde. Gegen 11 Uhr abends kamen die nachfolgenden Abteilungen allmählich wieder in Betrieb, so daß gegen Mitternacht der Produktionsbetrieb wieder normal arbeitete, bis auf die letzten Abteilungen, zu denen das Vormaterial noch nicht gelangt war. In der Nacht konnte die Ordnung im Betrieb aufrechterhalten werden.

Am Morgen des 16. Juli vollzog sich der Schichtübergang um 6 Uhr ohne Störungen. Die Produktionsbetriebe arbeiteten, und es gelang auch im weiteren Verlauf, die Produktion des Werkes aufrechtzuerhalten. Wie erwartet, trat jedoch die eigentliche Schwierigkeit erst um 7.30 Uhr ein, als die Tagesbetriebe die Arbeit aufnehmen mußten. In den meisten Reparaturbetrieben wurde die Arbeit nicht aufgenommen, ebenso nicht in einigen Hilfsabteilungen. Gestreikt wurde an diesem Morgen vor allem in den wichtigen großen Abteilungen:

- Reparaturwerkstatt der Karbid-Fabrik
- Elektro-Reparatur-Werkstatt
- Schlosser- und Elektrowerkstatt
- Kontrollabteilung
- Anwendungstechnische Abteilung und im
- Zentrallabor

während die Kraftwerke, Wasserwerke und der größte Teil des Transportbetriebes vom Streik unberührt blieben.

Diese Situation war am Abend vorher schon vorauszusehen gewesen. Ich hatte deshalb in der Nacht eine Besprechung mit der Werkleitung und den wichtigsten Abteilungsleitern. Ich hatte sie auf die Wichtigkeit der Aufrechterhaltung der Produktionsdisziplin besonders hingewiesen und von ihnen verlangt, daß sie mithelfen, den Ausstand sofort zu beseitigen.

Am Abend des 15. Juli war auf dringenden Wunsch der Werkleitung festgelegt worden, daß am 16. Juli um 10.30 Uhr eine Vertreterversammlung des Werkes stattfinden und ich sprechen sollte. Diese Vertreterversammlung war natürlich ein Risiko, aber es war anzunehmen, daß bei Ankündigung dieser Versammlung am 16. Juli wenigstens der Betrieb die Arbeit aufnehmen würde und es nicht zu offenen Ausschreitungen käme. Diese Annahme bestätigte sich. Auf die Ankündigung der Versammlung hin fanden am 16. Juli zwar eine Reihe von Versammlungen in den einzelnen Betrieben statt, aber es wurden Vertreter zu der Beratung um 10.30 Uhr gewählt, und zögernd kam die Arbeit auch in den Reparaturbetrieben in Gang.

Um 10.30 Uhr fand dann die Vertreterversammlung statt. Als Abgesandte der Betriebe waren zum größten Teil die radikalen Elemente aus den Belegschaften gewählt worden, und es waren nur wenige loyale und politisch zuverlässige Kräfte aus den Betriebsabteilungen entsandt. Es zeigte sich später, daß mindestens 60 Prozent der Versammelten unter dem Einfluß der Gegner standen.

In meiner Rede ging ich vor allem auf die politischen Forderungen ein und sagte unter anderem:

‚Aus den politischen Forderungen nehme ich eine heraus, die in mehreren Resolutionen erschienen ist: die Forderung nach Freilassung aller Verhafteten. Vielleicht habt Ihr geglaubt, daß ich über diese Frage nicht sprechen werde. Aber ich will doch darüber sprechen. Zunächst habe ich in einigen Resolutionen gelesen: Freilassung der Verhafteten nicht nur des 17. Juni, sondern aller politischen Gefangenen. Aller? Das heißt auch solcher wie die KZ-Bestie Dorn in Halle. Will man das? Ich glaube nein. Die Forderung auf Freilassung aller politischen oder wegen politischer Delikte verurteilten Gefangenen, das ist eine Forderung, die nicht im Interesse der Arbeiterklasse liegen kann, da selbstverständlich die Freilassung von Feinden der Arbeiterklasse nur der Arbeiterklasse schaden kann.

Manche Arbeiter sagen: Dann laßt die vom 17. Juni frei. Wir haben eine ganze Menge freigelassen. Ihr selbst wißt, daß von den Verhafteten aus dem Bunawerke 9 vor Gericht gestellt und daß von diesen 9 noch 5 freigelassen wurden. Aber wenn man die Forderung auf Freilassung der Verhafteten stellt, was hat man sich denn gedacht am 17. Juni? Hat man gedacht, man kann randalieren, man kann arbeitswillige Arbeiter bedrohen, man kann mit der Spitzhacke Möbel zerschlagen, man kann Volkspolizisten in den Bauch treten oder zusammentrampeln und hinterher geschieht nichts? Was hat man sich denn gedacht?

Weiter zur Frage der Freilassung von Verhafteten. Wir haben viele, die nur geringfügig schuldig waren, wieder auf freien Fuß gesetzt. Wir unterschieden zwischen verbrecherischen Elementen und irregeleiteten Arbeitern. Wir werden das auch in Zukunft tun. Wir werden in Zukunft sowie in Durchführung unseres neuen Kurses uns nicht beirren lassen durch die Manöver der Gegner, wir werden uns auch nicht verleiten lassen zu einer Rachepolitik gegen Arbeiter, die einmal gegen uns Stellung genommen haben. Das werden wir nicht tun. Aber für faschistische Provokateure gibt es keine Gnade. Gibt es keine Gnade im Interesse unseres Volkes, im Interesse unserer Nation, im Interesse unseres Landes und im Interesse unserer Zukunft.

Ihr werdet mich fragen, ob diese Nacht welche verhaftet wurden. Ja, diese Nacht sind welche verhaftet worden. Teilweise aus Vorsichtsgründen und teilweise wegen strafbarer Handlungen. Ich sage ausdrücklich: Niemand, der unschuldig oder geringfügig schuldig ist, wird in Haft bleiben. Wer schuldig ist, wird bestraft werden, und es wird darüber öffentlich Rechenschaft abgelegt. Sicherlich befindet sich der eine oder andere darunter, den wir schon nach kurzer Haft, ich weiß nicht, ob nach Stunden oder Tagen, nach Hause schicken werden. Aber wer glaubt, daß man in der Frage der Freilassung von Verhafteten, die schuldig sind, eine Kraftprobe mit uns machen kann, muß auf diese Kraftprobe gefaßt sein.

Seht, Freunde! Am 17. Juni war die Lage eine ganz andere als heute. Heute wissen wir, daß wir uns schon wieder stützen können auf das Vertrauen von Millionen von Arbeitern, die langsam und zaghaft, aber doch wieder das Vertrauen gewinnen, daß sie mit uns gehen, und daß sie uns helfen wollen, den schweren Weg, den wir mit dem neuen Kurs beschritten haben, zu Ende und zum Ziele zu führen. Diesen Arbeitern sind wir es schuldig, daß der Prozeß, der jetzt im Gang ist zur Durchsetzung eines neuen politischen Kurses, der der Verbesserung der Lebenslage der Arbeiter und der Werktätigen dient, nicht gestört wird.

Wer interessiert ist an der sachlichen Regelung von Fragen, braucht nicht zu streiken. Er kann meinetwegen seinem Unwillen einmal Luft machen, weil man nicht auf ihn hört oder seine Wünsche nicht richtig beachtet. Ja! Aber wer die Fragen, die man berechtigterweise diskutieren kann, verbindet mit agitatorischen Forderungen, die dem Arsenal der Feinde unseres Landes entnommen sind, muß damit rechnen, daß er als Feind auftritt und als Feind behandelt wird.

Liebe Kollegen! Mir wäre es viel lieber, wenn ich in einer angenehmeren Weise heute sprechen könnte. Ich bin ja nicht ein Arbeiterfunktionär von heute und gestern. Ich selbst habe wahrscheinlich viel mehr Streiks organisiert, als viele von Euch oder als die meisten von Euch überhaupt mitgemacht haben.

Laßt mich zusammenfassen: Ich bin der Meinung, daß man die Wünsche, Forderungen und Fragen, die in den vielen Versammlungen Eures Werkes laut geworden sind und teilweise ihren Niederschlag in Beschlüssen und Resolutionen gefunden haben, daß man sie so behandeln muß, wie ich sie charakterisiere:

1. Forderungen und Wünsche betrieblicher Art. Sie sind in gründlichen Aussprachen und ernster Arbeit von Werkleitung, gewerkschaftlicher Organisation und Belegschaft zu lösen. Was an mir liegt, werde ich dazu tun, dort, wo vielleicht der gute Wille noch nicht ganz vorhanden ist, diesem guten Willen etwas nachzuhelfen.

2. Forderungen, die allgemein gerichtet sind auf Verbesserung der Löhne und Regelung von Lohnproblemen. Zu einem Teil hat die Regierung diesen Forderungen bereits Rechnung getragen, und sie wird in der weiteren Entwicklung sowohl den Fragen der Entwicklung des Lohnes wie der Entwicklung der Preise höchste Aufmerksamkeit schenken.

3. Fragen, die offensichtlich nicht aus den Herzen der Arbeiter kommen, von denen die Arbeiter, wie es zum Beispiel in der Karbid-Fabrik der Fall war, nicht einmal wissen, was sie zu bedeuten haben, ja, die sie nicht einmal kennen, aber sagen: das, was die von G 2 und 3 gefordert haben, wollen wir auch. Forderungen, von denen wir sicher sind, daß dahinter Menschen und Elemente stehen, die nicht die Sache der Arbeiter und die nicht die Sache Deutschlands vertreten. Über solche Forderungen, das möchte ich unmißverständlich sagen, wird nicht geredet, wird nicht diskutiert, wird nicht verhandelt. Wer sie vertritt, handelt als Feind und wird als Feind behandelt werden.

Wir appellieren an den gesunden Geist der Arbeiter, an ihr Klassenbewußtsein, dieses Klassenbewußtsein, das immer den Provokateur verabscheut hat, dieses Klassenbewußtsein, das eines der wesentlichen Merkmale des deutschen Arbeiters, insbesondere dieses Gebietes ist, an den Stolz des Arbeiters, daß er es ablehnt, sich von klassenfremden oder von fremden Klassen dienenden Menschen mißbrauchen zu lassen für durchsichtige und für undurchsichtige Zwecke. Wir appellieren an den Stolz des Arbeiters, der sich seiner Kraft bewußt ist, aber auch seines Verstandes, seiner Klugheit, seiner Vernunft, und der weiß, daß alle die Fragen, die wir miteinander zu regeln haben, in einem Staat, in dem alle Voraussetzungen geschaffen sind, daß die Werktätigen das entscheidende Wort reden, geregelt werden können, ohne daß wir deshalb faschistischen Provokationen Raum geben müßten.'"[51]

Die Versammlung verlief zunächst ruhiger und besser, als angenommen werden konnte. Wider Erwarten konnte ich mein Referat von etwa einer dreiviertel Stunde ohne jede Störung halten. Und obwohl ich sehr scharf gegen Provokateure und Feinde Stellung nahm, erhielt ich an mehreren Stellen des Referates Beifall der ganzen Versammlung. Nach meinen Referat begann die Diskussion, die zuerst nicht ungünstig verlief, obwohl sich schon bei den ersten Diskussionsrednern eine ziemlich massive Feindschaft erkennen ließ. Im weiteren Verlauf der Diskussion steigerte sich allerdings die Provokationstendenz so, daß nach dem zehnten Diskussionsbeitrag offene Streikaufforderungen und Drohungen die Diskussion beherrschten. In diesem Augenblick brachen wir die Diskussion ab. Ein Schlußwort zu halten war unmöglich, da etwa 60 Prozent der Versammelten auf ein Signal hin, also offensichtlich vorbereitet, aufstanden und zum Saalausgang drängten. Damit war die Versammlung aufgelöst. Das Schlußwort habe ich am Nachmittag auf Tonband gesprochen, und es wurde durch den Werkfunk in allen Betrieben gesendet.

Nachstehend der Text meines Schlußwortes.

„Das Schlußwort, das ich in der heutigen Versammlung nicht halten konnte, werde ich jetzt über die Funkanlage sprechen, da der Abbruch der Versammlung mich an dem Schlußwort gehindert hat. Seid Ihr nicht auch der Meinung, daß die Art, wie diese Versammlung durch einen Teil der dort anwesenden Delegierten zum Ausklang gebracht wurde, ein Zeichen der Schwäche ist für diejenigen, die glaubten, mit dem Auszug aus dem Saal ihrer Meinung Ausdruck zu geben?

Ich habe mir mehr als 10 Redner in dieser Diskussion angehört. Einige haben sehr wichtige und sehr wesentliche Dinge gesagt. Viele haben Dinge gesagt, die mir nicht angenehm geklungen haben. Aber ich habe keinen unterbrochen. Ich habe Euch sprechen lassen, weil ich daran interessiert bin, Eure Meinung und die Meinung der Belegschaft zu hören. Ihr habt eine Antwort verlangt auf eine Reihe von Fragen, und als ich im Begriff war, die Fragen, die Ihr angeblich im Namen Eurer Kollegen gestellt habt und auf die Ihr Euren Kollegen eine Antwort geben solltet, zu beantworten, in dem Augenblick sind die Vertreter der Belegschaften, die in dieser Versammlung waren, oder wenigstens ein Teil von ihnen, einfach ausgerissen.

Seid Ihr nicht der Meinung, daß das ein Zeichen von Schwäche ist? Seid Ihr nicht der Meinung, daß Ihr damit, wenn Ihr es wirklich ehrlich meint mit dem, was Ihr in der Versammlung gesagt habt, allen einen schlechten Dienst erwiesen habt, und daß Ihr damit das Vertrauen, das Ihr angeblich von Euren Kollegen in den Betrieben habt, wirklich schlecht unter Beweis gestellt habt?

Nun, ich will zu einigen Hauptfragen, die in der Diskussion gestellt wurden, Stellung nehmen.

Die erste Frage, die von allen Diskussionsrednern angeschnitten wurde, ist die Frage der Neuwahl der Gewerkschaftsleitung. Ich habe in meinem Referat bereits gesagt: Wenn die Gewerkschaftsleitung schlecht ist, haben die Mitglieder der Gewerkschaft das Recht, sich eine neue Leitung zu wählen. Das steht in den Statuten des Freien Deutschen Gewerkschaftsbundes, das ist gewerkschaftliches Recht, das ist gewerkschaftliche Gepflogenheit, das heißt also, in jeder Gewerkschaft kann man, wenn die Gewerkschaftsfunktionäre nicht mehr ihre Aufgaben erfüllen, neue Leitungen wählen. Das habe ich in meinem Referat bereits gesagt, und das wiederhole ich jetzt noch einmal.

Aber solche Wahlen müssen ordentlich und richtig durchgeführt werden, sie können nicht durchgeführt werden unter Terror, sie können nicht durchgeführt werden unter dem Druck streikender und randalierender Belegschaftsteile, sondern solche Neuwahlen der Gewerkschaftsleitung müssen nach altem gewerkschaftlichem Brauch ordentlich und richtig vorbereitet werden, damit dann gewerkschaftliche Organe zustande kommen, die die Interessen der Belegschaft tatsächlich vertreten. Ich habe also gar nichts gegen Neuwahl der Gewerkschaftsleitungen. Ich habe aber sehr viel dagegen, durch Druck und durch Terror eine Lahmlegung der Gewerkschaftsarbeit im Betrieb zu erreichen, ohne daß dadurch neue und arbeitsfähige Gewerkschaftsorgane geschaffen werden.

Eine zweite Frage ist in der Diskussion angeschnitten worden, die Frage: Trennung von Partei und Gewerkschaft. Einer der Diskussionsredner sagte: Ein Gewerkschaftsfunktionär kann nicht Parteifunktionär sein. Das ist eine ganz neue Theorie. Seit wann ist dieser Kollege eigentlich in der Gewerkschaft? Weiß er nicht, daß, solange es überhaupt Gewerkschaften gibt, es immer Funktionäre der Gewerkschaften gegeben hat, die gleichzeitig hohe Parteifunktionäre waren? Muß ich ihn daran erinnern, daß der alte August Bebel ein Funktionär im Holzarbeiterverband gewesen ist, muß ich ihn daran erinnern, daß die Führer der Gewerkschaften vor 1933 sämtlich hohe Funktionen in der Sozialdemokratischen Partei hatten, muß ich ihn daran erinnern, daß die Führer der Gewerkschaften in Westdeutschland, im DGB, also Freytag usw., sämtlich hohe Funktionen in der sozialdemokratischen Partei haben? Was ist das also für eine neue Theorie, ein Gewerkschaftsfunktionär kann nicht gleichzeitig Parteifunktionär sein? Ich sage Euch ganz offen, das ist eine faschistische Theorie, das ist eine Theorie der Spaltung der Arbeiter, wie das ein Diskussionsredner richtig und zutreffend gesagt hat.

Nun eine dritte Frage, die mir besonders wichtig erscheint, nämlich die wiederholt vorgetragene Forderung auf Freilassung politischer Gefangener. Nun, ein Diskussionsredner hat schon richtig gesagt, wenn irgendwo gefordert wird, Freilassung aller politischen Gefangenen, dann ist das eine arbeiterfeindliche Forderung, dann ist das keine Forderung, die im Interesse der Arbeiter liegt, denn Freilassung aller politischen Gefangenen, das heißt auch Freilassung derjenigen Gefangenen, die sich gegen die Arbeiterklasse vergangen haben und die wegen Verbrechen gegen die Arbeiterklasse in Haft sitzen. Sollen auch sie entlassen werden? Offensichtlich sind die Drahtzieher dieser Forderung der Meinung, daß man mit ihr die Massen in Bewegung bringen kann, aber ebenso offensichtlich nicht im Interesse der Arbeiter, sondern zum Schaden der Arbeiter.

Ich bin absolut damit einverstanden, daß man sich ernsthaft darüber unterhält, die Benachrichtigung der Angehörigen von Verhafteten durchzuführen. Es ist mir bekannt, daß es eine Anweisung des Ministeriums für Staatssicherheit gibt, daß nach jeder Verhaftung unmittelbar eine Benachrichtigung der Angehörigen erfolgen muß. Wenn also ein Verhafteter sich in den Händen der Organe der Staatssicherheit befindet, so erfolgt eine solche Benachrichtigung. Die Angaben, daß eine solche Benachrichtigung nicht erfolgt sei, sind meistens nicht nachzuprüfen, so daß man nicht weiß, ob damit nicht ein demagogisches Spiel getrieben wird.

Ich wiederhole hier nochmals: Kein Unschuldiger wird bestraft werden, kein Unschuldiger wird unnötigerweise lange festgehalten werden. Aber wer schuldig ist, wird bestraft werden, und da werden wir auch keinem Druck weichen. Ich bin absolut bereit, in den einzelnen Fällen, die mir genannt worden sind, mich zu erkundigen und festzustellen, was tatsächlich ist. Ich bin bereit, wenn ich Nachricht darüber erhalte, sie auch dem Werk mitzuteilen. Aber ich muß ausdrücklich sagen, wir werden keinem Druck weichen, der dahin geht, durch Streik, durch Randalieren, durch Terror uns zu zwingen, Feinde der Republik und Feinde der Arbeiterklasse auf freien Fuß zu setzen.

Ein Diskussionsredner sagte: Gebt uns die Gewähr, daß wir frei und offen reden können. Jawohl, jeder kann frei und offen reden. Wir können nicht zulassen, daß zum Streik gehetzt wird. Das ist schon etwas anderes, als frei und offen reden. Wir können nicht zulassen, daß Arbeiter gewaltsam von der Arbeit abgehalten werden. Das ist etwas ganz anderes als frei und offen reden. Wer bei uns seine Meinung sagt, seine Beschwerden vorbringt, Wünsche äußert, kritisiert, kann absolut frei und offen reden. Aber nicht zulassen werden wir Hetze zum Streik, Aufruf zu Unruhen, Abhaltung von Arbeitern von der Arbeit. Diese Dinge werden wir nicht zulassen, sie haben mit Redefreiheit nicht das geringste zu tun.

Und noch eine vierte Frage. Ein Diskussionsredner sagte: Abzug der Polizei, und ein großer Teil der Versammlung hat dabei geklatscht. Nun, liebe Kollegen, wir haben doch nicht gern Polizei im Werk. Es macht uns doch keinen Spaß, daß wir Polizei im Werk haben müssen. Und wir werden die Polizei sofort abziehen, sobald Ruhe herrscht, sobald keine Gefahr mehr besteht für unser Werk, für unsere Produktion und für die Arbeiter, die arbeitswillig sind. In dem gleichen Augenblick, wo diese Gefahr beseitigt ist, das heißt, wo ordentlich im Betrieb gearbeitet wird, keine Gefahr mehr besteht für das Werk, für die Produktion und für die arbeitswilligen Arbeiter, in dem gleichen Augenblick werden wir froh sein, wenn wir die Polizeikräfte aus dem Werk abziehen können.

Damit komme ich zum Schluß. Ein Diskussionsredner hat, es war der zweite Diskussionsredner, ein sehr gutes Wort gesagt. Er sagte, wenn der Streik vom 15. Juli irgendeinen Sinn haben soll, dann muß jetzt Ruhe und Ordnung herrschen, um sachlich verhandeln zu können. Jawohl, das ist richtig. Wenn das, was gestern passiert ist im Werk und teilweise heute, einen Sinn haben soll, dann muß es doch den Arbeitern irgendeinen Vorteil bringen, dann muß es zu irgendwelchen Verhandlungsresultaten führen. Aber ich sage ganz offen: Solange gestreikt wird, solange im Werk keine Ruhe und keine Ordnung herrschen, wird nicht verhandelt. Ihr hindert dadurch nur die Erfüllung der Wünsche, auch wenn sie berechtigt sind. Darum appelliere ich an Euch. Sorgt jetzt dafür, daß im Werk wieder eine Atmosphäre der ruhigen, ordentlichen und sachlichen Verhandlung geschaffen wird, damit unsere Partei, damit unsere Regierung, damit die Werkleitung daran gehen können, die Aufgaben in Angriff zu nehmen, die ich in meinem Referat geschildert habe, den neuen Kurs unserer Partei und Regierung durchzuführen und damit zu sorgen für eine Verbesserung des Lebens aller Arbeiter."[52]

Nach Auffliegen der Versammlung erschien die Lage zunächst äußerst bedrohlich. Es mußte angenommen werden, daß die Vertreter in die Betriebe zurückgehen und daß auf einmal der ganze Betrieb wieder geschlossen im Streik stehen würde.

Aus diesem Grunde wurden Maßnahmen vorbereitet, um die einzelnen Betriebsteile nacheinander zu räumen, wobei allerdings die größte Gefahr darin bestand, daß durch die plötzliche Unterbrechung des Produktionsablaufes ernste Schädigungen im Betrieb eintreten könnten.

Die von uns gehegte Befürchtung erwies sich jedoch als nicht berechtigt. Es wurden in den Betrieben zwar kurze Berichterstattungsversammlungen durchgeführt, aber der Produktionsbetrieb wurde in keinem Falle wieder gestört, sondern lief ungehindert weiter. In den Reparaturabteilungen kam es neben den Kurzversammlungen zu einer größeren Zusammenballung in der Reparaturabteilung C 44, wo etwa fünfhundert bis sechshundert Menschen unter Hinzuziehung von Arbeitern aus anderen Abteilungen eine Kundgebung vor der Halle durchführten, aber auch diese Versammlung löste sich bald auf. Als Wirkung der Versammlung vom Vormittag ergab sich nämlich eine von mir zwar erhoffte, aber nicht für wahrscheinlich gehaltene Entwicklung. Die Krawallstimmung in den streikenden Abteilungen bröckelte ab, und es wurde gemeldet, daß Arbeiter anfingen, gegen die Streikführer Stellung zu nehmen.

Charakteristisch für das Abbröckeln der Streikfront war, daß in den Versammlungen am Nachmittag der Gegner in seinen Forderungen einen taktischen Schritt zurückging. Es wurde jetzt nicht mehr die Freilassung aller Verhafteten gefordert, sondern nur derjenigen vom 17. Juni. In der Nacht vom 15. zum 16. Juli hatte ich neunzehn bekannte Wortführer des Gegners verhaften lassen, deren Freilassung jetzt ebenfalls gefordert wurde.

Die Diskussion in den streikenden Abteilungen wurde wesentlich dadurch beeinflußt, daß in der Vertreterversammlung klar zum Ausdruck gebracht worden war, daß wir vor konterrevolutionären Forderungen nicht kapitulieren. Die streikenden Arbeiter, die nicht unmittelbar zu den provokatorischen Zentren gehörten, argumentierten jetzt damit, daß nach diesen Erklärungen ein Streik um solche Forderungen sinnlos geworden sei, da sowieso nichts erreicht würde.

Als Ergebnis dieser Entwicklung in den streikenden Abteilungen konnte gegen 15.30 Uhr festgestellt werden, daß nicht nur die Produktionsbetriebe wieder geschlossen arbeiteten, sondern daß auch in den Reparaturabteilungen der Streik praktisch dem Ende zuging. Nur noch kleine Gruppen diskutierten in den Arbeitsräumen, während die große Mehrzahl der Arbeiter langsam und zögernd an die Arbeit ging. So konnte die Lage bis zum Schluß der Schicht um fünf Uhr gehalten werden. Lediglich in der Karbid-Fabrik kam es um vier Uhr nochmals zu einem Versuch, die Öfen stillzusetzen. Dieser Versuch wurde jedoch vereitelt, ohne daß es notwendig wurde, bewaffnete Kräfte in den Betrieb zu schicken. Der Schichtübergang abends um sechs Uhr vollzog sich reibungslos, und die Produktionsbetriebe arbeiteten auch in der Nacht weiter. Dasselbe wiederholte sich am 17. Juli morgens um sechs Uhr.

Für den Beginn der Tagschicht, also der Reparaturbetriebe,

mußte am 17. Juli ein neues Aufflackern des Streiks erwartet werden, um so mehr, da von Leuna und von einigen anderen Stellen gemeldet wurde, daß Versuche im Gange seien, den Anschluß an Buna zu finden. Es wurden deshalb in der Nacht alle Vorbereitungen getroffen, um am nächsten Vormittag jedes Wiederaufleben des Streiks mit allen Mitteln zu unterbinden. Am Morgen des 17. Juli war die Lage so, daß alle Produktionsbetriebe arbeiteten. Als die Tagschicht um 7.30 Uhr zur Arbeitsaufnahme erschien, kam es nur in wenigen Abteilungen zu kurzen Ansammlungen, aber es kam in keiner Abteilung mehr zum Streik. In der Frühstückspause wurde das von mir auf Band gesprochene Schlußwort noch einmal gesendet, und auch nach der Frühstückspause kam es nicht mehr zu Streikansätzen. Am 17. Juli gegen Mittag arbeitete der gesamte Betrieb mit allen Nebenanlagen normal, so, daß ich meine Aufgabe als gelöst betrachten und nach Berlin zurückkehren konnte.

In der zweiten Augusthälfte reiste eine Delegation der Regierung auf Einladung der Sowjetregierung nach Moskau. Ich gehörte ihr an und kam also wieder nach Moskau, und zum erstenmal nahm ich an Verhandlungen im Kreml teil.

Über das Ergebnis der Verhandlungen ist zur Genüge berichtet worden. Ich selbst habe darüber im Oktober in einem Vortrag im Auditorium maximum der Humboldt-Universität in Berlin referiert, dem ich einige Passagen über die ökonomischen und finanziellen Ergebnisse der Moskauer Verhandlungen entnehme:

1. Die Sowjetregierung verzichtet vom 1. Januar 1954 an auf jegliche Reparationsleistungen von seiten der Deutschen Demokratischen Republik. Das bedeutet den Erlaß einer Reparationsrestschuld in Höhe von 2 537 Millionen Dollar, das heißt mehr als 10 Milliarden Deutsche Mark. Manche Leute waren so unvorsichtig zu versuchen, den Wert dieses Reparationsnachlasses da-

durch herabzusetzen, daß sie behaupteten, Westdeutschland zahle ja überhaupt keine Reparationen.

Zahlt Westdeutschland keine Reparationen, und hat Westdeutschland noch keine Reparationen gezahlt? In Wirklichkeit haben die USA, England und Frankreich allein in der Zeit von 1945 bis 1950 aus Westdeutschland Werte in Höhe von etwa 22 Milliarden Deutsche Mark entnommen. Im September 1952 hat die Bonner Regierung unter dem Druck der USA mit dem Staat Israel ein Reparationsabkommen abgeschlossen, nach dem Westdeutschland Reparationen in Höhe von 3,5 Milliarden an den Staat Israel zahlt und Restitutionszahlungen in Höhe von ebenfalls 3,5 Milliarden Deutsche Mark leistet.

Nach den Beschlüssen der Londoner Schuldenkonferenz vom 27. Februar 1953 betragen die Auslandsschulden Westdeutschlands 14,5 Milliarden Deutsche Mark ohne Einbeziehung der Kriegsschulden, die nach einer Angabe des Vertreters Westdeutschlands auf der Londoner Konferenz 20 Milliarden Deutsche Mark ausmachen. Hinzu kommt, daß die ausländischen Monopole Eigentumswerte an westdeutschen Betrieben in Höhe von 12 Milliarden Deutsche Mark besitzen, die jährlich allein eine Milliarde Profit abwerfen.

Die Stuttgarter Wirtschaftszeitung „Prognose“ hat sich während des Wahlkampfes einmal mit dem sogenannten westdeutschen Wirtschaftswunder befaßt und dabei wörtlich geschrieben: „Gegenwärtig befinden wir uns noch gewissermaßen in der Situation einer Firma, die Akzepte über hohe Beträge hingegeben hat und sich vorerst wegen der Einlösung noch keine allzu großen Sorgen macht. Völlig offen ist noch die Frage, welche Reparationen uns die Alliierten aufbürden werden.“

Dem gegenüber ist nach den Moskauer Verhandlungen klar, daß die Deutsche Demokratische Republik nicht nur keine Reparationsverpflichtungen mehr hat, sondern auch von allen irgendwie gearteten Vor- und Nachkriegsschulden frei ist.

2. Die Sowjetregierung hat sich bereiterklärt, am 1. Januar 1954 die noch bestehenden dreiunddreißig Betriebe sowjetischer Aktiengesellschaften in Deutschland unentgeltlich an das deutsche Volk zurückzugeben und die aus den vergangenen Jahren noch offenstehenden Schulden aus der Übernahme der damals sechsundsechzig SAG-Betriebe zu streichen.

Diese Betriebe, zu denen solche großen Werke wie Leuna und Buna, Ernst-Thälmann-Werk und Sachsenwerk Niedersedlitz, Eisenhüttenwerk Thale und das Walzwerk Hettstedt gehören, repräsentieren einen Wert von zweitausendsiebenhundert Millionen DM.

Eine amerikanische Zeitung in Deutschland versuchte uns weiszumachen, daß diese sowjetischen Betriebe nur geringen Wert für unsere Wirtschaft besäßen und im übrigen heruntergewirtschaftet und unrentabel seien. Gegenüber diesem dummen Geschwätz sei nur auf ein einziges Beispiel hingewiesen. Das Walzwerk Hettstedt, das uns unentgeltlich zurückgegeben wird, hat seine Produktion von rund 32 000 Tonnen im Jahre 1947 auf über 240 000 Tonnen im Jahre 1953 gesteigert. In dieser Zeit hat das Werk allein 32 Millionen DM für Investitionen und 48 Millionen DM für Generalreparaturen aufgewandt. Diese sowjetischen Betriebe, die uns übergeben werden, haben nicht nur einen hohen materiellen Wert und eine große wirtschaftliche Bedeutung, sondern es sind auch Werke, die technisch fortschrittlich ausgebaut und vorbildlich organisiert sind.

3. Die Sowjetregierung hat gemäß ihrem Vorschlag in der No-te vom 15. August eine Herabsetzung der Besatzungskosten, die die Deutsche Demokratische Republik zu zahlen hat, von 1 950 Millionen DM auf 1 600 Millionen DM vorgenommen und darüber hinaus die Versorgung der noch in der Republik stationierten Besatzungstruppen zu drei Vierteln aus eigenen Lieferungen aus der Sowjetunion festgelegt. Auch hier eine kleine Gegenüberstellung. Im Jahre 1949 betrugen die Besatzungskosten für die sowjetischen Besatzungstruppen 2 182 Millionen DM, das

waren 12 Prozent der Einnahmen des Staatshaushaltes. Im Jahre 1950 betrugen die Besatzungskosten 1 993 Millionen DM, das waren 10 Prozent des Staatshaushaltes. Vom Jahre 1951 an betrugen die Besatzungskosten 1 950 Millionen DM, das waren 7,7 Prozent, im Jahre 1952 waren es nur noch 6,6 Prozent und im Jahre 1953 sind es 5,6 Prozent des Etats. Für das Jahr 1954 betragen die Besatzungskosten nur noch 5 Prozent des Staatsbudgets.

4. Die Sowjetregierung hat sich bei den Verhandlungen bereiterklärt, noch im Jahre 1953 zusätzliche Warenlieferungen im Umfang von 590 Millionen Rubel vorzunehmen und dafür der Republik einen auf zwei Jahre berechneten und mit 2 Prozent Zinsen ausgestatteten Kredit in Höhe von 485 Millionen Rubel - unter diesen 135 Millionen Rubel in freien Devisen - zu bewilligen. Unter den von der Sowjetunion zusätzlich noch in diesem Jahr zu liefernden Waren befinden sich 27 000 Tonnen Butter, 11 000 Tonnen Pflanzenöle, 20 000 Tonnen Fleisch, 7500 Tonnen Baumwolle, 15 000 Tonnen Ölsaaten, 3000 Tonnen Reis, 3000 Tonnen Baumwollgarne, 2 000 000 Tonnen Steinkohle, 240 000 Tonnen Walzwerkserzeugnisse, 6000 Tonnen Aluminium, außerdem jeweils einige 1000 Tonnen Kupfer, Blei, Nickel und andere Waren.

Das Ergebnis der Moskauer Verhandlungen vom 20. bis 23. August 1953 repräsentierte für die Deutsche Demokratische Republik eine großzügige Hilfsaktion in materieller, politischer und moralischer Hinsicht, wirksam besonders nach der schweren und harten Belastungsprobe, die in den Sommerwochen 1953 dem jungen Staat der Arbeiter und Bauern im Osten Deutschlands auferlegt worden war. Sie reihte sich ein in die lange Kette von Maßnahmen der Hilfe und Unterstützung der Sowjetunion in all den Jahren seit der Zerschlagung der faschistischen Diktatur in Deutschland und der Aufteilung des deutschen Reiches in verschiedene Zonen, deren östliche von der Sowjetunion als einem Teilhaber der Antihitlerkoalition verwaltet wurde. Ohne die Hilfe der Sowjetunion wäre die Entstehung der Deutschen Demokratischen Republik und die Sicherung ihrer Existenz ganz undenkbar und unmöglich gewesen.

Ohne die Hilfe der Sowjetunion und ohne den Schutz, den ihre bewaffneten Kräfte der Arbeiterklasse und ihren Führungskräften in dem von der Sowjetunion besetzten Teil Deutschlands gewährten, wäre es auch unmöglich gewesen, die antifaschistisch-demokratische Umwälzung in Angriff zu nehmen und zu Ende zu führen, das heißt, unmöglich gewesen wären die Bodenreform, die Nationalisierung des Bank- und Kreditwesens, die Enteignung der Kriegsverbrecher und Naziaktivisten, der Aufbau einer vom Monopolkapital unabhängigen und nicht mehr beherrschbaren volkseigenen Wirtschaft, die Beseitigung der Reste des Feudalsystems, die Demokratisierung von Schule, Justiz und Verwaltung wie überhaupt die Beseitigung der Wurzeln des Faschismus und die Verhinderung der Rückkehr imperialistischer und militaristischer Machtverhältnisse in diesem von Organen der Sowjetunion besetzten und verwalteten Territorium. Ohne die selbstlose und unablässige Hilfe der Sowjetunion wäre der Schritt von der antifaschistisch-demokratischen Umwälzung zur sozialistischen Umgestaltung, das heißt zur Schaffung der Grundlagen des Sozialismus in unserem Lande nicht gangbar gewesen. Ohne die Hilfe der Sowjetunion, ihre politische und moralische Unterstützung wäre die Gründung der Deutschen Demokratischen Republik als eines sozialistischen Staates der Zukunft, wäre auch der erfolgreiche Kampf dieser jungen Republik um die Erhaltung ihrer Souveränität und um ihre Achtung und Anerkennung im internationalen Kräftefeld unmöglich gewesen.

Ohne die Hilfe und Unterstützung der Sowjetunion auf dem Gebiet des Handels und der Versorgung mit Roh- und Hilfsstoffen wäre es auch unmöglich gewesen, die volkseigene Industrie bis zu dem im ersten Fünfjahrplan erreichten Stand zu entwickeln.

Ohne die Hilfe der Sowjetunion wäre es der jungen Republik

auch nur unter sehr viel größeren Schwierigkeiten und mit bedeutend größeren Opfern möglich gewesen, den Versuch zu zerschlagen und zu überwinden, durch den vom westlichen imperialistischen Machtsystem unter Ausnutzung innerer Wachstumsschwierigkeiten der DDR inszenierten Putsch das Rad der Geschichte zurückzudrehen, die junge sozialistische Republik im Osten Deutschlands zu vernichten und den östlichen Teil Deutschlands in die imperialistische Kräftekonstellation einzugliedern.

So mag mit einigem Recht die Darstellung des Ergebnisses der Verhandlungen der Regierungen der Sowjetunion und der DDR im August 1953 am Ende dieses Stücks Geschichte der Deutschen Demokratischen Republik und der ihrer Gründung vorausgegangenen Epoche stehen.

Dies also ist *meine* Geschichte, dieser mehr als acht Jahre, die Geschichte meines Anteils an der Gestaltung des neuen Lebens in einer neuen Gesellschaft, an der Entwicklung aus dem Chaos einer untergehenden Welt in die Zukunft des ersten auf deutschem Boden entstandenen sozialistischen Staates.

Nachwort

Diese Art zu leben
Der Weg des Fritz Selbmann

Am 29. September 1999 wäre er hundert Jahre alt.

Manch einer wird, wenn dieser Tag herankommt, an Fritz Selbmann denken, wird ihn, obwohl er doch schon im Januar 1975 starb, in den Gesamtzusammenhang dieser erregenden, aufregenden Epoche stellen. Viele werden es tun - sicher nicht nur, weil er, gerade drei Monate vor der letzten Jahrhundertwende geboren, viele Kämpfe dieser Zeit miterlebt hat, nicht nur, weil er sie immer aus dem ihm eigenen Blickwinkel heraus beschrieben hat; sie werden es tun, weil sie wissen, daß dieser Mann an vielen wichtigen Entscheidungen und Veränderungen deutscher Politik unmittelbaren Anteil hatte, daß er niemals nur Augenzeuge, sondern immer auch Mitgestalter war.

Nie war mir das so deutlich, wie in den Wirren des Herbstes vor zehn Jahren.

Als wir Ende September 1989 seinen neunzigsten Geburtstag begingen, trafen wir uns erst in der Gedenkstätte der Sozialisten in Berlin-Friedrichsfelde, wo er in der Mauer des Ehrenhaines seine letzte Ruhestätte gefunden hat, und danach im Künstlerklub „Die Möwe“ zu einem aktuellen Gespräch: Arbeiter und Ingenieure aus Betrieben des Kombinates „Schwarze Pumpe“, das damals seinen Namen trug, Mitstreiter aus dem Schriftstellerverband der DDR und einige seiner persönlichen Freunde. So hatten wir es schon Jahre lang gehalten - diesmal jedoch war alles anders: Schon waren die Turbulenzen der heranreifenden Ereignisse stark und quälend, sie ließen ein geruhsames Gespräch über Vergangenes nicht zu. Ungeduld, Zorn, aber auch Ratlosigkeit waren zu spüren, und viele Fragen endeten mit dem Satz: „Wie würde Fritz Selbmann sich heute verhalten? Was würde er uns raten?"

Ich weiß nicht, ob ich damals alles gesagt habe, was mich bewegte. Ich weiß aber, daß mich diese Fragen seither nicht wieder losließen und mich immer noch beschäftigen.

Jeder der ihn kannte, würde sagen: Kritisch wäre er gewesen, aber eines hätte er bestimmt nicht getan - seine Gesinnung versteckt, sein Lebenswerk preisgegeben und schweigend beiseite gestanden.

Er grübelte lange und gründlich, wog das Für und Wider sorgsam gegeneinander ab - schon gar nicht war er rasch zu überreden oder gar zu zwingen, fremde Ansichten oder leere Floskeln als die seinen wiederzugeben - doch wenn er sich seine Meinung gebildet hatte und sie für richtig, ihre Schlußfolgerungen für notwendig hielt, dann setzte er seine ganze Kraft für sie ein, verteidigte sie gegen jedermann und schonte sich nie, sie selbst unter schwersten Bedingungen und Gefahren zu verbreiten und durchzusetzen.

Einige Beispiele nur:

1917, als knapp Achtzehnjähriger, er war damals Bergmann im Bochumer Revier, wurde er wie so viele seines Jahrganges zur Armee gezogen, erlebte die letzten Stahlgewitter an der Westfront, durchlebte Trommelfeuer und Gasangriffe und wurde 1918 Mitglied eines Arbeiter- und Soldatenrates - doch erst 1920 schloß er sich einer Partei an: der Unabhängigen Sozialdemokratie (USPD). Er wurde, allen Werbungen seiner Kumpel im Ruhrgebiet zum Trotz, nicht gleich Mitglied der KPD. Erst nach langen, heftigen Diskussionen mit einem alten Bergmann seiner Zeche, erst nachdem dieser ihm Schriften von Engels und Lenin in die Hand drückte und er sie immer wieder durchdacht und durchgearbeitet hatte, war er überzeugt und wurde 1922 Kommunist. Und blieb es sein Leben lang! 1922-23 kämpfte er gegen die Ruhrbesetzung, gegen Cuno und Poincaré und mußte wiederholt ins Gefängnis, einmal in ein französisches, dann in einige deutsche. Er arbeitete aktiv in der Gewerkschaft, wurde Redakteur erst der Zeitung „Ruhrkumpel", dann des „Ruhrechos" und schrieb zahllose Artikel über die Wirtschaftsentwicklung im industriellen Zentrum Deutschlands - hier erarbeitete er sein profundes Wissen um die Entwicklungsgesetze und Erfordernisse einer modernen Industrie, die ihm später nützlich sein sollten. Doch daneben wirkte er unermüdlich für seine Partei: er wurde Mitglied der Bezirksleitung Ruhrgebiet, wurde Gauführer des Roten Frontkämpferbundes, RFB, bis zu dessen Verbot, gehörte seit 1925 schon zum engen Kreis um Ernst Thälmann, mit dem er befreundet war, wurde als Politischer Leiter der Partei in besonders schwierige und wichtige Bezirke entsandt - 1930 in das Industriegebiet Oberschlesien, 1931, als dies dringend nötig wurde, nach Sachsen . Er wurde 1928 in den Preußischen Landtag und 1932 und selbst noch in der Wahl vom 5. März 1933 in den Deutschen Reichstag gewählt, trat dort nicht nur mit einigen grundsätzlichen Reden auf, sondern war - wie Hans Beimler, wie Herbert Warnke und andere - bei denen, die, von Nazis provoziert, auch in Handgemenge verstrickt waren. So gehörte er Anfang 1933 , nach der bedeutsamen illegalen Sitzung in Ziegenhals bei Berlin, deren Teilnehmer er war, zu den von den Nationalsozialisten intensiv gesuchten politischen Funktionären. Er blieb in Leipzig, weigerte sich, in die Emigration zu gehen, wollte bei seinen Genossen in Sachsen bleiben, gerade in schweren Zeiten. Und noch viele Jahre danach erzählte man in der Messestadt von waghalsigen antifaschistischen Aktionen.

Im April 1933 wurde er von einem Spitzel verraten und verhaftet. Zuerst verbrachte er eine lange Zeit im Polizeigefängnis Leipzig, dann, nach seinem Prozeß vor dem „Volksgerichtshof" Ende 1935, in dem er zu sieben Jahren Haft verurteilt worden war, im Zuchthaus Waldheim, die ganze Zeit bis auf wenige Wochen in strenger Einzelhaft. Darüber, daß er sich entschieden weigerte, in einem geplanten Prozeß gegen Thälmann auszusagen, sprach er später kaum, das war ihm selbstverständlich. Dennoch blieb auch aus dieser Zeit vielerlei überliefert, was keineswegs so selbstverständlich war. Erhalten blieben Vernehmungsprotokolle, Beschwerden an das Gericht, Anklageschriften und Urteilsbegründungen, die heute in Archiven einsehbar sind. Erhalten blieben Briefe, die er an uns, seine Familie, und an seine Freunde geschrieben hat. Die meisten Briefe zeigten die Zeichen der Zensur, geschwärzte Zeilen ließen uns nur erraten, welch unliebsame Bemerkungen er da zum Ärger der Zensurbehörde geschrieben hatte. Erhalten blieben Federzeichnungen, die er in der Zelle anfertigte, darunter auch solche, die wie Karikaturen auf seine Kerkermeister wirken mußten. Und das Bemerkenswerteste: erhalten blieb ein ganzer

Stoß von dicken Schreibheften, die auf abenteuerliche Weise die Zeit überdauerten. Auch sie waren unverwechselbare Zeugnisse seiner Lebensart: sowohl im Polizeigefängnis wie im Zuchthaus gehörte er zu den wißbegierigsten Lesern der Häftlingsbibliothek und es gelang ihm sogar, in den ersten Jahren der Haft Unterrichtsmaterial, Lehr- und Studienbriefe des Verlages Langenscheidt, einmal wöchentlich in die Einzelzelle zu bekommen. Und so zeigten uns später die dicken, in schwarzes Kaliko gebundenen Hefte, das und was er in diesen ersten Jahren der Haft gelernt hatte: Stenografie nach Stolze-Schrey; Englisch und Französisch bis zur Stufe der Fortgeschrittenen; Mathematik vom Einmaleins bis zur Integralrechnung – ja, er brachte es sogar zuwege, in der Zelle, nach gründlichem Studium der wenigen zugänglichen Bücher zu diesem Gegenstand, mit seiner gestochenen Schrift eine umfangreiche Arbeit über die Geschichte der Philosophie zu schreiben, die später in der DDR in Auszügen gedruckt erschien: „Wahrheit und Wirklichkeit". Und es ist sicherlich mehr als nur eine skurrile Anekdote, wenn man erzählte, daß er seine Mutter, die ihn in großen Abständen im Gefängnis besuchen durfte, auf die begrenzte Besuchszeit hinwies: „Ich habe noch zu lernen – für die Zeit danach!"

Im Mai 1940 wurde er aus dem Zuchthaus Waldheim entlassen, vor dem Anstaltstor standen schon die Männer der Gestapo. Nach wenigen Tagen kam er ins Konzentrationslager Sachsenhausen. Tage später hatte er alte Genossen wiedergefunden, wurde Mitglied der illegalen Parteileitung und nahm trotz Gefahren an lebhaften Diskussionen, an Hilfsaktionen für unmittelbar gefährdete Kameraden teil. Am 1. Oktober 1942 wurden achtzehn deutsche Kommunisten, darunter auch der Lagerälteste und nahezu die gesamte illegale Parteileitung verhaftet und für zwei Monat in die Dunkelzellen des Strafblocks gesperrt, nicht wissend, ob und wann sie in die „Station Z", die Todesfabrik von Sachsenhausen, gebracht würden. Ende November, nach schweren Wochen der Ungewißheit, wurden sie in einen Viehwagen der Lagereisenbahn gepfercht, zum „Vergnügen" der SS noch stundenlang gerade an jener Stelle abgestellt und stehengelassen, an der die Gleise zum Erschießungsgelände abzweigten. Dann fuhr der Zug doch weiter: ins Straflager Flossenbürg in Bayern. Die Verurteilten wurden „zur Vernichtung im Steinbruch" überstellt. Fritz Selbmann wurde mit seinen engsten Gefährten Harry Naujocks, Karl Schirdewan, Wilhelm Girnus, Albert Buchmann und Werner Staake einer der „achtzehn Blaupunkte“ (ihrem roten Winkel der politischen Häftlinge wurde ein blauer Punkt als Zeichen der Strafverschärfung hinzugefügt). Nur dank der Solidarität der Häftlinge im Lager überlebten sechzehn „Blaupunkte“ den Terror im Steinbruch.

Mitte April 1945 wurde das Lager Flossenbürg evakuiert, der Todesmarsch der Häftlinge in das Lager Dachau begann. Fritz Selbmann gelang es, von diesem Transport zu fliehen. Auf abenteuerliche Weise schlug er sich, immer noch in der gestreiften Häftlingskleidung, auf den Straßen Bayerns und Thüringens durchs Land zwischen den Fronten und gelangte Mitte Mai in das damals noch von den Amerikanern besetzte Leipzig, in „seine Stadt“, wie er sie immer nannte. Kurz nach seiner Ankunft wurde er Leiter des Antifa-Ausschusses in Leipzig.

Nach wenigen Wochen befand sich der Ausschuß im Ergebnis der eigenartigen, politisch zurückhaltenden Besatzungsprinzipien der Amerikaner, die lange Zeit keinerlei deutsche Organisationen oder Organe zuließen und die Aktivität der Kommunisten ganz und gar nicht wünschten, wieder in halber, und bald in völliger Illegalität. In dieser vertrackten Situation entwickelte Fritz Selbmann eine rege Aktivität, mußte sich mit anderen Genossen verborgen halten, weil die Militärpolizei ihn suchte und hielt doch in sorgsam abgesicherten Versammlungen, in Schrebergartenheimen und verlassenen Kinoräumen, Vorträge – so den vor Leipziger Kulturschaffenden am 29. Juni 1945: „Aufbruch des Geistes – Zur Frage der neuen deutschen Volkskultur“. Dieser Vortrag wurde wenig später, nach dem die sowjetischen Truppen vereinbarungsgemäß als die neuen Besatzungstruppen eintrafen, als erste deutsche Nachkriegsbroschüre in der Buchstadt Leipzig gedruckt und lebhaft diskutiert. Dies erklärte sich wohl auch aus einer seiner besonders ausgeprägten Eigenschaften: Fritz Selbmann war ein überzeugter Kommunist, aber er akzeptierte jeden und bezog ihn in die gemeinsame Arbeit ein, der als Antifaschist religiös, liberal, pazifistisch oder im guten Sinne deutsch-patriotisch war. Man kann das in vielen inzwischen veröffentlichten Erinnerungen an Begegnungen und Gesprächen mit ihm nachlesen – verfaßt von ehemaligen bürgerlichen tschechischen Studenten, die seit

1939, seit ihren Aufbegehren gegen den Einmarsch der deutschen Truppen in Prag, zu Hunderten in Sachsenhausen inhaftiert waren und die er, zu ihrer Entlassung 1941, in einer illegalen, von Häftlingen gut abgeschirmten Kundgebung in unmittelbarer Nähe der Wachmannschaften, im Namen des Lagerkomitees verabschiedete; man kann es auch nachlesen in den Erinnerungen von Probst Heinrich Grüber, der ihn ebenfalls aus der gemeinsamen Lagerzeit kannte, oder in den Memoiren des weltbekannten Physikers Professor Max Steenbeck, den er später in die DDR holte.

Diskutiert wurde übrigens noch eine zweite Tat im amerikanisch besetzten Leipzig: Notgedrungen aus einem Versteck heraus, von neuer Verhaftung schon bedroht, schrieb er im Namen der Leipziger Antifaschisten einen offenen, unter komplizierten Bedingungen veröffentlichten Brief an den Oberbefehlshaber der amerikanischen Truppen in Deutschland, General Eisenhower, und klagte die Einhaltung der übernommenen Verpflichtungen zur Demokratisierung Deutschlands ein.

Es dürfte auch heute noch vielen in Erinnerung sein, daß Fritz Selbmann einer der Initiatoren des Volksentscheides vom Juni 1946 im Lande Sachsen über die Enteignung der Naziaktivisten und Kriegsgewinnler, und damit einer der Väter der volkseigenen Industrie war, daß er danach, ab Mitte 1948, als der für die Industrie verantwortliche Stellvertretende Vorsitzende in die DWK, Deutsche Wirtschaftskommission, nach Berlin berufen wurde, daß er seit Oktober 1949 der ersten provisorischen DDR-Regierung angehörte und als Industrieminister mitverantwortlich für den Bau des Eisenhüttenkombinates Ost, der Großkokerei Lauchhammer, des Eisenhüttenwerkes Calbe, des Kombinates Schwarze Pumpe und vieler anderer Großbetriebe war, die unter großem Kraftaufwand im soviel ärmeren, industriell lange Zeit völlig unterentwickelten Osten Deutschlands geschaffen wurden. Sein Verantwortungsbereich war stets sehr ausgedehnt und forderte all seine Kraft – und doch übernahm er immer neue Pflichten: er leitete die Atomkommission der DDR, daneben paritätisch mit einem sowjetischen Generaldirektor das deutsch-sowjetische Kombinat der Wismut AG und vieles andere mehr. Dabei vertrat er immer seine Meinung und nahm auch unerfreuliche Debatten, Vorwürfe und Schwierigkeiten in Kauf.

So veröffentlichte er sehr viele Artikel und Broschüren über Fragen der Organisation, der Leitung und der unbedingt erforderlichen Rentabilität der volkseigenen Betriebe - und mußte es eben hinnehmen, daß man ihn öffentlich des „Managertums" bezichtigte, was als Schimpfwort verstanden werden sollte - zehn Jahre später wurde die Notwendigkeit eines sachkundigen und effektiven Managements allgemein anerkannt und gelobt. Er veröffentlichte ebenso zahlreiche Artikel und Broschüren über die Haupttendenzen der sich stürmisch entwickelnden modernen Wissenschaften in unserem Jahrhundert - so gemeinsam mit Gerhart Ziller „Die neue Epoche der industriellen Umwälzung", danach „Ein Zeitalter stellt sich vor" und andere. Und wieder mußte er es ertragen, daß er öffentlich des falschen Gebrauchs des „Revolutions-Begriffes" geziehen wurde. Wiederum zehn Jahre später war man auch in der DDR allgemein von der Realität einer wissenschaftlich-technischen Revolution überzeugt, mußte aber einen nur schwer aufzuholenden Rückstand in Rechnung stellen, der inzwischen eingetreten war. Er veröffentlichte auch wiederholt Stellungnahmen zu einem seiner wichtigsten Themen, nämlich der Notwendigkeit, den Bürgern alles Wichtige, alles Entscheidende ausführlich mitzuteilen und zu erläutern, es zur öffentlichen Diskussion zu stellen, jeden um seine Meinung zu fragen und alle ernstzunehmen. Einer seiner Vorträge, es war kurz nach dem XX. Parteitag der KPdSU, galt dem Thema: „Den Massen auf jede Frage Antwort geben!" Auch das fand nicht nur Zustimmung, sondern auch Kritik. Doch er blieb dabei, und mancher mag sich damals erinnert haben, und sich bis heute daran erinnern, daß Fritz Selbmann am 16. Juni 1953 als einziges Regierungsmitglied wenigstens den Versuch unternahm, zu Zehntausenden Demonstranten vor dem Haus der Ministerien in der Leipziger Straße zu sprechen und ihnen die inzwischen beschlossene Korrektur der unseligen „Normenerhöhung" zu erläutern - einer Maßnahme, gegen die er schon vorher Bedenken vorgebracht hatte.

Anfang der sechziger Jahren begann seine schrittweise Ablösung aus den staatlichen Ämtern, die fortgesetzte Reduzierung seines Verantwortungsbereiches. Überliefert ist aus dieser Zeit der Satz: „Wenn man mich nicht mehr in einer politischen Funktion wünscht, dann werde ich eben Bücher schreiben, Literatur ist auch

Politik". Er, der seit seiner Kindheit ein Bücherfreund, ja ein Büchernarr gewesen ist, wußte, welche Kraft der Literatur innewohnt, der erzählenden noch mehr als der politisch oder wirtschaftspolitisch belehrenden.

Er schrieb nun, zur Überraschung vieler, Erzählungen, Romane, Essays, doch die Gegenstände, die Themen, die Konflikte waren im Grunde die gleichen, die ihn auch vorher herausgefordert hatten.

1961 erschien sein erster Roman „Die lange Nacht". Nach seinen eigenen Worten war dies „ein durchgehend autobiographischer, ein in allem Faktischen authentischer Tatsachenroman". Darin beschreibt er seine Haftzeit im KZ, die Bestialität des Lagersystems, aber auch die Solidarität unter den Häftlingen, das Wirken der Kommunisten und die Bedeutung der erregten Diskussionen um den Hitler-Stalin-Pakt - ein Thema, das zu dieser Zeit in der Literatur der DDR noch nicht behandelt wurde.

1962 folgte „Die Heimkehr des Joachim Ott", ein Buch, in dem Fritz Selbmann die für ihn selbst so überaus wichtige Phase des Neubeginns zwischen 1945 und 1952 behandelte und in dem er die Darstellung des komplizierten, große Opfer fordernden wirtschaftlichen Aufbaus mit der Entwicklung unterschiedlichster Persönlichkeiten sowohl in der Arbeit wie im privaten Bereich verknüpfte.

Ebenfalls 1962 erschien eine kleine, wichtige Erzählung, die danach auch als Bühnenstück und als Fernsehspiel bearbeitet und aufgeführt wurde: „Ein Mann und sein Schatten". In ihr behandelte er ein damals sehr aktuelles, von der Literatur wie von der Presse aber weitgehend ausgespartes Problem: daß die ehrliche Leistungsbereitschaft eines Leiters - ob im Staat oder in der Wirtschaft - einfach nicht ausreicht, wenn sie mit den wirklichen Ansprüchen an die Leitungsqualität nicht voll übereinstimmte.

Als 1964 der Roman „Die Söhne der Wölfe" erschien, erwies sich erneut seine Hartnäckigkeit - nur das hier alle behandelten Konflikte noch ausgeprägter, genauer gezielt und auf das Äußerste zugespitzt dargestellt wurden. Gezeigt wurde die rückläufige Entwicklung des Direktors eines volkseigenen Großbetriebes, Heinz Lorenzen, der nach dem Ende des Krieges rasch Karriere gemacht hatte, nun aber sowohl im Beruf wie im Privatleben scheiterte.

Erstmals in der DDR-Literatur bewies der Autor so unmißverständlich den Mut zur Wahl eines negativen Helden, der nicht auf der anderen Seite der gesellschaftlichen Barrikade, sondern in den eigenen Reihen stand.

1972 erschien sein letzter Roman „Der Mitläufer", in dem meines Wissens zum ersten Mal in unserer Literatur von einem Mann erzählt wurde, der in der Nazizeit Mitläufer war und auch nach dem Krieg, unter so völlig anderen Verhältnissen ein Mitläufer blieb - ein Problem, das wiederum Kritiker auf den Plan rief, die sich Gehör verschafften und Zuspruch erhielten. Inzwischen jedoch haben wir alle sehr genau, aber auch sehr schmerzlich erfahren müssen, welche Rolle Mitläufer sowohl bei der Entwicklung wie auch beim Untergang der DDR spielten.

Seine Bücher zeigen, daß sein Entschluß, Schriftsteller zu werden, also keineswegs ein Rückzug aus der Politik war, sondern die Wahl eines neuen Wirkungsfeldes für die gleiche Sache, auf das gleiche Ziel Sozialismus hin. Das bewies übrigens auch die Tatsache, daß er, sofort nach seinem Eintritt im Mai 1961, im Schriftstellerverband der DDR aktiv mitwirkte und, wie Herrmann Kant einmal sagte, einer der lebendigsten und anregendsten Debattierer und Aktivierer in diesem auf Debatten und schöpferische Anregungen so stark angewiesenen Verband war. 1969 wurde er zu einem der Vizepräsidenten des Schriftstellerverbandes an der Seite von Anna Seghers gewählt.

Daß er in seinen Romanen immer wieder - dem kundigen Leser durchaus erkennbar - eigene Erlebnisse, eigene Erfahrungen, eigene Forderungen an sich selbst wie auch an andere zum Ausgangspunkt der Handlung machte, führte dazu, daß manch einer ihn fragte, ob er denn nicht eigentlich ein Memoirenschreiber sei. Eine seiner Antworten auf diese Frage ist danach wiederholt zitiert worden. 1969 sagte er der kulturpolitischen Wochenzeitung „Sonntag":

„Ich bin kein Memoirenschreiber. Memoiren werden von pensionierten Politikern und Generalen produziert, die die Weltgeschichte aus ihrem Ruhestand heraus interpretieren und nachträglich ihre Schlachten gewinnen. Ich bin ein Schriftsteller, der weitgehend autobiographisches Material verwendet, der Erlebnisse als Stoff benutzt, um anderen bestimmte Verhaltensweisen zu empfehlen oder doch vorzustellen ... Jeder gibt irgendwie Erfahrungen weiter!"

Erfahrungen weiterzugeben, das war auch sein Hauptanliegen, als er am Ende desselben Jahres einen umfangreichen Band Erinnerungen veröffentlichte. Er umfaßte die Zeit von seiner Kindheit bis zum Jahre 1945, bis zu seiner Rückkehr aus dem Zuchthaus und zwei Konzentrationslagern, bis zu den ersten politischen Aufgaben im Kampf um die Überwindung der Kriegsfolgen, des verheerenden Erbes der Nazidiktaur. Der Band hieß „Alternative, Bilanz, Credo" - einmal, weil er deutlich machen sollte, von welchen Kräften sein Lebens-ABC geprägt wurde, zum anderen, weil er die Stürme und Kämpfe der ersten Jahrhunderthälfte nur als die Vorgeschichte der eigentlichen Bewährungen verstand, die nun auf ihn zukamen. Das Buch galt vielen Lesern und Kritikern als eines der wichtigsten Erinnerungsbücher.

Anfang der siebziger Jahre, er litt schon unter einer unheilbaren Krankheit, setzte er alle Kraft daran, das hier vorliegende Buch „Acht Jahre und ein Tag" zu schreiben. Er wollte es unbedingt fertigstellen, er wollte es selbst noch gedruckt und in den Händen der nachgewachsenen Generationen wissen, weshalb er es bewußt dem Verlag für die junge Generation, „Neues Leben" übergab.

Das Buch berichtet von den ersten acht Jahren des Neuaufbaus im Osten Deutschlands - und vom 17. Juni 1953. Das sollte zeigen, welch große gesellschaftlichen Veränderungen in doch nur wenigen Jahren und unter außerordentlich komplizierten Bedingungen erreicht wurden, und wie rasch in einer Zeit der ständigen Konfrontation und des heftigen politischen Kampfes, eben in der Zeit des Kalten Krieges, eigene Schwächen und Fehler ausgenutzt werden konnten, wie sie zu einer existenziellen Bedrohung der neuen Ordnung beitrugen. Dieses Buch ist eine präzise Dokumentation der ersten Nachkriegsjahre, und wenn neben einigen zentralen Beschlüssen und Erklärungen jener Zeit vor allem eigene Reden und Artikel zitiert werden, so ist das durchaus verständlich: In ihnen waren und sind die auf dem Gebiet des wirtschaftlichen Aufbaus gestellten und gelösten Aufgaben am konkretesten, am sachkundigsten behandelt, so daß sie auch heute noch viel Neues, bisher Unbekanntes vermitteln.

„Alternative, Bilanz, Credo“ ist in den siebziger und achtziger Jahren in mehreren Auflagen erschienen. Der zweite Teil „Acht Jahre und ein Tag“ war schon zum Druck vorbereitet, erschien dann aber doch nicht. Ein damals generell gefaßter Beschluß, daß alle Autobiographien von bekannten Funktionären der Partei und des Staates einer Begutachtung durch das Institut für Marxismus-Leninismus unterzogen werden sollten, damit sie in allen Einzelheiten mit dem letzten Stand des Wissens über die Parteigeschichte übereinstimmten, verhinderte die Herausgabe. Welche Faktoren dabei den Ausschlag gaben, ist schwer nachzuvollziehen. War es die sehr ausführliche und auch mit weniger bekannten Tatsachen versehene Darstellung des 17. Juni und der Vorgänge einen Monat danach? War es die sehr ausführliche Darstellung der vielen und sehr intensiven Bemühungen der DDR in den vierziger und fünfziger Jahren, die wirtschaftliche und staatliche Einheit Deutschlands zu bewahren - was in den siebziger Jahren dann schon endgültig gegenstandslos schien? Oder war es vielleicht schon der erste Satz des Vorwortes: „Ich schreibe *meine* eigene Geschichte“? Eigentlich eine Selbstverständlichkeit - denn jeder kann in seinen Erinnerungen nur beschreiben, was er selbst, und wie er es erlebt, erfahren, gestaltet hat. Sollte jemand herausgelesen haben, daß er bewußt eine andere, eine besondere, eine von dem abweichende Geschichte schreiben wollte, was als gültig, verbindlich, unbezweifelbar gelten sollte? Das Urteil darüber kann man dem Leser überlassen. Deswegen ist dem Verlag „Neues Leben“ zu danken, daß er fünfundzwanzig Jahre nach dem ersten, erfolglosen Anlauf das Buch doch noch veröffentlicht. Und es ist richtig, daß an dem ursprünglichen Text kein Wort geändert wurde. Der Verlag handelt nach dem Grundsatz „Was gesagt ist, ist gesagt“ , und das ist sicher in seinem Sinne.

Wer dieses Buch, wie die früheren auch, liest, erfährt ganz gewiß eines, das auch heute noch gilt: daß der Autor JA zu sagen pflegte, wenn er JA meinte - und dann laut und handelnd. Und er erfährt gleichzeitig, daß der Autor, wenn er es für notwendig hielt, auch NEIN sagte - und dies keineswegs hinter der vorgehaltenen Hand.

Er würde wohl auch jetzt sehr genau das Negative wie das Positive analysieren, unbeeindruckt von gängigen Pauschalurteilen.

Nichts würde ihn davon abbringen, die unternommenen Anstrengungen und die vollbrachten Leistungen seiner DDR ebenso aufzulisten wie die Mängel des großen Versuches, das 1945 mit viel Idealismus und Schöpfertum begonnen hatte. Auf keinen Fall aber würde er zulassen, daß man die Erfahrungen, die Erinnerungen so vieler Menschen abwickelt, daß man nicht nur ihr Selbstwertgefühl, sondern auch ihre Biographien zerstört.

Mein Vater liebte es, scherzhaft zu sagen, daß er eigentlich mehrere Leben gelebt habe: eines als Parteiarbeiter in der Weimarer Republik und in zwölf Jahren Zuchthaus und Konzentrationslager, ein zweites als Staatsfunktionär in den ersten Jahren nach der Gründung der DDR, ein drittes als Schriftsteller. Wer das hörte, warf dann meistens ein: schon eines hätte für ein Menschenleben ausgereicht! Sicher stimmte das - und doch auch nicht. Es war ein in sich geschlossenes, immer konsequentes Leben, aber in einer sich stürmisch verändernden Zeit. Natürlich wandelte er sich mit ihr - und blieb sich dennoch treu. Was hielt er in allen sich wandelnden Lebenssituationen, in allen oft harten Prüfungen, bei allen so verschiedenartigen Aufgaben für das Wichtigste, für das, wonach man ihn beurteilen sollte. Er hat es selbst einmal gesagt und sogar zum Titel eines Buches, eines Essaybandes gemacht:
„Es ist diese Art zu leben“.

Erich Selbmann
Berlin, 1999

Anmerkungen

1 Dr. Henri Walther, Frieden - Freiheit - Brot (Manukript)
2 Heinrich Fleißner, Artikel in "Leipziger Polizei" am 16.6.1945
3 Fritz Selbmann, Offener Brief an General Eisenhower in "Alternative-Bilanz-Credo", Halle 1969, S. 511
4 Anton Ackermann, Staat und Recht, Mai 1965, S. 665
5 Rudolph Friedrichs, zitiert bei Fritz Selbmann in "Zwanzig Jahre danach", VEB Deutscher Verlag der Wissenschaften, 1965, S. 107
6 Fritz Selbmann, Zwanzig Jahre danach, VEB Deutscher Verlag der Wissenschaften, 1965, S. 108
7 Fritz Selbmann, Rede auf der Landeskonferenz des FDGB Sachsen, 30.1.1946 (Manuskript)
8 ebenda
9 Fritz Selbmann (Privatarchiv)
10 Fritz Selbmann, Rede auf der Landeskonferenz des FDGB Sachsen, 30.1.1946 (Manuskript)
11 Beschluß der Landesverwaltung Sachsen vom 29. Oktober 1945
12 Fritz Selbmann, Entnazifizierung - so oder so=, Artikel in "Sächsische Volkszeitung", 5. März 1946
13 Fritz Selbmann, Rede auf der Wirtschaftskonferenz der KPD in Leipzig, November 1945 (Manuskript)
14 Fritz Selbmann, Rede vor Gewerkschaftern Sachsen, November 1945 (Manuskript)
15 Fritz Selbmann, Rede auf der Gedenkundgebung für die Opfer des Faschismus in Leipzig, 22.9.1946 (Manuskript)
16 Fritz Selbmann, Rede auf der Wirtschaftskonfernz der KPD in Leipzig, November 1945 (Manuskript)
17 Fritz Selbmann, Rede vor Gewerkschaften Sachsens, November 1945 (Manuskript)
18 Fritz Selbmann, Artikel "Reaktionäre am Werk" in "Volksstimme" Dresden, 13. 12.1945
19 Fritz Selbmann, Artikel "Dunkelmänner sabotieren" in "Sächsische Volkszeitung", 12. Februar 1946
20 Fritz Selbmann, Rede auf der Landeskonferenz des FDGB Sachsen, 30.1.1946 (Manuskript)

21 Fritz Selbmann, Artikel in "Volksstimme" Dresden, 16. November 194

22 Fritz Selbmann (Privatarchiv)

23 Fritz Selbmann, Artikel in "Mitteldeutsche Neueste Nachrichten", Februar 1970

24 Zitiert bei Fritz Selbmann in "Befreite Arbeit", Dietz Verlag Berlin, 1956, S. 12

25 Auszugsweise veröffentlicht in "Gesetz und Verordnungen über die landeseigenen Betriebe des Landes Sachsen", 1946

26 Fritz Selbmann, Privateigentum und Sozialismus in Sachsen, Artiekl in "Einheit", 3/1946, S. 181

27 Fritz Selbmann, Vortrag, gehalten am 27.1.1947 in der Volltagung der landeseigenen Betriebe in Dresden, Sachsenverlag Dresden, S. 24

28 a. a. O., S. 3

29 Fritz Selbmann, Rede Sächsischer Landtag, 24.4.1947

30 Fritz Selbmann, Rede zur Eröffnung der Leipziger Herbstmesse 1947 (Manuskript)

31 Fritz Selbmann, Artikel "Länderregierungen und Zentralverwaltungen", Ende 1947 (Manuskript)

32 Fritz Selbmann, Rede auf der Sitzung der DWK vom 12.5.1948 (Manuskript)

33 ebenda

34 ebenda

35 ebenda

36 ebenda

37 ebenda

38 Fritz Selbmann, Referat auf der Zonentagung der VEB in Leipzig, Juni 1948 (Manuskipt)

39 Fritz Selbmann, Zur wirtschaftspolitischen Lage, Rede vor dem Plenum der DWK (Manuskript)

40 ebenda

41 Fritz Selbmann, Rede auf der Aktivistentagung der DWK, November 1948 (Manuskript)

42 ebenda

43 ebenda

44 Fritz Selbmann zitiert in "Wasser für Max", 1949, Herausgeber: Agitationskommission VEB Mayhütte

45 Fritz Selbmann, Rede auf der wirtschaftspolitischen Tagung in Frankfurt/Main am 9.6.1949, Herausgeber: KPD-Fraktion im Wirtschaftsrat des Vereinigten Wirtschaftsgebietes Frankfurt/Main

46 ebenda

47 Brief Dr. Plünder an Fritz Selbmann (Privatarchiv)

48 Fritz Selbmann, Artikel "Die Grundlagen sind geschaffen", in "Neues Deutschland", 31.12.1949

49 Fritz Selbmann, Rede an die Belegschaft des Stahl- und Walzwerkes Riesam, 18.6.1953 (Manuskript vom Tonband)

50 Fritz Selbmann, Rede an die Belegschaft des Stahl- und Walzwerkes "Wilhelm Florin" in Henningsdorf, Herbst 1953 (Manuskript vom Tonband)

51 Fritz Selbmann, Rede auf der Delegiertenversammlung des Werkes Buna in Schkopau, 16.7.1953 (Manuskript vom Tonband)

52 ebenda

Inhalt